유치원과 초등학교 저학년을 위한

수의 학습 경로

Learning Pathway for Number in the Early Primary Grades

Marja van den Heuvel-Panhuizen · Cally Kühne · Ana-Paula Lombard 지음
정영옥 옮김

KYOWOO

Learning Pathway for Number in the Early Primary Grades

옮긴이 머리말

수의 학습 경로는 남아프리카의 초등학교 교육과정에 적합하게 현실적 수학교육을 적용한 것으로 유치원과 초등학교의 수영역의 교수 학습 개선을 위해 네덜란드 위트레흐트 대학의 프로이덴탈 연구소의 연구자와 남아프리카 초등학교 교사들과 연구자들이 공동으로 연구한 결과물입니다. 이는 교실 수업의 실제적인 측면뿐만 아니라 좀 더 일반적인 이론적인 틀을 다루고 있고, 교육과정에 제시된 규준들을 성취하는 데 어떤 교수 방식과 학습 환경이 도움이 될 수 있는지에 대해서도 제안하고 있습니다.

수의 학습 경로는 네덜란드 초등학교의 자연수와 계산을 위한 TAL 학습 교수 경로를 다룬 『Children Learn Mathematics』에 기반을 두고 있습니다. 네덜란드의 경우 우리나라와 같은 상세한 교육과정 문헌이 없고, 초등학교의 경우 최종학년 말까지 도달해야 할 목표만 제시되어 있습니다. TAL은 초등학교 최종 목표에 도달하기까지의 디딤돌 역할을 하는 학습 교수 경로의 중간 성취 목표(Tussendoelen Annex Leerlijnen: Intermediate Attainment Targets in Learning-Teaching Trajectories)를 나타냅니다. 이 학습 교수 경로는 수의 학습 경로의 저자 중 하나인 마리아 판 덴 회펠 판 하위전이 책임자로 위트레흐트 대학의 프로이덴탈 연구소와 네덜란드의 국가 교육과정 개발 연구소가 공동 개발한 것으로, 프로이덴탈의 인간 활동으로서의 수학과 점진적 수학화를 강조하는 현실적 수학교육을 근거로 합니다.

우리나라에 현실적 수학교육이 소개된 것은 1980년대이고, 이에 대한 많은 이론적 연구들과 현장에서 적용하려는 노력들이 있어 왔으며, 그 결과 우리나라 수학교육에서도 현실적인 상황이나 학생들 자신의 방법을 중요시하는 방향에 대해서는 많은 관심이 집중되어 왔다고 생각합니다. 그러나 이 이론에 근거하여 초등학교의 실제적인 수학 교수 학습이 학년별로 어떤 경로를 따라 이루어지는지에 대해서는 많이 알려져 있지 않아서, 우리나라의 초등학교 교육과정이나 교과서의 학년별 구성 그리고 현장에서의 실제적인 수업과 어떻게 연결해야 할지에 대해서는 많은 의문과 어려움이 있어 왔습니다. 수의 학습 경로는 이러한 문제에 대해 수 영역과 관련해서는 어느 정도 구체적인 방향을 제시해 줄 수 있을 것이라 생각합니다.

유치원과 초등학교 저학년 학생들의 수 영역에 대한 발달은 구체적이고 비형식적인 수 세기에서 시작하여 추상적이고 형식적인 수학으로 점진적으로 이행해 가는데, 이 과정은 몇 개의 단계로 구분할 수 있습니다. 수의 학습 경로에서는 그 과정을 수 개념의 출현과 성장, 수 세기와 계산, 계산, 고차적 계산의 네 단계로 구분하고, 각 단계에 해당하는 학년과 각 단계별로 다루는 수의 범위와 수의 여러 가지 의미와 기능, 수 세기, 어림, 수의 표현과 기호화, 수의 합성과 분해, 수의 연산과 여러 가지 방법에 대해 이론적인 부분과 학생들의 구체적인 활동 예들을 풍부하게 담고 있습니다.

수와 연산과 관련해서 사용하는 교수 모델이나 학생들의 전략에 대한 연구는 많이 되어 있는 편이지만, 이를 단계별로 또는 학년별로 일관적으로 제시하고 있는 연구는 많지 않습니다. 수의 학습 경로는 유치원과 초등학교 저학년 학생들의 수와 연산 학습의 씨줄과 날줄이 어떻게 연결되어 있는지를 보여주고 있으며, 특히 학생들이 단계에 따라 어떤 문제 상황 속에서 어떤 모델과 어떤 전략들을 사용하여 문제를 해결해 가면서 점진적으로 좀 더 추상적이고 형식적인 수학으로 나아가는지를 잘 보여주고 있습니다. 따라서 이 책을 통해 현실적 수학교육에 기초한 유치원과 초등학교 저학년의 수와 연산 영역의 교수 학습 경로에 대한 이해뿐만 아니라 우리나라의 교육과정이나 교과서, 또는 현장에서 수업을 계획하는 데 많은 도움이 될 수 있을 것이라 생각합니다.

수의 학습 경로를 번역하게 되어 매우 기쁘게 생각하며, 수학의 추상적이고 형식적인 측면으로 인해 수학을 가르치는 데 어려움을 인식하고 고민하고 계신 모든 유치원과 초등학교 수학교육과 관련된 분들 그리고 수학 수업의 시작이 학생들의 경험과 지식에서 시작해야 한다고 생각하고 그런 수업을 꿈꾸고 계시는 분들에게 이 책이 조금이나마 도움이 되기를 소망합니다. 여러 가지 어려움에도 불구하고 이 책의 번역을 허락해 주신 교우사 오판근 사장님과 편집부에 깊이 감사드립니다.

옮긴이 정영옥

지은이 머리말

*수의 학습 경로(Learning Pathway for Number : LPN)*는 1000까지의 수와 그 이상의 수에 대한 학습 과정을 기술한다. 이 학습 경로는 학생들이 가지는 초기의 수에 대한 의식에서 시작하여 수를 포함하는 다양한 문제들을 해결하는 능력으로 끝을 맺는다. *수의 학습 경로*는 유치원에서 초등학교 3-4학년 학생들의 발달을 포함하는, 네 단계로 구조화된 경로를 개관한다.

*수의 학습 경로*는 위트레흐트 대학(University of Utrecht)의 교수이고 프로이덴탈(Freudenthal) 연구소의 일원인 마리아 판 덴 회펠 판 하위전(Marja van den Heuvel-Panhuizen), 케이프 타운 대학(University of Cape Town)의 교수이고 학교개발단(School Development Unit)의 일원인 캘리 퀴네(Cally Kühne), 케이프 페닌슐라 공학 대학(Cape Peninsula University of Technology)의 교수인 안나 파울라 롬바르트(Ana-Paula Lombard)에 의해 구성되었다. 이 경로는 SANPAD의 후원을 받은 프로젝트의 일부로 출현하였다. 이 프로젝트는 전문적인 개발과 연구의 측면을 모두 포함한 것이었다. 케이프타운 대학의 캘리와 교육 전문가들은 Mbekweni 지역에 있는 교사들과 긴밀한 관계를 가지며 3년 동안 공동으로 연구했다. 반면, 안나 파울라는 케이프 페닌슐라 공학 대학의 예비교사들과 공동으로 연구하면서, *수의 학습 경로*의 기반이 된 초기의 아이디어를 실행하고 발전시켰다. 초기의 교사 훈련(PRESET)과 지속적인 전문 개발(INSET) 연구 실행에 중요한 역할을 했던 캘리, 안나 파울라와 공동 연구원들의 전문적인 경험과 통찰뿐만 아니라 케이프타운 지역에서 온 교사들의 준거집단의 경험을 기반으로 *수의 학습 경로*가 형성되었다. *수의 학습 경로*는 또한 프로이덴탈 연구소의 마리아를 중심으로 하는 팀이 개발한 학습 경로에 실질적인 기반을 두고 있다. 이 연구소 팀은 네덜란드의 학생들을 위한 유사한 학습 경로를 개발했었다. *수의 학습 경로*는 장기간에 걸쳐 교사들과의 공동 연구를 통해 이루어졌기 때문에, 남아프리카 공화국의 다양한 학교에서 교사들의 교수 활동에 대한 교실 관찰에 기반을 두고 있다.

*수의 학습 경로*는 학생들에게 수를 가르치는 하나의 관점을 교사들에게 제공하려는 의도로 만들어지기는 했지만, 매일매일 한 단계씩 따라야 하는 요리책을 제공하려는 것은 아니다. 이 경로는 이미 교실에서 사용하고 있는 교과서를 대체하려는 의도로 만들어진 것이 결코 아니다. *수의 학습 경로*가 일상적인 교수 실제에 근거를 두고 있지만, 그 목적은 좀 더 일반적이고 추상적인 수준에서 학습과 교수 과정을 계획한 것이

다. 즉, 교사들에게 교실에서 일상적인 교수를 안내하고, 학생들과 그들의 학습 과정 그리고 어떻게 학생들을 최선으로 지원할 것인지에 대해, 정보를 바탕으로 결정할 수 있도록 이론적인 틀을 제공하는 개념적인 경로이다.

*수의 학습 경로*는 교실에서 살아서 움직이게 하려는 데 목적이 있다. 우리의 궁극적인 목적은 *수의 학습 경로*가 남아프리카의 기초 단계에서 수를 가르치는 것을 개선하는 데 의미 있는 공헌을 하는 것이다. 우리는 *수의 학습 경로*가 교사들이 이 아이디어들을 더욱 발전시켜가도록 영감을 불어 넣고, 학생들을 위한 강력한 학습 환경을 형성하는 데 도움이 되기를 희망한다.

Paula Ensor

Marja van den Heuvel-Panhuizen

Cape Town / Utrecht

Contents

01
수의 학습 경로에 대한 배경

1 서론

*수의 학습 경로*는 유치원과 초등학교 저학년 학생들의 범자연수에 대한 이해의 발달을 개관한다. 이 학습 경로는 이 과정이 어떻게 발달하고 촉진될 수 있는지에 대한 통찰을 보여준다. *수의 학습 경로*는 국가 교육과정(National Curriculum Statement)과 연결되어 있고, 유치원에서 초등학교 4학년까지의 학생들의 수 개념과 수 기능이 어떻게 발달되는지에 대한 틀을 제시함으로써 교사들이 국가 교육과정을 실행하는 것을 지원한다.

학생들은 수의 학습 과정에서 구분되지만 관련된 몇 단계들을 통과한다. *수의 학습 경로*는 발달에서 나타나는 중요한 특징을 기반으로 수의 발달을 네 단계로 구분하고, 유치원에서 초등학교 저학년까지 학년 내에서 그리고 학년에 걸쳐서 학생들의 수의 발달에서 기대할 수 있는 것을 광범위하게 기술한다. 각 단계에서는 학생들이 입증하고 교수와 학습 상황에서 격려되고 형성될 수 있는 이해의 명확한 특성들을 기술한다. 이 단계들은 고정된 것은 아니며, 더욱이 학생들이 어느 정도의 이해 수준에 있는지를 정확하게 확인하는 것이 항상 가능하지는 않다. 이 단계들은 학생들을 분류하기 위한 것이 아니다. 오히려 이 단계들은 학생들의 사고를 이해하기 위한 안내 지침이고, 이후의 교수를 결정하기 위한 준거이다.

이 책은 비형식인 수 세기에 기초한 전략에서 형식적인 연산으로 이행하는 구조로 구성되어 있다. 각 단계에 대한 기술은 학생들의 초기의 수에 대한 지식의 특징들과 여러 측면들에 대한 개관과 학생들의 사고에 대한 통찰과 그들의 지식을 관찰하고 기록하기 위한 기반을 제공한다.

2 국가 교육과정과의 연결

*수의 학습 경로*는 학생들의 수의 발달에 대한 점진적인 계열을 개관한다. 더욱이 이 학습 경로는 학생들이 국가 교육과정에서 수 영역의 수학 성취 기준들(학습 성취 기준

1과 2)에 도달하는 과정에서 거쳐 갈 '디딤돌'을 강조한다. 기초 단계에서 각 학년 말에 수와 관련된 국가 교육과정의 평가 규준에 도달하는 데 필요한 지식과 기능들이 아래 표에 제시되어 있다.

학습 성취 기준 1과 2를 위한 평가 규준은 각 학년의 수에 대한 지식과 기능을 위한 최소한의 자격 요건을 명확하게 기술한다. 그러나 국가 교육과정은 어떤 교수 방식과 학습 환경이 이러한 규준을 성취하는 데 도움을 줄 것인지에 대한 설명은 제시하지 않고 있다. 또한 학생들이 수 세기와 계산 학습에서 따라야 할 발달 계열도, 교사들이 이런 발달이 가능하도록 무엇을 해야 할지에 대해서도 기술하고 있지 않다.

*수의 학습 경로*는 이러한 간격을 메우는 것이 목표이다. 이 학습 경로는 1000까지의 수의 범위에서 수에 대한 지식, 수 감각, 암산과 필산이 기초 단계의 수학 학습 성취 기준들 안에서 그리고 성취 기준들에 걸쳐서 어떻게 발달되고 서로 관련되는지에 대한 개관을 제공한다. *수의 학습 경로*는 유치원과 저학년 학생들을 위한 국가 교육과정의 평가 규준의 성취에 이르는 경로를 따라 수학 교수와 학습을 안내하도록 설계되어 있다.

국가 교육과정의 수와 관련된 지식과 기능 : 학습 성취 기준 1과 2

기능	준비 학년	1학년	2학년	3학년
대상들의 수를 확실하게 세기	적어도 10까지의 자연수	적어도 34까지의 자연수	적어도 100까지의 자연수	적어도 1000까지의 자연수
수를 말하고 사용하기	친숙한 맥락			
앞으로 세기와 거꾸로 세기		0에서 100까지 1씩 세기 0에서 100까지 10씩 세기	0에서 200까지 1씩 세기 0에서 200까지 10씩 세기 0에서 200까지 5씩 세기 0에서 200까지 2씩 세기	2학년과 동일 0과 1000사이에서 20씩, 25씩, 50씩, 100씩 세기
수 이름과 기호 인식하기	1에서 10까지의 수 이름과 기호 알기	1에서 적어도 100까지의 수 기호를 알고 읽기	1에서 적어도 200까지의 수 기호를 알고 읽기	모국어(교수와 학습 언어가 아닌 경우)와 방언으로 1에서 적어도 10까지의 수 이름을 알기

국가 교육과정의 수와 관련된 지식과 기능 : 학습 성취 기준 1과 2				
기능	준비 학년	1학년	2학년	3학년
수를 표현하기		1에서 적어도 34까지의 수 이름과 기호를 쓰기	1에서 적어도 100까지의 수 이름과 기호를 쓰기	1에서 적어도 1000까지의 수 이름과 기호를 쓰기
수의 크기의 순서를 알고, 기술하고, 비교하기	대상들의 집합을 '더 많은', '더 적은', '같은' 등의 말을 사용하여 나타내기	적어도 두 자리 수의 자연수	적어도 두 자리 수의 자연수 1/2과 1/4을 포함한 분수들	적어도 세 자리 수의 자연수 1/2, 1/4 그리고 1/3을 포함한 분수들
간단한 수열을 인식하고, 기술하고, 복사하고, 확장하기		적어도 100까지의 자연수	적어도 200까지의 자연수	적어도 1000까지의 자연수
자릿값을 인식하기			적어도 두 자리 수의 각 숫자의 자릿값	적어도 세 자리 수의 각 숫자의 자릿값
화폐와 관련된 문제 해결하기		총액과 거스름돈을 란드와 센트로 나타내기	총액과 거스름돈을 란드와 센트로 나타내기	란드와 센트 사이의 환산을 포함하여 총액과 거스름돈을 란드와 센트로 나타내기
실제적인 문제를 해결하고 풀이 과정 설명하기	적어도 10까지의 자연수 범위에서 나머지를 포함하는 등분제와 포함제를 해결하기	적어도 34까지의 자연수 범위에서 나머지를 포함하는 등분제와 포함제를 해결하기	몫에 단위분수(예 1/4)를 포함하는 등분제와 포함제를 해결하기	몫에 단위분수와 진분수(예 1/4, 3/4)를 포함하는 등분제와 포함제를 해결하기
문장제를 해결하기	적어도 10까지의 자연수 범위에서 한 자리 수를 포함하는 문장제 해결하기			
어림하기		어림값	어림값	어림값
적절한 기호를 사용한 필산		적어도 34까지의 자연수범위에서 덧셈과 뺄셈 적어도 34까지의 자연수 범위에서 반복덧셈	적어도 두 자리 수의 범위에서 덧셈과 뺄셈 적어도 50까지의 자연수 범위에서 한 자리 수와 한 자리 수의 곱셈	적어도 세 자리 수의 범위에서 덧셈과 뺄셈 적어도 두 자리 수와 한 자리 수의 곱셈 적어도 (두 자리 수) ÷ (한 자리 수)의 나눗셈

국가 교육과정의 수와 관련된 지식과 기능 : 학습 성취 기준 1과 2				
기능	준비 학년	1학년	2학년	3학년
암산		적어도 10까지의 자연수 범위에서 덧셈과 뺄셈	적어도 20까지의 자연수 범위에서 덧셈과 뺄셈 적어도 20까지의 자연수 범위에서 곱셈	적어도 50까지의 자연수 범위에서 덧셈과 뺄셈 적어도 50까지의 자연수 범위에서 곱셈
계산 기능	적어도 10까지의 자연수의 합성과 분해 적어도 10까지의 자연수의 두 배와 이등분 구체물의 사용(예 : 카운터)	수의 합성과 분해 두 배와 이등분 구체물의 사용(예: 카운터) 수직선	수의 합성과 분해 두 배와 이등분 구체물의 사용(예 : 카운터) 수직선	수의 합성과 분해 두 배와 이등분 수직선 일의 자리에서 반올림

준비 학년(Grade R)은 1학년을 위한 준비 기간이다.

3 수 영역의 교수를 위한 안내

*수의 학습 경로*는 수업 의사 결정을 위한 도구이다. 이 학습 경로는 매일 이루어지는 교수를 위한 상세한 요리법이 아니다. 대신 교사들에게 수 발달을 위한 *개념적인 교육 지도(conceptual educational map)*를 제공한다. 이 학습 경로는 수의 장기적인 학습 과정에 대한 개관을 제공한다. 이 이론적 틀은 발달 계열을 기술하고, 서로 다른 발달 단계들이 어떻게 서로 연결되어 있는지에 대해 설명한다. 수 발달의 각 단계에서의 전형적인 수행 내용들을 기술하고, 이와 더불어 기초 단계에서 수 세기와 계산의 교수를 위해 사용될 수 있는 활동들을 제안한다.

*수의 학습 경로*는 분수, 측정, 모양과 공간의 수학적 영역들의 교수와 학습을 위한 경로들과 분리된 것으로 생각해서는 안 된다. 수를 탐구하기 위한 풍부한 맥락을 제공할 수 있는 다른 학습 성취 기준들과 학습 영역들과 연결되어 있다. 예를 들면, 쌓기나무와 대칭을 탐구하기 위한 거울을 포함하는 모양과 공간 활동은 홀수와 짝수뿐만 아

니라 이등분과 두 배에 대한 논의들을 포함한다.

학생들의 수학적 발달은 그들의 일반적인 인지적, 물리적, 정서적, 사회적 발달과 분리될 수 없다는 것을 명심해야 한다. 이러한 발달은 분리할 수 없으나, 동시에 서로 구별할 수 있다. 그러나 발달을 분리해서 보면, 학생들의 발달에 대한 심층적인 관점을 얻게 된다. 이를 통해 몇 개의 단계들이 어떻게 관련되고 통합되는지를 알 수 있다.

'학습 경로'라는 용어가 선형적이고 연속적인 계열을 연상시키지만, 그렇지는 않다. 우선, 학습 과정은 모든 학습자에서 같은 방식으로 발달하지 않는다. 더욱이 학습 과정은 각 단계 안에서도 같은 방식으로 발달하지 않는다. 예를 들면, 유치원에서 1학년까지의 학생들은 게임과 학습 환경 기반의 통합된 활동으로부터 많은 도움을 받을 수 있다. 반면 수학 교육이 계획적이고 집중적인 수업들로 조직된 고학년에서는 수에 관련된 활동들 그 자체가 초점이 된다. 물론 이것은 모든 학생들에게 해당되는 것은 아니다. 각 단계에서의 교수는 결국 개인의 수의 발달과 이해 수준에 따라 결정될 것이다.

4 현실적 수학교육의 교수 원리와의 연결

*수의 학습 경로*에서 의도한 수학 교수 방법은 현실적 수학교육의 교수 원리와 연계되어 있다.

현실적 수학교육의 원리들은 다음과 같다.

- 맥락 원리(context principle)
- 수준 원리(level principle)
- 활동 원리(activity principle)
- 상호작용 원리(interaction principle)
- 안내 원리(guidance principle)

*맥락 원리*는 수학 교수는 수학 학습이 학생들에게 의미 풍부한 맥락들을 필요로 한다는 광범위하게 인식된 가정에 기초한다는 것을 의미한다. 의미 있는 맥락들과 그것으로부터 발생하는 문제들은 수학적 개념과 도구들의 발달을 촉진한다. 그 이유는 학생들이 이 문제들을 해결해야 할 필요가 있기 때문이다.

*수준 원리*는 맥락 원리와 밀접하게 연결되어 있다. 이 원리는 이해 수준들 사이의 비계와 이동이라는 아이디어를 포함한다. 이는 교수는 구체적이고 비형식적인 활동 방식에서 추상적이고 형식적인 활동 방식으로의 이행을 목표로 한다는 것을 의미한다. 즉, 맥락에 연결된 전략들이 점점 더 일반적이고 추상적인 전략들로 발달한다. 맥락으로부터 출현하는 수직선, 구슬 줄과 같은 모델들은 더 일반적이고 추상적인 이해 수준에 도달하는 가교 역할을 한다.

*활동 원리*는 '인간 활동으로서의 수학'이라는 프로이덴탈(Freudenthal)의 기본 아이디어에 근거를 두고 있다. 이는 학생들은 기성 수학을 받아들이는 것이 아니라 학습과 교수 과정에서 능동적인 역할을 해야 한다는 것을 의미한다. 이런 접근 방식은 또한 일반적으로 인정된 구성주의적 학습관과 일치한다.

*상호작용 원리*는 아주 중요하고 필수적인 학습의 사회적 측면과 관련되어 있다. 다른 학생들이 알아낸 것을 듣고 그 결과들에 대해 논의하면서, 학생들은 자신들의 전략들을 개선하기 위한 아이디어들을 얻을 수 있다. 더욱이 상호작용은 반성을 유도할 수 있고, 이는 학생들이 더 높은 이해 수준으로 이행할 수 있게 한다. 상호작용은 교실 조직에 중요한 영향을 미친다. 상호작용 원리는 학급을 따로 학습하는 소집단으로 분할하는 것보다 전체 학급 교수를 선호한다는 것을 의미한다. 그러나 이는 전체 학급이 같은 속도로 발달하고 모든 학생이 같은 궤도를 따르거나 동시에 같은 발달 수준에 도달한다는 것을 의미하지는 않는다. 그와는 반대로 학생들은 자신의 속도에 따라 발달하는 개인들로 간주된다. 따라서 전체 학급 교수는 서로 다른 이해 수준에 기초한 전략들을 사용해서 해결할 수 있는 문제들을 제공함으로써 개별 학생들의 필요에 맞는 교수 활동들과 연결되어야 한다.

마지막으로 *안내 원리*는 또한 수학 교육은 학생들에게 '안내 하에' 수학을 '재발명' 할 수 있는 기회를 제공해야 한다는 프로이덴탈의 관점에 강력한 기반을 두고 있다. 이는 교사와 교육 프로그램 모두가 학생들이 지식을 어떻게 획득하는지에 결정적인 역할을 한다는 것을 의미한다.

5 수의 학습 경로의 실행

*수의 학습 경로*의 성공적인 실행은 교실의 실제 학습 환경에서 *수의 학습 경로*를 실현하는 학교 팀과 교사들에 달려 있다. 수의 학습 경로가 제공하는 기초 단계의 수의 학습을 위한 개념적인 교육 지도는 다음과 같은 측면에서 그들을 안내할 것이다.

*수의 학습 경로*는 교사가 다음과 같은 일들을 하도록 돕는다.

- 개별 학생들의 현재 이해 상태를 정확히 파악하고, 진행 과정의 차이점들을 경로 상의 한 단계로 인식한다.
- 학습 과정에서 다음 단계를 이해하고, 학생들의 발달을 촉진하는 도전적이며 도움을 줄 수 있는 과제들을 선택하는 방법을 안다.
- 학생들의 전략들을 확인하고, 적절한 피드백을 제공하며, 적절한 교수학적 구체물과 모델들을 선택한다.
- 더 넓은 관점을 가지고, 수의 발달의 광범위한 스펙트럼에 걸쳐 모든 학생들의 필요에 부합하는 수업 계열을 계획할 수 있다.
- 수의 교수와 학습에 대해 동료들과 논의할 수 있는 공통 언어를 획득한다.

02
수의 발달 단계

1. 발달 단계
2. 단계별 특성
3. 단계에 대한 개관

1 발달 단계

수의 학습 경로는 구분 가능하며 서로 관련된 네 단계로 수의 발달을 기술한다. 이때 각 단계별로 제시된 수의 범위는 일반적으로는 그 범위 안에서 이루어지지만, '그 이상'의 수의 범위도 포함한다. 즉, 학생들에 따라서는 각 단계별로 제시된 수의 범위를 넘어서는 수에 대한 지식이나 연산이 가능하다.

단계		수의 범위
1단계	수 개념의 출현	초기의 수 개념
	수 개념의 성장	5/10까지(그 이상)의 수에 대한 지식 5까지(그 이상)의 수 세기와 계산의 출현
2단계	수 세기와 계산	20까지(그 이상)의 수에 대한 지식 10까지(그 이상)의 수의 연산
3단계	계산	100/1000까지(그 이상)의 수에 대한 지식 20/100까지(그 이상)의 수의 연산
4단계	고차적 계산	10000까지(그 이상)의 수에 대한 지식 1000까지(그 이상)의 수의 연산

이 네 단계는 유치원 단계에서 시작하는 수 개념의 출현과 성장을 포함하며, 대부분의 학생들이 보통 3학년이나 4학년에 도달하게 되는 고차적 계산 단계에 이르는 과정을 기술한다. 마지막 단계에서 학생들은 1000까지의 수의 연산을 할 수 있고, 특정한 연산을 위한 가장 적절한 계산 형식을 결정할 수 있다. 예를 들면, 어떤 문제는 암산에 가장 적합할 수도 있고, 반면 다른 문제는 지필 형식이나 계산기 사용에 더 적합할 수 있다. 더욱이 어떤 문제들은 정확한 답을 구하는 것보다 어림 계산이 더 적절할 수 있다. 어떤 형식이 더 효율적이거나 더 적절한지를 선택하는 것은 연산의 복잡성과 관련된 수의 특성에 달려 있다. 그러나 학생들의 능력 수준이 특정한 계산 형식을 선택하는 데 결정적인 요인이 될 수 있다.

2 단계별 특성

단계별 학습 특성은 수에 대한 지식이 수의 연산에 선행된다는 점이다. 이는 수에 대한 지식과 관련된 활동들이 연산 활동보다 더 넓은 범위의 수들을 포함한다는 것을 의미한다. 예를 들면, 2단계에서 수에 관련된 활동은 20까지의 수에 초점을 맞추고 있는 반면, 수의 연산은 10까지의 연산에 집중하고 있다. 이 구조의 장점은 학생들이 연산을 해야 할 수들에 이미 친숙해져 있다는 점이다. 결과적으로 학생들은 계산할 때 이러한 수에 대한 지식을 사용할 수 있다. 예를 들면, 학생들이 8이 5와 3으로 분해된다는 것을 알고 있다면, 5 + 3을 할 때 이 지식을 사용할 수 있다. 즉, 수에 대한 지식에 투자를 하면, 연산은 '덤으로' 얻게 된다.

단계들의 구조에 대한 또 다른 특성은 '그 이상'이라는 문구로 표현된다. 이는 모든 단계는 특정한 범위의 수들에 초점을 맞추지만, 이 범위는 고정된 경계가 아니라는 것을 나타낸다. 이 활동은 목표 범위 이상으로 확장될 수 있다. 학생들에게는 특별히 큰 수들이 큰 매력이 있고 학생들의 일상생활 속에는 수에 관련된 많은 사건들이 있다. 감정적인 개입으로 인해 학생들은 학교에서는 다루지 않았을 때라도 특별한 수들에 대한 좋은 이미지를 가질 수 있게 된다.

*수의 학습 경로*는 네 개의 구분되는 단계 내에서 그리고 단계에 걸쳐서 수의 발달을 기술한다. 이는 수 영역을 위한 장기적인 학습 과정을 개관한다. 또한 단계들이 서로 어떻게 다른지, 서로 어떻게 연결되어 있는지를 설명한다. 이 틀은 한 단계에서 다음 단계로의 이행을 촉진하고, 수의 고차적인 계산을 위해 필요한 점진적인 발달을 촉진하기 위한 교수 계열을 계획할 때 활동들을 선택하는 일을 안내한다.

3 단계에 대한 개관

구체적이고 비형식적 활동 방법에서 추상적이고 형식적 활동 방법으로의 이행

유치원-준비 1단계
수 개념의 출현
초기의 수 개념
기수의 구별
말로 수 세기의 모방
수 개념의 성장
10까지의 수의 탐구
수의 여러 가지 의미와 역할 학습
말로 수 세기
지각에 의한 즉각적인 파악
개수 세기(맥락/대상/수에 기초한)
어림(어느 것이 더 많은가?)
수의 표현과 기호화
수의 합성과 분해
대상에 기초한 수 세기와 계산의 출현

준비-1학년 2단계
수 세기와 계산
20까지(그 이상)의 수에 대한 지식
순서화(읽기/쓰기, 작은 수들/큰 수들의 수열)
개념에 의한 즉각적인 파악
개수 세기(하나씩/묶어서)
어림(약 몇 개인가?)
수의 표현과 기호화
수의 합성과 분해
10까지(그 이상)의 연산
대상에 기초한 수 세기와 계산(구조가 없는 대상들/구조화된 자료)
수에 기초한 수 세기와 계산(수 세기/구조화/알고 있는 수 지식의 사용)

1-2학년 3단계
계산
100과 1000까지(그 이상)의 수에 대한 지식
순서화(읽기/쓰기, 작은 수들/큰 수들의 수열)
개수 세기
어림
수의 표현과 기호화
수의 합성과 분해
20까지(그 이상)의 연산
대상에 기초한 계산(구조화된 자료를 사용한 활동)
수에 기초한 계산(수 세기/구조화/알고 있는 수 지식의 사용)
100까지(그 이상)의 연산
대상에 기초한 계산(구조화된 자료를 사용한 활동)
수에 기초한 계산(연속/분해/변화 전략)

3-4학년 4단계
고차적 계산
1000과 10000까지(그 이상)의 수에 대한 지식
순서화(작은 수들/큰 수들/아주 큰 수들의 수열)
수의 규칙 탐구
개수 세기
수의 어림과 반올림
수의 표현과 기호화
수의 합성과 분해
1000까지(그 이상)의 연산
암산
필산(전체수에 기초한/각 자리의 숫자에 기초한)
어림 계산
계산기를 이용한 계산

수에 대한 지식	1단계 수 개념의 출현과 성장	2단계 수 세기와 계산	3단계 계산	4단계 고차적 계산
수의 범위	*10까지(그 이상)의 수*	*20까지(그 이상)의 수*	*100/1000까지(그 이상)의 수*	*10000까지(그 이상)의 수*
수의 표현 모델		*묶음 모델* *직선 모델* *결합 모델*		
수에 대한 여러 가지 접근 방식			*맥락화* *위치화* *구조화*	
기수의 인식				
수의 여러 가지 의미와 역할 학습	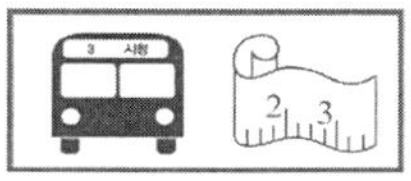			
말로 수 세기				
즉각적인 파악	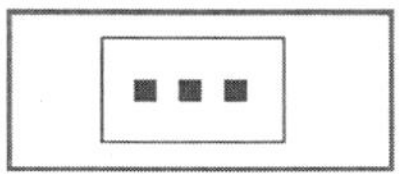	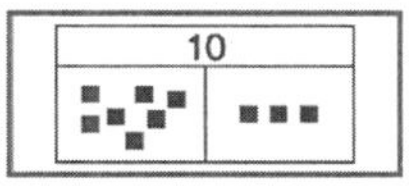		
계열화		둘, 넷, 여섯, … 200, 400, 600, …	둘, 넷, 여섯, … 200, 400, 600, …	
수의 규칙 탐구				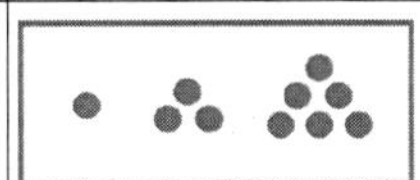
개수 세기	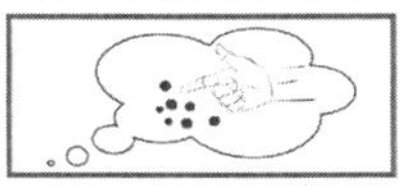	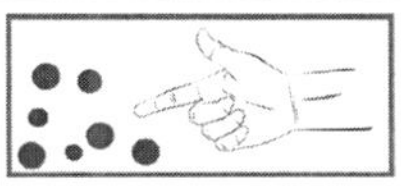	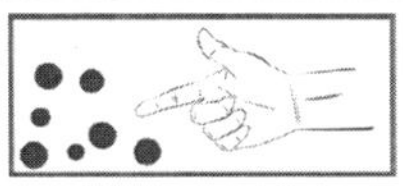	
어림	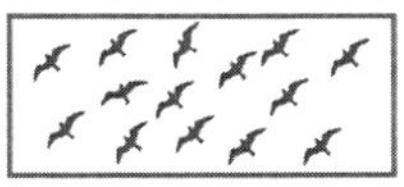		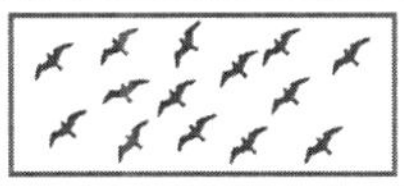	
수의 표현과 기호화	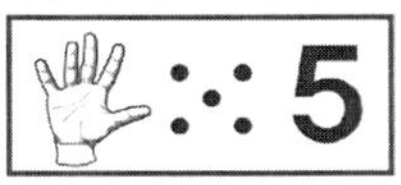	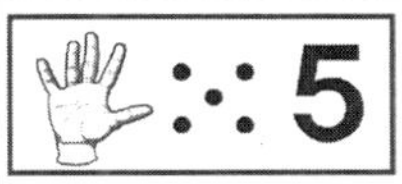	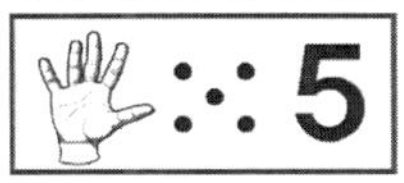	
수의 합성과 분해				
	유치원-준비	준비-1학년	1-2학년	3-4학년

연산	1단계 수 개념의 출현과 성장	2단계 수 세기와 계산	3단계 계산	4단계 고차적 계산
대상에 기초한 계산	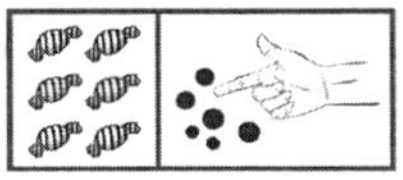	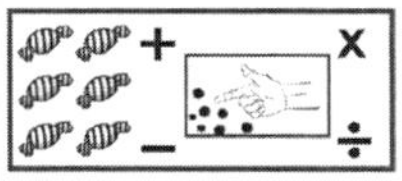	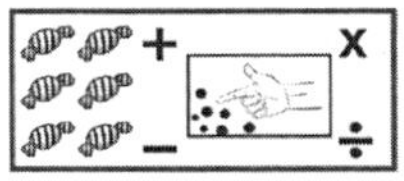	
수에 기초한 계산		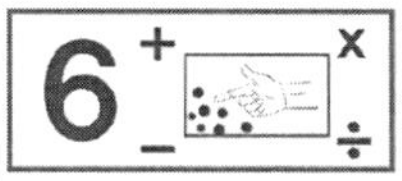	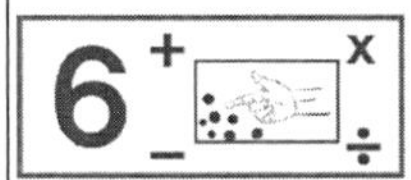	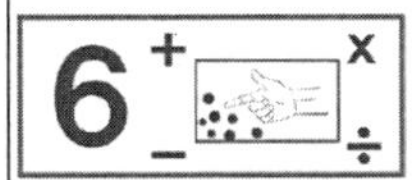
수의 범위		*10까지(그 이상)의 수*	*20까지(그 이상)의 수*	
전략	*수 세기와 계산의 출현*	*수 세기* *구조화* *알고 있는 수 지식*	*수 세기* *구조화* *알고 있는 수 지식*	
수의 범위			*100까지(그 이상)의 수*	*1000까지(그 이상)의 수*
전략			*연속 전략* *분해 전략* *변화 전략*	*연속 전략* *분해 전략* *변화 전략*
특별한 계산 형식				
암산				
필산 – 전체수에 기초한 계산 – 각 자리의 숫자에 기초한 계산				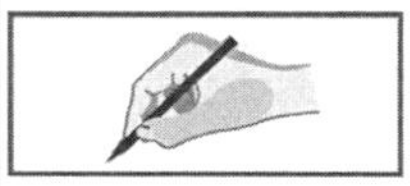
어림 계산				≈
계산기를 이용한 계산				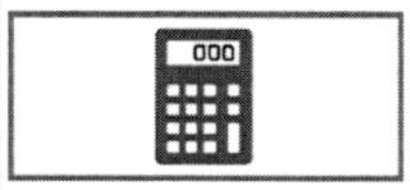
	유치원-준비	준비-1학년	1-2학년	3-4학년

03
1단계 : 수 개념의 출현과 성장

1. 수 개념의 출현
2. 수 개념의 성장
3. 결론

*수의 학습 경로*에서 첫 단계는 유치원과 초등학교 준비 학년(Grade R) 기간 동안 수가 출현하는 시기에 수에 대한 이해에 관해 기술한다. 수에 대한 이해는 점진적으로 증가하며, 수 개념의 출현과 수 개념의 성장이라는 두 개의 하위 단계들로 구분될 수 있다.

1 수 개념의 출현

수 개념의 출현은 초기의 읽기와 쓰기 단계에서 인쇄된 글을 다룰 때 학생들이 보여주는 발달과 유사하다. 학생들은 처음 글을 읽고 처음 자신들이 종이 위에 휘갈겨 쓰면서 글을 알아가는 것과 같은 방식으로 수를 이해하기 시작한다. 이런 수 감각의 발달은 실생활 맥락 내에서 그리고 물리적 대상들과 더불어 이루어진다. 학생들이 초기에 수를 다룰 때 보여주는 몇 가지 방법들이 있다.

가. 초기의 수 개념

■ 기수의 인식 

이 단계에서 학생들은 수는 무엇인지에 대한 의식을 개발한다. 이는 학생들이 여러 대상들의 집합에 관련해서 수를 언급할 때 볼 수 있다. 예를 들면, 식탁 위에 컵이 3개 있을 때 '셋'이라고 소리칠 때와 같은 경우이다. 그들은 예를 들면 모양이나 색과는 다른, 그 집합의 특성으로 기수를 인식한다. 이런 행동이 기수를 인식하는 첫째 지표이다.

■ 말로 수 세기의 모방 

기수의 인식과 더불어 학생들은 또한 자연수열을 암송하려고 한다. 처음에는 이것이 실제로 양을 세는 것과는 관련이 없다. 오히려 자연수열을 특별한 종류의 동요나 단지 하나의 긴 단어인 것처럼 암송한다. 대부분의 경우에 자연수열은 일상의 게임과 활동의 맥락에서 학습되고 사용된다. 이는 예를 들면 학생들이 숨바꼭질을 하면서 '일, 이, 삼, 사, … 꼭꼭 숨어라 머리카락 보인다.'와 같이 암송할 때 볼 수 있다. 학생들이 이 단계에 있을 때는, '운율'을 스스로 모방하고 확장하며, '일, 삼, 칠, 사, 십'과 같은 자신의 자연수열을 만든다.

■ 개수 세기의 모방 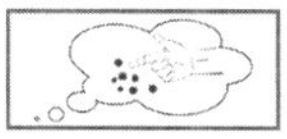

수의 출현을 알 수 있는 다른 지표는 학생들이 개수 세기에 대한 모호한 이해를 개발하는 것이다. 이는 학생들이 대상들(카운터, 그림, 손가락 등)의 집합에서 대상들의 개수가 몇 개인지를 알아보기 위해 대상들의 수 세기라는 아이디어를 형성하는 것을 의미한다. 개수 세기는 많은 연습이 필요한 복잡한 기능이다. 이는 학생들이 물리적 대상들을 다루는 맥락에서 나타난다. 이런 발달은 고학년 학생들이나 어른들의 개수 세기를 모방하는 것으로 시작하는 경우가 많다. 학생들은 다른 사람들이 무엇을 하는지 지켜보지만, 그들의 행동을 충분히 이해하지는 못한다.

학생들이 개수 세기를 모방할 때, 개수 세기의 모든 측면들과 특성들에 대한 명백한 아이디어를 이해하지 못한다. 예를 들면, 그들은 수를 뛰어 넘기도 하고, 일대일대응을 유지하지 못하거나 자연수열을 옳은 순서로 따라가지 못한다. 학생들은 점차 개수 세기가 무엇을 의미하는지 더 잘 이해하게 된다. 그러면 학생들은 수 세기를 했을 때 마지막에 지칭한 수가 전체를 나타낸다는 것을 이해한다. 학생들이 어떤 집합을 두 가지 다른 방식(예를 들면 왼쪽에서 오른쪽 그리고 오른쪽에서 왼쪽)으로 세어, 그 결과로 서로 다른 수를 얻게 될 때 무엇인가 잘못 되었다는 점을 의식한다면, 개수 세기를 이해했음을 입증하는 것이다. 학생들이 두 개의 다른 결과를 얻은 것에 놀라움을 보일 때, 그들은 개수 세기를 실제적으로 이해한 것이다.

■ 손가락을 사용한 기호화 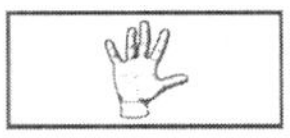

물리적으로 존재하는 구체적인 양과 대상들을 가지고 활동하는 것과는 별도로, 학생들은 볼 수 없거나 만질 수 없는 양들을 생각할 수 있다. 이것이 학생들이 처음으로 양을 상징으로 나타낼 필요가 있음을 알게 되는 때이다. 가장 자연스러운 방법은 손가락을 사용하는 것이다. 이에 대한 가장 명백한 예는 어린 학생들이 자신의 나이를 나타낼 때 보여주는 방법이다. 아이들은 손가락 3개를 올리면서 세 살이라는 것을 보여준다.

물론 아이들은 손가락들을 사용해서 나이가 아닌 다른 양들을 나타낼 수 있다. 일반적으로 손가락은 작은 수의 사물들을 표현하는 데 유용하다. 이런 표현은 아이들이 양들을 더 추상적이거나 형식적인 수에 초점을 맞추어 생각하는 데 도움이 된다. 아이들은 손가락을 사용해서 수를 상징화하는 것을 배우면서, 또한 즉각적인 파악 능력(그들 앞에 있는 항목들의 수를 즉시 파악하는 것)을 개발한다. 손가락을 사용해서 수를 표현하는 것은 아이들에게 '5의 구조'에 대한 준비를 가능하게 한다. 이 구조는 수 세기와 계산의 이후 단계들에서 핵심적인 역할을 한다.

2 수 개념의 성장

가. 10까지의 수의 탐구

이 단계에서 아이들의 수 개념은 몇 몇 중요한 수 기능에 숙달하기 시작하면서 더 발달된다. 이 기능들은 자연수열을 바르게 암송하기(말로 수 세기), 특별한 수를 즉시 인식하기(지각에 의한 즉각적인 파악), 수 세기를 통해 집합의 원소들의 총수를 구하기(개수 세기), 집합의 원소들이 몇 개쯤인지 대략적으로 말하기(어림하기), 수를 표현하고 상징화하기, 수의 합성과 분해 등을 포함한다.

수의 여러 가지 의미 발견 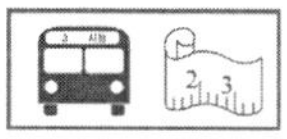

수에 대한 이해는 이제 더 명확해진다. 학생들은 일상적인 주변 환경에서 모든 종류의 수를 접하면서, 수가 다양한 상황에서 여러 가지 의미로 사용될 수 있다는 것을 알기 시작한다. 이와 같은 방식으로 학생들은 수에 대한 여러 가지 의미를 학습한다.

예를 들면, 수 5는 다음과 같은 의미를 가질 수 있다.

- 농도수 : 나는 사탕 5개를 가지고 있다.
- 순서수 : 그녀는 이 줄에서 다섯째에 있다.
- 측정수 : 그는 5살이다.
- 이름수 : 할머니는 5번 버스를 타고 우리집에 오신다.
- 계산수 : 2 + 3 = 5.

수의 여러 가지 의미를 학습하는 것은 학생들이 무엇인가 5개가 있다는 것을 나타내는 5, 특별한 버스 경로를 나타내는 5, 한 줄에서 다섯째라는 의미의 5, 또는 측정한 결과를 나타내는 5를 어느 정도 파악한다는 것을 의미한다.

말로 수 세기 

발달 단계에서 중요한 다른 요소는 자연수열의 순서에 따라 수들의 이름을 바르게 암송하는 것이다. 말로 수 세기는 개수 세기를 위한 전제 조건이다. 처음에 말로 수 세기는 하나에서 시작한다. 나중에 학생들은 다른 수들을 시작으로 자연수열을 세는 데 익숙해진다.

자연수열을 바르게 암송하기 위해서, 학생들은 자주 연습할 기회를 가져야 한다. 학생들은 자연수열을 운율에 맞추어 일정하게 반복하는 것과 게임 활동에서 말로 수 세기를 할 필요가 있다.

예

초등학교 준비 학급에서 교사는 다음 운율을 사용해서 자연수열의 학습을 돕는다.

1, 2, 3, 4, 5, once I caught a fish alive 6, 7, 8, 9, 10 then I let him go again	1, 2, 3, 4, 5 언젠가 나는 물고기 한 마리를 잡았어요. 6, 7, 8, 9, 10 그런 다음 물고기를 다시 놓아 주었어요.

교사는 학생들에게 '수의 증가'라는 이야기를 들려주고, 학생들에게 운율에 맞춘 단어들을 사용해서 빈 칸에 알맞은 수들을 채우도록 한다.

One little bee buzzed as he flew Along came another one and it made 2 2 little bees buzzing round me along came another one and it made 3 3 little bees buzzing more and more along came another one and it made 4 4 little bees buzzing round the hive along came another one and it made 5.	한 마리 작은 벌이 나에게 날아와서 윙윙거려요. 다른 벌이 함께 왔고 그래서 2가 되었어요. 두 마리 작은 벌들이 빙빙 돌며 윙윙거려요. 다른 벌이 함께 왔고 그래서 3이 되었어요. 세 마리 작은 벌들이 점점 더 윙윙거려요. 다른 벌이 함께 왔고 그래서 4가 되었어요. 네 마리 작은 벌들이 벌집 주위에서 윙윙거려요. 다른 벌이 함께 왔고 그래서 5가 되었어요.

지각에 의한 즉각적인 파악

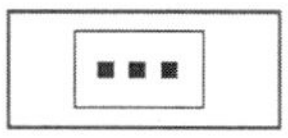

지각에 의한 즉각적인 파악은 집합의 원소들의 수를 즉시 지각하는 능력이다. 이는 학생들이 세지 않고 대상들이 몇 개인지 즉시 인식할 수 있음을 의미한다. 학생들은 종종 지각에 의한 즉각적인 파악을 손가락을 사용해서 수를 나타내는 것과 연결할 수 있다. 즉각적인 파악은 대상들의 수가 작을 때만 가능하고, 보통은 5까지 가능하고, 어른들의 경우에도 즉각적인 파악이 가능한 최대수는 매우 제한적이다. 즉각적인 파악은 개수 세기의 강력한 기초를 형성한다.

즉각적인 파악은 나중에 학생들이 수의 배열에 대한 지식을 사용하면서 큰 수의 대상들로 확장될 수 있다. 이를 '개념에 의한 즉각적인 파악'이라고 부른다. 손에 기반을 둔 5의 구조는 지각에 의한 즉각적인 파악의 최대수를 극복하는 유용한 도구이다.

개수 세기 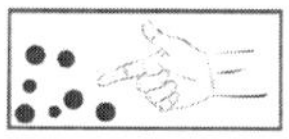

개수 세기는 집합에 있는 대상들이 몇 개인지를 결정하기 위해 대상들의 수를 세는 것을 포함한다. 예를 들면, 교사는 블록 네 개를 책상 위에 놓고, 학생들은 블록이 몇 개 있는지를 말해야 하는 상황을 생각해 볼 수 있다. 수 세기 행동의 결과는 학생들이 그 집합의 기수를 아는 것이다. 즉각적인 파악도 개수 세기의 한 형태이기는 하지만, 학생들은 총수를 구하기 위해서 자연수열을 명시적으로 사용하지 않는다.

개수 세기가 발달한 학생들은 대상들의 집합의 총수를 구할 수 있고, 역의 기능을 사용할 수 있는데, 즉 제시된 수에 맞게 대상들을 선택할 수 있다. 실제로 이는 교사가 블록 4개를 요구할 때, 학생들이 책상 위에 블록 4개를 올려놓을 수 있어야 한다는 것을 의미한다.

수 개념의 성장 단계 동안은 대부분 하나씩 세는 것을 통해 개수 세기가 이루어진다. 이는 자연수열을 생각해 내면서 일련의 대상들을 가리키는 것을 포함한다. 마지막에 언급한 수가 세어야 할 양의 총수를 나타낸다. 옳은 결과를 얻으려면, 학생들이 순서에 맞추어 동시에 세는 것이 중요하다. 동시에 센다는 것은 대상을 가리키는 것과 대응되는 수 이름을 상기하는 것 사이에 일대일대응이 이루어져야 한다는 것을 의미한다.

동시에 세는 것을 격려하기 위해 학생들의 소집단을 구성하고, 나머지 학생들에게 교대로 소집단 구성원들의 수를 세도록 할 수 있다. 학생들은 소집단 구성원들을 한 명씩 가리키며 옳은 순서로 그들의 수를 큰 소리로 부를 수 있다. 소집단의 구성원들을 바꾸어 모든 학생들이 셀 수 있는 기회를 가지도록 하면 된다. 이 활동은 학생들이 말로 수 세기를 연습할 수 있고, 또한 나중에 언급한 수가 세어야 할 양의 총수를 나타낸다는 것에 대한 이해를 강화한다.

개수 세기의 하위 단계

개수 세기의 학습은 다음과 같은 몇 개의 하위 단계들을 거쳐 가는 복잡한 과정이다.

- 맥락에 기초한 개수 세기
- 대상에 기초한 개수 세기
- 수에 기초한 개수 세기

하위 단계들의 핵심 문제는 항상 "몇 개인가?"이지만 그것은 다양한 방법으로 생각할 수 있다.

맥락에 기초한 개수 세기에서 학생들은 생일 케이크 위에 있는 초들을 보며 친구가 몇 살인지 말할 수 있다. 이 맥락은 '몇 살인가?'를 묻고 있지만, 학생들은 잘 인식은 못해도 실제로는 '몇 개인가?'라는 질문에 답하고 있는 것이다.

여기에 맥락에 기초한 개수 세기의 또 다른 예가 있다. 서로 다른 높이의 탑을 쌓고 학생들에게 탑들의 높이가 얼마인지 답하도록 한다.

이 질문이 '몇 개인가?'를 묻고 있는 것은 아니지만, 학생들은 그들의 수에 대한 지식과 수 세기 능력을 사용해서 탑은 블록 8개와 블록 5개만큼의 높이라고 답할 수 있다.

학생들은 구조가 없는 대상들을 보여주거나 나중에는 대상들의 그림만을 보여주고 대상들이 몇 개인지 묻는 질문들에 답할 수 있을 때, 더 발전적인 개수 세기 방법을 보여준다. 이것을 대상에 기초한 개수 세기라고 한다.

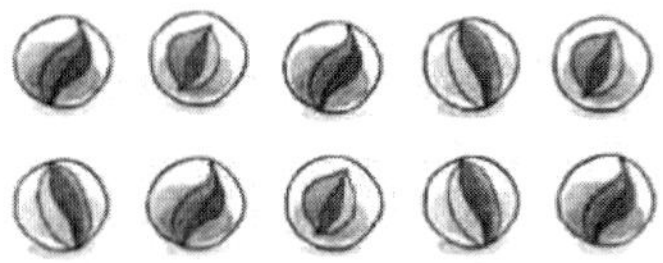

학생들은 숫자, 즉 수 기호를 가지고 활동할 수 있을 때, 수에 기초한 개수 세기로 진행하며, 수에 대한 지식을 사용해서 총수를 구할 수 있다. 이는 학생들이 총수를 알기 위해서 구조가 없는 대상들을 더 이상 셀 필요가 없음을 의미한다. 예를 들면, 학생들은 그림에서 몇 란드가 있는지 세지 않고 알 수 있다.

세 하위 단계는 학생들의 개수 세기가 어떻게 발달하는지를 보여준다. 즉 맥락에 기초한 '몇 개인가?'라는 암묵적인 질문에 답하는 것을 시작으로, 구조가 없는 물리적 대상들을 직접 세지 않고 집합의 총수를 구할 수 있는 것으로 끝난다. 후자는 학생들의 수 발달의 다음 단계인 수 세기와 계산을 위한 준비이다.

■ 어림 

개수 세기는 집합의 원소들의 정확한 개수를 구하는 것에 한정되지 않는다. 학생들은 또한 어림 기능을 개발할 필요가 있고, 집합에 '약 몇 개'의 대상들이 있는지 말할 수 있어야 한다. 이것이 어림을 위한 기초가 된다. 1단계에서 어림 기능과 어림이 무엇인지를 이해하는 것은 비교가 필요한 과제들을 통해 촉진될 수 있다. 학생들은 두 집합의 기수를 비교하고 둘 중 어느 집합의 대상들의 개수가 큰지 말한다.

어림에 의한 개수 세기는 학생들이 '많은', '아주 많은', '충분한', '너무 많은'과 같은 수에 관련된 용어들을 사용할 때도 이루어진다. 학생들이 이러한 용어들을 사용할 때, 교사들은 학생들이 개수 세기 기능이 부족하다고 생각해서는 안 된다. 이 용어들을 사용하는 것은 획득해야 할 중요한 능력을 반영한다.

다음 활동은 학생들이 이런 능력을 개발하는 데 도움이 된다. 교사는 학생들에게 곰들로 이루어진 두 집합을 보여주고, 어떤 집합에 곰이 더 많은지 물어본다.

학생들은 아직 대상들의 수를 정확히 셀 수 없지만, 어림으로 답을 구할 수 있다. 시각적 이미지를 기반으로 첫째 액자 안에 곰이 더 많이 있음을 즉시 알 수 있다.

학생들이 답을 구할 수 있는 또 다른 방법은 각 액자안의 오른쪽에 네 마리의 곰들 주위에 선을 그리는 것이다. 그러면 둘째 액자보다 첫째 액자 안에 곰이 더 많이 남아 있다는 것이 명백해진다.

곰들 주위에 선을 그리는 대신, 학생들은 손을 이용해서 각 액자 안에 있는 곰 네 마리를 덮을 수 있다. 그러면 또 첫째 액자 안에 곰들이 더 많이 남아 있다는 것이 명백해질 것이다.

다음 교실의 예는 초등학교 준비 학급의 학생들이 어림 과제를 어떻게 해결하는지 보여준다.

예

교사는 학생들에게 A4 용지를 한 장씩 나누어 준다. 그녀는 학생들에게 그것을 반으로 접으라고 하고 종이의 반쪽에 꽃 5송이를, 다른 반쪽에는 꽃 7송이를 그리라고 한다. 그런 다음 학생들에게 어느 쪽에 꽃이 더 많은지 표시하게 한다. 다음은 마셸린의 답이다.

마셸린 : '일곱!'
교　사 : '어떻게 알았니?'
마셸린 : '다섯은 적고, 일곱은 많기 때문이에요.'

마셸린의 그림

마셸린은 두 줄의 길이가 다르다는 것에 주목했을지도 모른다.

다음은 케이틀린의 답이다.

케이틀린은 7 옆에 표시하고, '나는 그것이 적지 않고 많다는 것을 알 수 있어요.'와 같이 설명하였다.

케이틀린의 그림

케이틀린은 꽃들을 묶어보고 넷과 셋이 넷과 하나보다 많다는 것을 알았을 지도 모른다.

수의 표현과 기호화

이 단계에서는 또한 학생들이 수를 표현하고 기호화하는 방법들의 목록이 증가한다. 손가락을 보여줌으로써 나이를 표현하는 것으로 시작한 것은 점차 수를 표현하는 다양한 방법들로 확장된다. 예를 들면, 5의 구조를 가진 구슬 줄은 두 손을 자연스럽게 연결한 것이다.

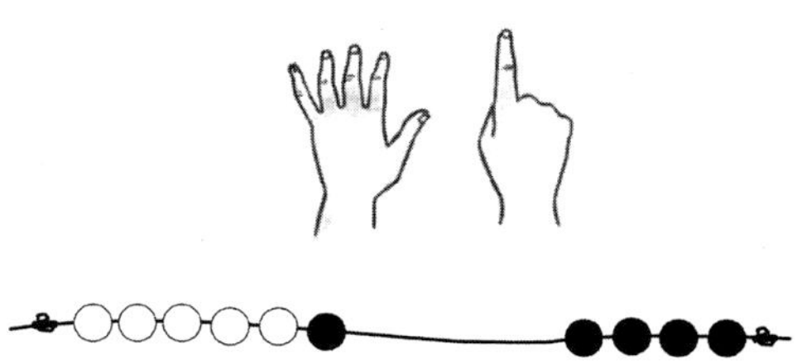

이 구슬 줄 위에 여섯 살을 표현할 수 있는 방법은 손가락들을 사용하는 방법

과 같지만, 5의 구조가 더 강조된다.

학생들이 여섯 살을 표현할 수 있는 다른 방법들은 주사위에서 6의 눈을 보여주기, 블록을 6개 쌓기, 막대를 6개 그리기, 누군가의 티셔츠에 인쇄된 기호 6을 가리키기 등을 포함한다. 이런 다양한 방법들은 그들의 목록이 증가하고 있음을 입증한다. 마지막 표현 방법을 제외하면, 다른 모든 표현 방법들은 여섯을 셀 수 있는 형식으로 이루어져 있다. 마지막 표현은 오직 기호 6만을 포함한다.

기호를 사용해서 집합의 기수를 나타내는 것은 그 집합에 있는 물리적 대상들의 수를 추상화한 것이다. 추상화의 첫 단계는 아마도 교실에 가져올 수 없는 실제 대상들을 대체할 수 있는 카운터와 같은 셀 수 있는 표현들을 사용하는 것이다. 이 단계는 다음의 추상화를 유도하는데, 다음 단계에서는 학생들이 기호를 사용해서 수들을 표현하고, 대부분의 경우에 더 이상 구체적인 표현이 필요하지 않다.

세어야 할 대상들을 볼 수 없으나 존재한다고 가정하는 '가리고 추측하기' 과제는 학생들이 셀 수 있는 대상들을 사용한 기수 표현에서 숫자 6과 같은 기호를 사용한 기수 표현으로 이행하는 데 도움이 된다.

교사들이 학생들에게 넣어야 할 대상들의 수가 적힌 상자에 그 수만큼 항목들을 넣게 한다면, 이 활동은 학생들이 추상화로 이하는 데 도움이 될 수 있다.

이 단계에서 학생들은 수 기호들을 읽기 시작하면서, 수 기호를 쓰는 경험도 하게 된다. 예를 들면, 생일 카드를 만들 때와 같은 경우이다. 학생들은 또한 아래에서 보는 바와 같이 수들을 바르게 적는 데 아직 어려움이 있어도, 수열을 적는 것을 즐긴다.

예

교사는 다음과 같은 활동을 하게 한다.

- 5에서 시작해서 8까지 계속 적어라.
- 8에서 시작해서 12까지 계속 적어라.
- 6에서 시작해서 10까지 계속 적어라.
- 9에서 시작해서 10까지 계속 적어라.

다음은 게이샤와 케일린이 적은 것이다.

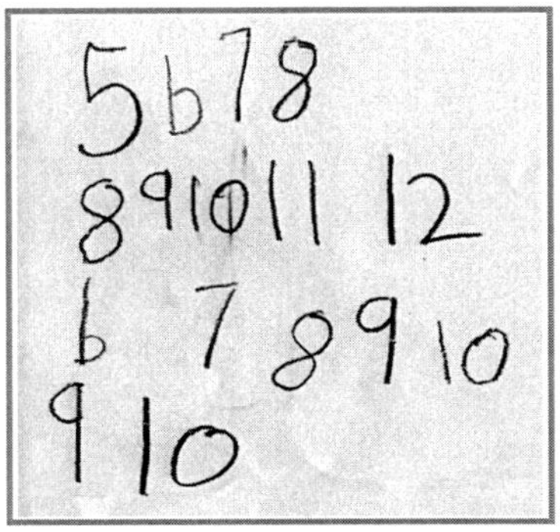

게이샤의 활동

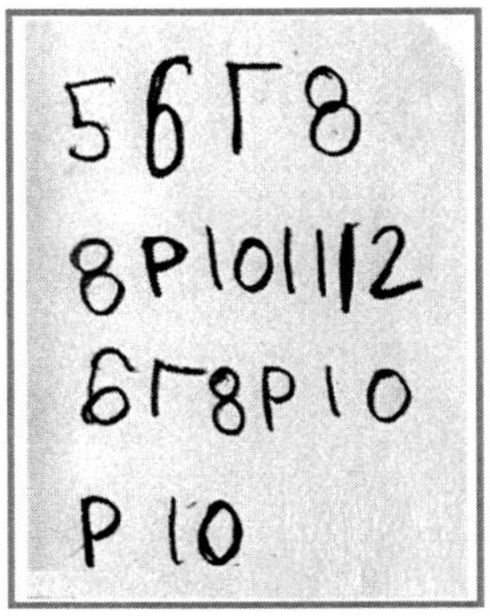

케일린의 활동

케일린의 활동은 그녀가 7과 9를 바르게 쓰는 데 어려움이 있음을 보여준다. 교사는 이것을 즉시 교정하는 대신, 수의 열에서 옳은 수들을 찾은 것을 칭찬해 주었다. 그런 후에 교사는 케일린에게 7과 9를 잘 살펴보라고 조언을 했다.

7은 항상 6을 보고 있고, 9는 항상 8을 보고 있다.

수의 합성과 분해

1단계에서 학생들은 수의 합성과 분해를 처음 경험한다. 이 단계에서 학생들은 주로 구체적인 대상들의 집합들을 합성하고 분해한다. 교실에 있는 실제적인 예들을 사용해서 이 기능을 개발하는 것이 좋다. 예를 들면, 학생들에게 '초는 세 개씩 또는 두 개씩 묶음으로 판매합니다. 초가 8개 필요하다면, 몇 묶음을 사야 하나요?'와 같은 문제를 제시할 수 있다. 묶음은 학생들의 선택에 따라 얼마든지 변형할 수 있다. 학생들은 세 개짜리 두 묶음과 두 개짜리 한 묶음을 사야 한다고 말할 수도 있다. 또는 학생들에게 집에 의자가 몇 개인지를 물어볼 수도 있다. 한 학생은 집에는 의자가 여섯 개 있는데, 모두 한 방에 있다고 말할 수도 있다. 다른 학생은 집에는 의자 여섯 개가 있는데, 두 개는 한 방에, 세 개는 다른 방에, 한 개는 밖에 있다고 말할 수도 있다.

이와 같은 활동들은 수 관계에 대한 학생들의 지식을 개발하는 데 매우 중요하다.

■ 대상에 기초한 수 세기와 계산의 출현 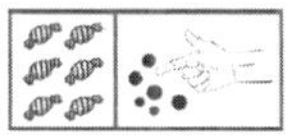

1단계는 수 세기와 수에 관한 지식을 개발하는 데 초점을 맞추고 있지만, 이 단계에서의 활동은 또한 초 문제의 예와 같이 계산의 요소도 포함하고 있는 경우도 많다. 세 개짜리 초를 두 묶음 사면, 초가 여섯 개다. 초를 전체 여덟 개 가지려면, 두 개가 더 필요하다. 그러므로 두 개짜리 초 한 묶음을 살 수 있다. 이런 대상에 기초한 수 계산은 2단계의 수 세기와 계산의 전조에 해당하며, 따라서 '수 세기와 계산의 출현'이라고 부른다.

1단계에서 수 세기와 계산의 출현은 대상에 기초한 것이다. 이는 학생들이 수 연산을 할 때 셀 수 있는 구체적인 대상들이나 대상들의 그림들을 사용하는 것을 의미한다. 초등학교 준비 학급의 한 학생의 예를 제시하면 다음과 같다.

예

교사는 게이샤에게 다음 문제를 제시했다 : '나는 연필 5개를 가지고 있습니다. 나는 친구들에게 두 개를 주었습니다. 몇 개가 남았을까요?'

게이샤는 이 상황에 대한 그림을 그리고, 자신의 답을 적었다.

교사가 답이 어떻게 나왔는지 설명하게 하자, 그녀는 '나는 그것을 보았어요. 머릿속에서 다섯에서 둘을 빼내면 셋이라고 말했어요.'라고 말했다.

3 결론

1단계에서는 학생들에게 가능한 한 수에 관련된 자발적인 활동을 촉진할 수 있는 많은 활동들을 제공하는 것이 중요하다. 학생들은 수에 대한 이해를 탐구하고 새로운 기능들을 연습할 기회를 가져야 한다. 이 기능들은 수가 관련된 상황들 속에서 사회적 상호작용을 통해 개발될 수 있다. 수들을 유능하고 바르게 다룰 수 있는 것은 성장과 성숙의 징후로 간주된다. 양을 어림하고 수 세기를 하는 능력은 학생들에게 물건들을 나누고 게임을 하는 상황들에서 사용할 새로운 도구들을 제공한다. 수를 가르칠 때, 이런 '사회적 기량(prowess)'을 활용해야 한다.

학생들이 계속해서 새로운 사실을 발견하고 학습해야 하며, 이 과정은 개인의 보조에 맞추어 이루어져야 한다는 것을 명심하는 것이 중요하다. 따라서 학생들은 모두 같은 속도로 수의 이해를 개발하는 것이 아니고, 그들의 지식 수준은 상당히 다양할 것이다. 각 아이들이 가진 수와 관련된 주변 환경과 경험은 다르고, 교수는 서로 다른 학생들의 경험 사이의 간격을 메워야 한다.

04
2단계 : 수 세기와 계산

1. 20까지(그 이상)의 수에 관한 지식
2. 10까지(그 이상)의 수의 연산
3. 결론

2단계는 준비 학년과 1학년에서 발달하는 수의 이해와 관련된다. 이 단계에서 학생들은 1단계에서 경험한 수 개념의 여러 측면에 기반을 둔, 수에 대한 심층적인 지식을 개발한다.

2단계는 '수 세기와 계산'이라고 부른다. 그 이유는 이 단계는 수 세기에서 계산으로의 이행 단계이기 때문이다. 수 세기는 점차 계산으로 발전하는, 계산 학습을 위한 필수적인 기능이다. 수 세기는 계산 과정에 깊이 내포되어 있고, 계산 전략의 발달을 촉진한다. 실제로 학생들이 구조를 사용하고 수에 대한 지식을 사용하는 '빨리 세기 (quick counting)'는 수 세기라기보다는 계산이다.

1 20까지(그 이상)의 수에 대한 지식

2단계에서 학생들은 1단계에서 발달한 수에 대한 지식에 기반을 둔다. 이는 학생들이 수 이름과 수 기호에 더 친숙해진다는 것을 의미한다. 실생활 상황에서 수를 다루는 것은 학생들이 수가 무엇을 의미하는지 그리고 특정한 상황에 어떤 수가 적합한지에 대한 이해를 향상시킨다. 예를 들면, 7은 한 주에 며칠이 있는지, 4는 한 달에 몇 주가 있는지, 12는 일 년에 몇 달이 있는지를 나타내는 수이다.

가. 수의 여러 가지 역할 이해

이 단계에서 학생들은 수의 여러 가지 역할에 대한 이해의 폭을 넓힌다. 학생들은 수가 다음과 같은 것을 나타낼 수 있음을 발견한다.

- 집합의 크기를 표현하기(사탕 15개)
- 순서를 나타내기(그녀는 이 줄에서 열다섯째이다)
- 측정의 결과를 나타내기(15m, 15년)
- 대상의 이름을 나타내기(버스 번호 15, 개인 비밀번호 2345)
- 계산할 어떤 것을 나타내기($7 + 8 = 15$)

학생들은 자신들이 다루는 수의 범위를 10에서 20까지 확장한다. 이런 발달이 이루어지기 위해서는, 학생들이 수 체계의 기본 구성 요소인 10까지의 수에 아주 친숙해질 필요가 있다. 10까지의 수에 아직 어려움이 있는 학생들에게는 학습할 수 있는 기회를 더 많이 제공해야 한다.

이 단계에서는 20까지의 수에 초점을 두고 있지만, 더 큰 수들에 대해서도 탐구한다. 예를 들면, 학생들은 축구 경기에는 선수가 22명 필요하고, 버스 한 대에는 승객이 40명 탈 수 있으며, 집까지 걸어가는 데는 35분이 걸리고, 친구 집은 81번지이며, 그 학교는 2004년에 개교했고, 영화 티켓은 35란드이며, 할아버지는 69세이심을 알 수도 있다. 화폐와 나이는 학생들이 수에 대한 지식을 탐구하는 데 적절한 맥락들을 제공한다. 어린 학생들은 '큰 수'에 매력을 느끼며 아주 의욕적으로 배운다.

나. 수의 표현

2단계에서는 1단계에서 발달한 수를 어떻게 표현하는가에 대한 지식을 연습하고 체계화한다.

표현과 관련된 지식은 다음 내용들을 포함한다.

- 20까지(그 이상)의 수 이름을 말하기
- 20까지(그 이상)의 수 이름을 쓰기
- 20까지(그 이상)의 숫자를 알기

수에 대한 지식을 형성하기 위해서는 학생들이 수의 다양한 표현들을 사용하는 것이 필요하다. 이는 하나의 수가 다양한 모습을 가질 수 있음을 인식하고 이해하는 데 도움이 된다. 예를 들면, 7과 12는 다음 표와 같이 다양한 모델로 표현할 수 있다.

	모델	수 7의 표현
묶음 모델	카운터 묶음	○○○○○ ○○
	막대 묶음	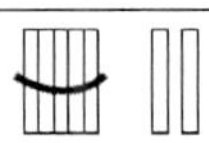
	부절	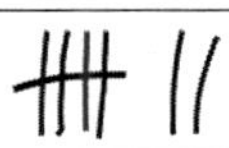
	화폐	
	수 카드	5 2

	모델	수 7의 표현
직선 모델	구슬 줄	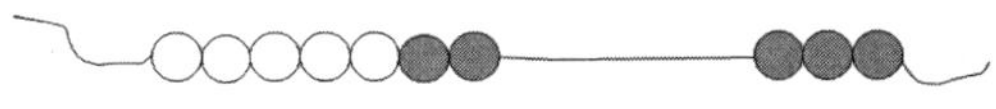
	구조화된 수직선	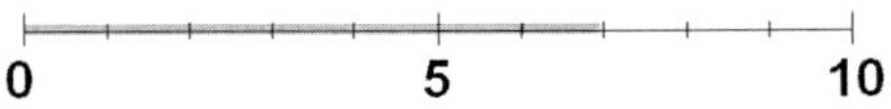
	반 구조화된 수직선	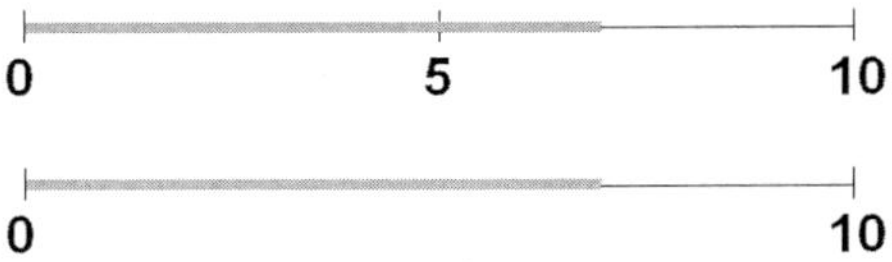
결합 모델	주판	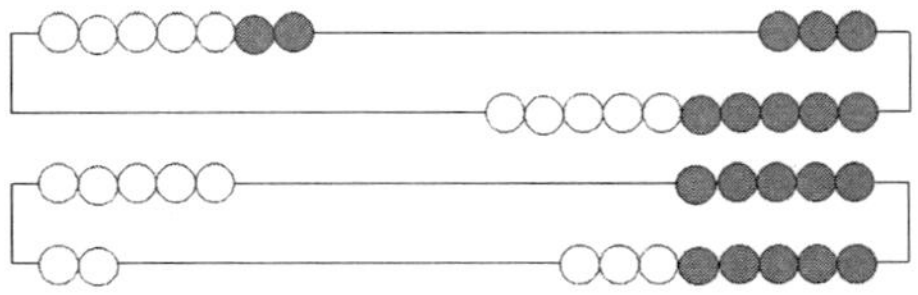
	20 수열표	1 2 3 4 5 6 7 8 9 10 11 12 13 14 15 16 17 18 19 20
	빈 20 수열표	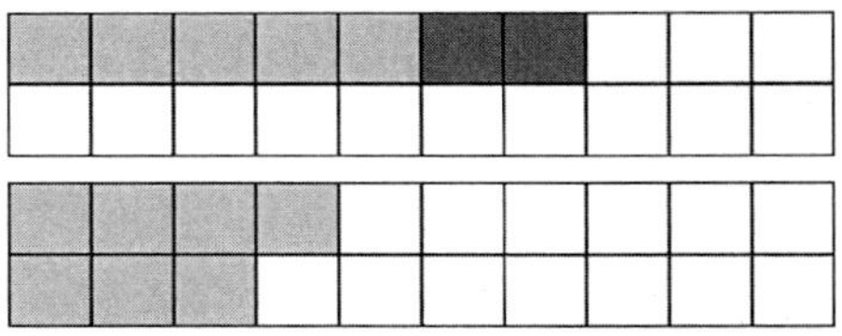
	모델	**수 12의 표현**
묶음 모델	손가락	
	카운터 묶음	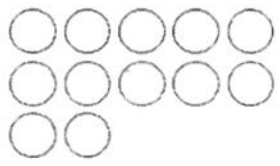
	막대 묶음	
	부절	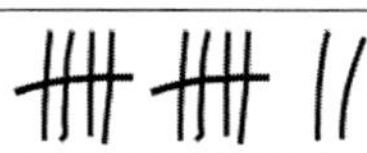
	막대와 쌓기나무 (연결큐브)	

	모델	수 12의 표현
묶음 모델	화폐	
	수 카드 전개	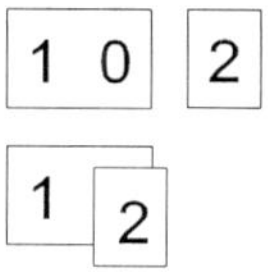
직선 모델	구슬 줄	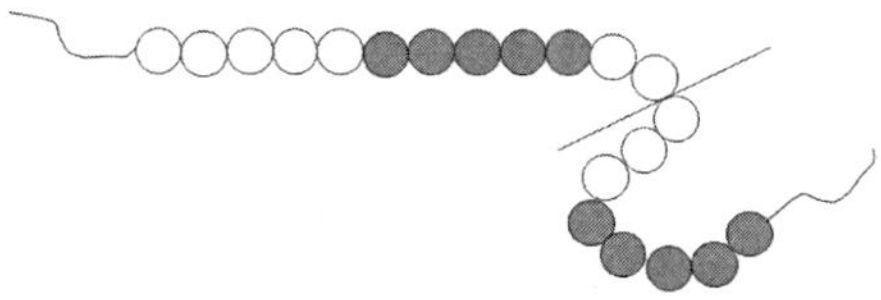
	구조화된 수직선	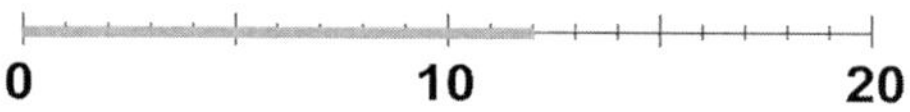
	반 구조화된 수직선	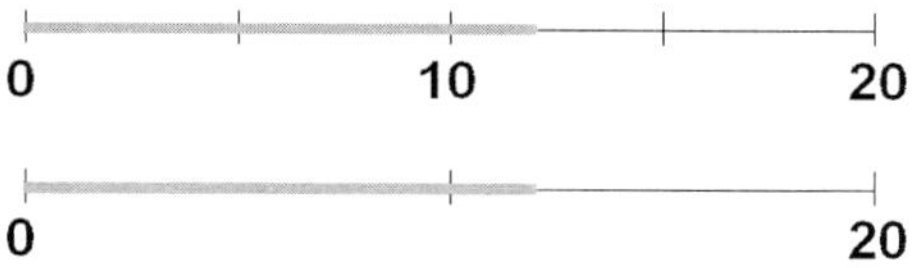
결합 모델	주판	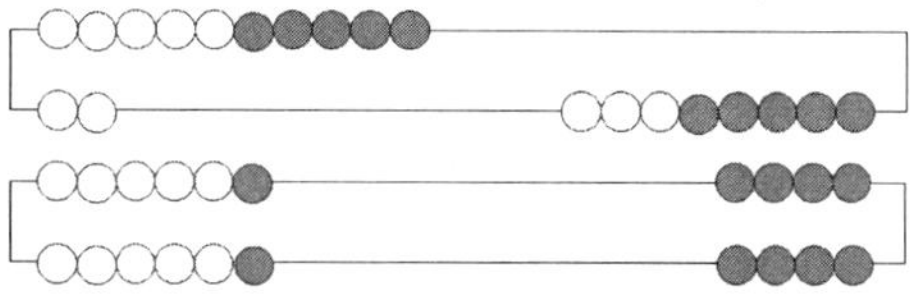
	20 수열표	1 2 3 4 5 6 7 8 9 10 11 12 13 14 15 16 17 18 19 20
	빈 20 수열표	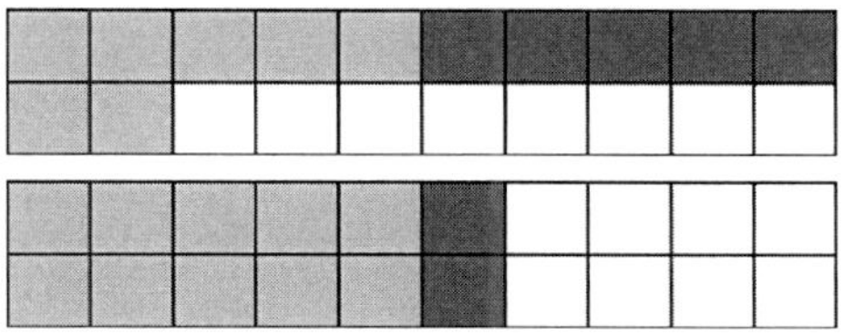

수를 표현하는 모델은 다음과 같이 세 가지 유형으로 구분할 수 있다.

- 묶음 모델 : 손가락, 카운터 묶음, 막대 묶음, 부절, 연결큐브, 화폐(동전과 지폐), 수 카드
- 직선 모델 : 구슬 줄, 구조화된 수직선, 반 구조화된 수직선

- 결합 모델 : 20개의 구슬로 이루어진 주판, 20 수열표, 빈 20 수열표

일부 묶음 모델은 그것들이 표현하는 수의 '배열 이미지'나 '직사각형 이미지'를 보여준다. 이 배열이나 직사각형 이미지는 카운터를 사용한 묶음 모델로 쉽게 인식될 수 있다.

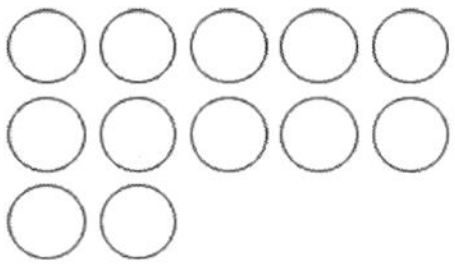

직선 모델은 직선의 특성을 갖는다. 20개로 만든 구슬 줄과 20까지의 반 구조화된 수직선 등이 이에 해당된다.

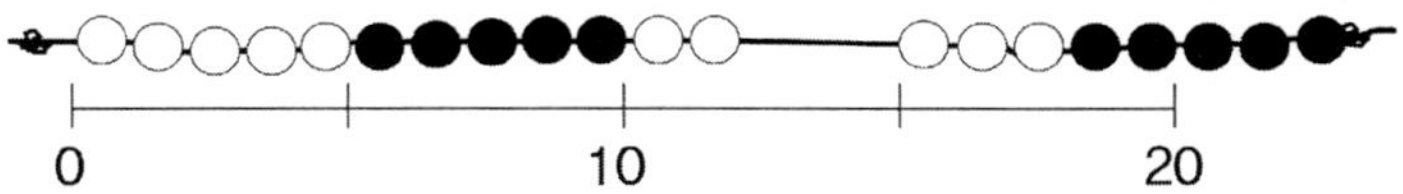

구슬 줄과 수직선 사이에는 큰 차이가 있음에 주목해야 한다. 구슬 줄은 수들을 이산적으로 표현하는 반면, 수직선은 연속적으로 표현한다. 수직선은 시작점이 0이다. 구슬 줄에는 0을 나타내는 구슬이 없다. 마찬가지로 수업에서 사용하는 수 카드 열은 0카드를 포함하지 않는다.

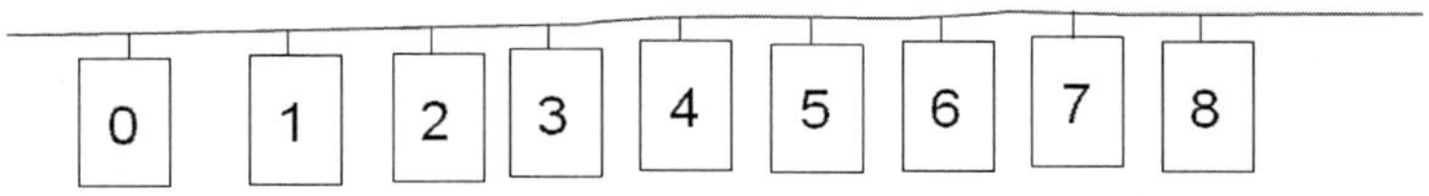

옳지 않은 수 카드

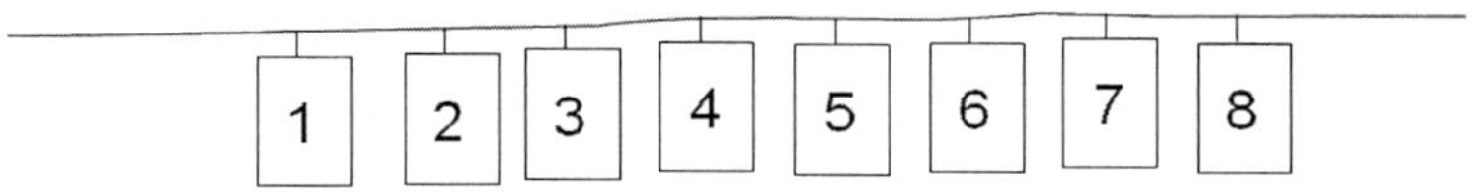

옳은 수 카드

구슬 줄이나 수 카드로 표현되는 수의 이산적인 특성과 수직선 위의 수의 연속적인 특성 사이의 관계를 설명하려면, 교사는 구슬 줄 위에 집게를 놓을 수 있다.

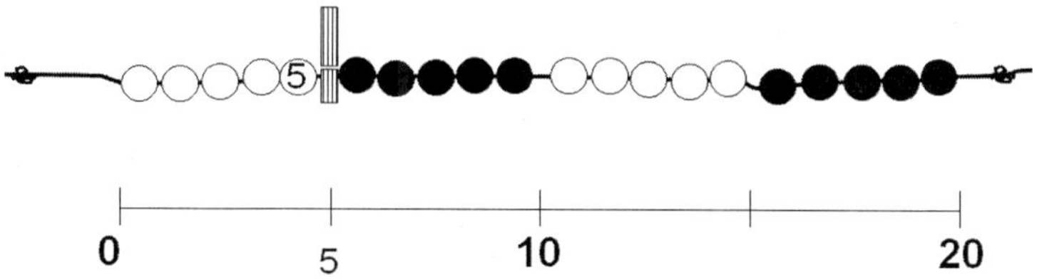

이제 5가 두 개 있다는 것, 즉 다섯째 구슬을 나타내는 5와 집게의 왼쪽에 있는 구슬을 나타내는 5가 있다는 것이 명백해진다. 실제로 집게는 수직선 위에서 5를 나타내는 눈금과 비슷하다. 이 눈금은 처음 5단위의 끝을 표현한다.

학생들은 존재하지 않는 양을 나타내는 수로서의 0에 어려움을 갖는 경우가 많다. 즉, 그들은 사탕의 수가 0이면, 사탕을 하나도 갖고 있지 않다는 것과 같으며, 어떤 것의 무게가 0이면, 그것은 무게가 없다는 것을 이해하는 데 어려움을 겪는다. 수 세기를 시작하기 전, 결과는 0이다. 그러나 이것은 0의 수 카드를 카드 열에 놓을 수 있음을 의미하지는 않는다. 이는 0이 출발점인 수직선과는 다르다.

비록 묶음 모델과 직선 모델 모두 수의 기수적 측면과 서수적 측면을 나타내는 데 사용될 수 있지만, 묶음 모델은 기수, 직선 모델은 서수와 더 밀접한 관련이 있다.

20개나 100개의 구슬로 만든 수판과 같은 결합 모델은 직선 모델(수평)과 묶음 모델(수직)의 방법을 결합한 것이다.

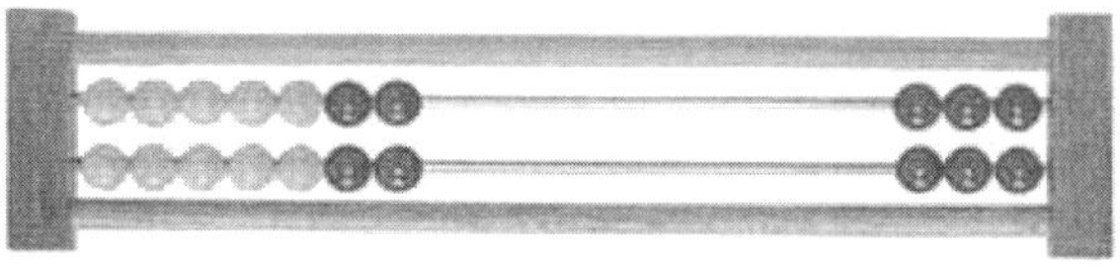

20주판

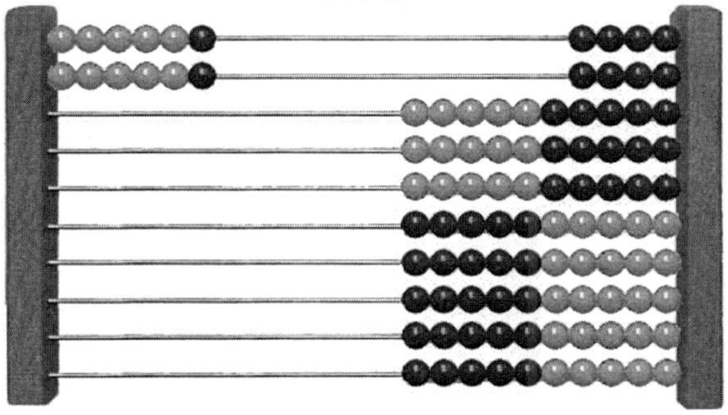

100주판

엄밀하게는 묶음 모델인 연결큐브와 같은 다른 구체물들도 결합 모델로 사용될 수 있다.

수 12를 수직으로 읽기(6과 6)

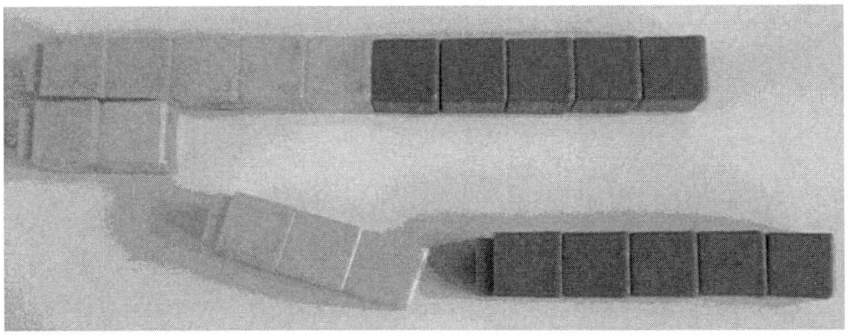

수 12를 수평으로 읽기(10과 2)

이 모델들은 모두 5의 구조나 10의 구조를 사용하며, 개념적 이해를 위한 중요한 기반을 제공한다. 그러나 학생들은 계산 과정에서 이 모델들에 지나치게 의존하지 않는 것이 좋다. 모델들의 주요 역할은 수를 나타내는 구체적인 방법과 추상적인 방법 사이의 간격을 연결하고, 하나의 표현 형식에서 다른 형식으로의 이행을 돕는 것이다. 학생들은 여러 가지 모델들을 따로 그리고 같이 탐구하고 사용할 기회가 필요하다.

다. 수에 관련된 능력

계열화

둘, 넷, 여섯, …
200, 400, 600, …

2단계에서 학생들은 수를 계열화하는 능력을 향상시킨다. 이는 말로 수 세기(말로 표현된 수열) 과제와 지필 수열 과제를 확장하고 완성하는 것을 포함한다. 말로 수 세기에서 학생들은 자연수열을 운율, 율동이 있는 노래 또는 게임과 같은 다양한 방법으로 암송한다. 초기에는 몇 씩 세는 작은 수들의 자연수열에 초점을 맞춘다. 처음에 학생들은 1에서 시작해서 하나씩 앞으로 세는 기능에 숙달한다. 그런 다음 10에서 1까지 거꾸로 셀 수 있다. 다음으로 20(그 이상)까지 할 수 있고, 자연수열에서 여러 가지 수로부터 시작해서 수 세기를 할 수 있다. 학생들이 이것에 익숙해지면, 뛰어 세기를 도입한다. 이는 둘씩, 셋씩, 다섯씩 뛰어 세는 것과 같이 같은 묶음이나 걸음으로 세는 것뿐만 아니라 둘씩 뛰어 세다가 셋씩 뛰어 세는 것과 같이 혼합해서 *다른* 묶음이나 걸음으로 세는 것도 포함한다.

같은 묶음이나 걸음으로 뛰어 세기는 곱셈을 학습하기 위한 좋은 준비가 된다. *다른* 묶음이나 걸음으로 뛰어 세기는 8과 5의 총수를 구하기 위한 준비가 된다. 8에서 시작할 때, 둘 그리고 셋, 즉 여덟, …, 열, 열 셋으로 뛰어 세기를 할 수 있다. 20개로 만든 구슬 줄, 20까지의 반 구조화된 수직선, 20 주판, 20 수열표 등 구조화된 도구를 사용하는 것은 묶음 또는 걸음으로 뛰어 세기를 하는 데 도움이 된다.

앞에서 언급한 바와 같이, 어린 학생들은 큰 수에 매력을 느낀다. 따라서 이 단계에서 계열화 활동은 작은 수에 제한되지 않는다. 점차 수의 범위를 넓히면서, 학생들은 몇 십씩 세는 큰 수들의 자연수열에 친숙해질 것이다. 롤 아웃 수직선이 이런 측면에서 유용할 수 있다. 말로 수 세기 활동에 큰 수들의 자연수열이 포함될 때, 학생들은 수 체계에 대한 더 광범위한 이해를 개발한다.

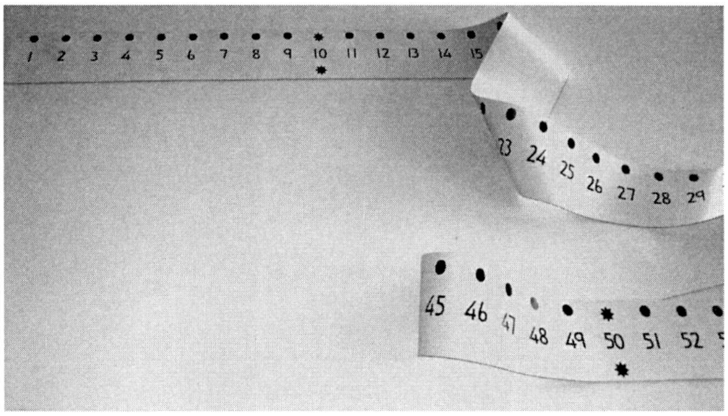

롤 아웃 수직선

지필 수열 과제에서 학생들은 수열을 확장하거나 완성하고, 순서에 맞게 수들을 쓰고 빈 칸에 알맞은 수를 채운다. 이러한 활동은 종이 위에서, 책상에 놓인 수 카드로, 교실에 걸어 놓은 수직선에 연결된 수 카드로 할 수 있다. 지필 수열 과제를 완성하는 것은 학생들이 작은 수들의 자연수열을 알고 부분적으로 큰 수들의 자연수열에 친숙하다는 것을 의미한다. 이는 또한 앞으로 세기와 거꾸로 세기를 할 수 있고, 둘씩, 다섯씩 등 뛰어 세기를 할 수 있다는 것을 의미한다.

2 4 6 8 10 …

5 10 15 20 25 …

학생들의 초기 곱셈과 나눗셈 전략들은 뛰어 세기나 배수들의 수열에 대한 지식과 이해에 관련되어 있다.

예

다음 1학년 두 학생들의 활동은 같은 묶음으로 뛰어 세기를 보여준다.

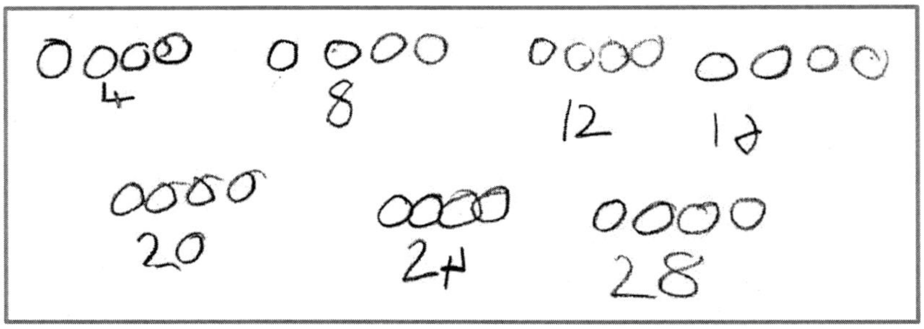

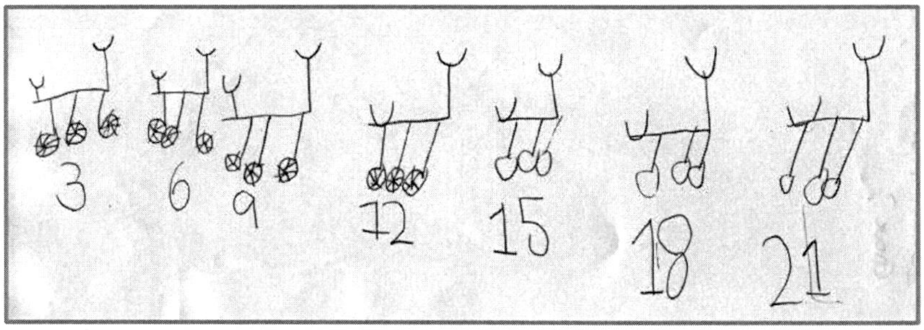

학생들이 같은 묶음으로 뛰어 세기에 기초한 수열에 친숙해질 때, 다른 묶음으로 뛰어 세기에 기초한 수열을 계속 탐구할 수 있다. 예를 들면, 2 (+3) 5 (+1) 6 (+3) 9 (+1) 10 … 등을 생각해 볼 수 있다.

개념에 의한 즉각적인 파악 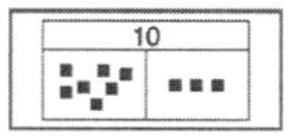

2단계에서는 작은 집합들의 기수를 인식하는 학생들의 능력이 증가한다. 이런 능력은 1단계의 지각에 의한 즉각적인 파악에서 시작한다. 즉, 5까지는 실제로 세지 않고 집합에 있는 대상들의 수를 결정할 수 있다. 2단계에서는 이런 능력이 5의 배열이나 주사위의 눈 또는 도미노 타일과 같은 수 이미지를 사용해서 더 많은 양으로 확장된다. 이렇게 확장된 즉각적인 파악 유형을 개념에 의한 즉각적인 파악이라고 한다. 이런 형식의 즉각적인 파악은 부분-전체에 대한 지식을 기초로 하며, 이로 인해 학생들은 5보다 큰 수들을 인식할 수 있다.

예를 들면, 학생들은 다음 카드들이 각각 점 7개를 보여주고 있음을 즉시 인식할 수 있다.

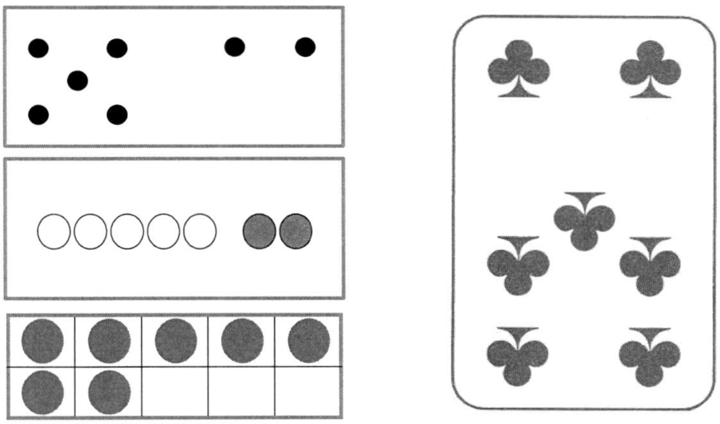

학생들은 한 부분을 5로 나머지 부분은 2로 즉각적으로 파악하고, 부분-전체에 대한 지식을 사용해서 총수를 구한다.

학생들의 즉각적인 파악 능력을 발달시키기 위해서는 이와 같은 카드들이 플래시 카드 활동에 사용될 수 있다. 예를 들면, 교사가 1초나 더 짧은 시간 동안 카드들을 들고 잠깐 보여준다. 학생들은 카드를 본 후에 지금 금방 본 카드에 점이 몇 개인지를 말한다.

다음 예에서 학생들은 3을 즉각적으로 파악하고 10의 부분-전체에 대한 지식을 사용해서 왼쪽에 있는 집합을 즉시 7로 인식할 수 있다.

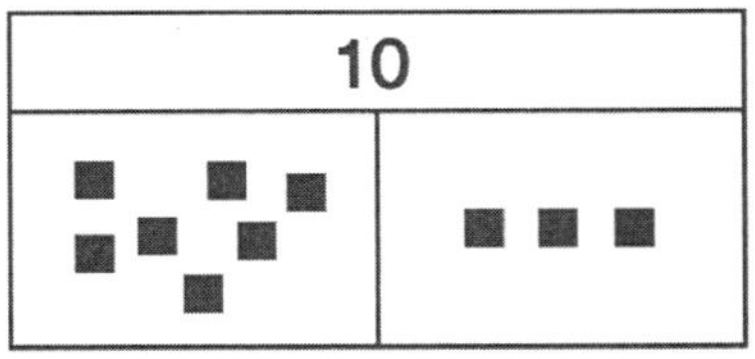

마찬가지로 학생들은 맨 윗줄에 있는 대상들의 수가 5이고 3줄이 있음을 즉각적으로 파악하여 다음 집합을 즉시 15로 인식할 수 있다. 또한 뛰어 세기를 기초로 하는 자연수열에 대한 지식, 즉 5, 10, 15를 사용해서 15를 인식할 수 있다.

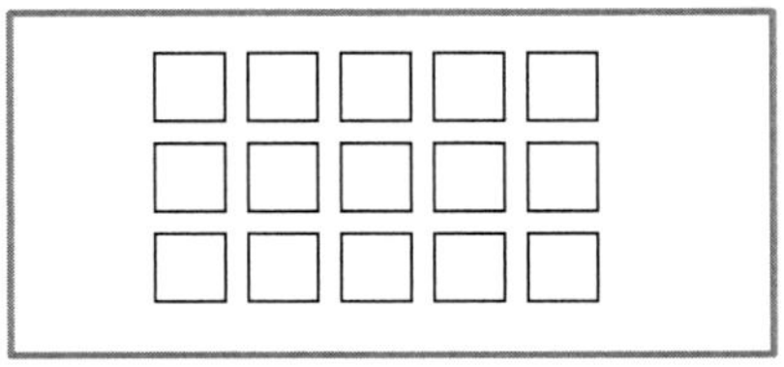

■ 개수 세기 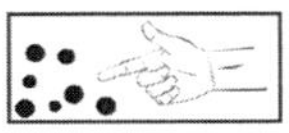

개수 세기는 수 세기를 이용하여 집합의 기수를 구하는 능력이다. 일반적으로 개수 세기에는 두 가지 전략들이 있다. 첫째 전략은 하나씩 세기이다. 이는 세어야 할 대상들을 연속적으로 가리키고, 이 행동을 자연수열에서 옳은 수 이름과 대응시키는 동시에 수 세기와 관련된다. 둘째 전략은 묶어 세기로 더 효율적이다. 이는 집합에 있는 대상들이 몇 개인지를 알기 위해 구조를 사용하는 것과 관련된다. 예를 들면, 학생들은 대상들을 둘씩, 다섯씩, 열씩 묶고, 대상들을 뛰어 센다. 2단계에서 학생들은 더 효과적인 묶어 세기 전략들을 개발한다. 그러나 같은 학급에 있는 학생들은 서로 다른 수 세기 전략들을 선택할 수 있다는 것을 기억해야 한다.

예

앨리사는 자전거 9대에는 바퀴가 몇 개인지를 구해야 한다. 앨리사는 다음 그림을 그렸다.

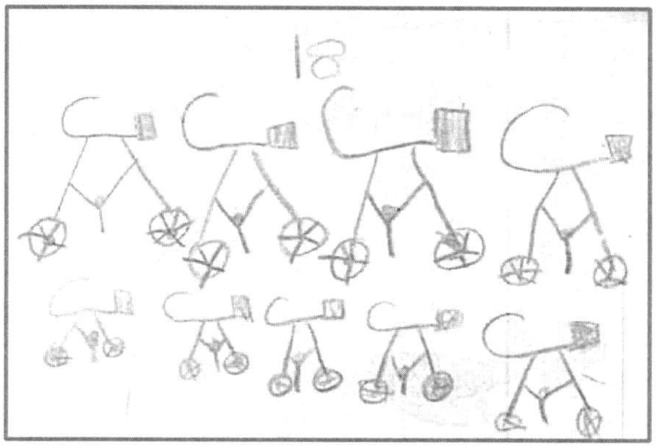

교사가 앨리사에게 답을 어떻게 구했는지 물어 보았을 때, 그녀는 '음, 나는 자전거에는 바퀴가 2개 있는 것을 알고 있구요. 그래서 나는 그림을 그려서 바퀴들을 모두 세었어요.'라고 말했다.

같은 학급에 있는 에린은 '학생들이 13명 있습니다. 손은 모두 몇 개인가요?'라는 문제를 계속 풀고 있었다.

에린이 문제를 다 풀었을 때, 교사는 그에게 '에린아 어떻게 답을 그렇게 빨리 구했니?'라고 질문했다. 그는 '쉬웠어요. 나는 모든 사람은 손이 2개이고, 그래서 내 그림의 꼭대기에 있는 것처럼 둘씩 세었어요.'라고 말했다.

이 교실의 예들은 수 세기 전략의 다양성을 보여주는 것 외에도 교사가 학생들에게 제시한 수 세기 과제들에서 의도했던 것을 보여준다. 교사는 어느 정도 묶어 세기를 유도하는 맥락들을 선택했다. 다음 단계는 아마도 앨리사에게 에린이 했던 방식으로 세어보게 하는 것이다.

개수 세기는 집합의 기수를 정하는 두 개의 서로 다른 '방향'을 포함한다.

• 특정한 집합에서 시작해서 이 집합의 대상들의 개수를 구하기	 사탕은 몇 개인가요?
• 특정한 수에서 시작해서 이 수만큼의 대상들을 갖는 집합을 만들기	책상 위에 사탕 12개를 놓아 보세요.

학생들이 집합의 기수를 구하는 것뿐만 아니라 대상이 하나 또는 그 이상 증가하거나 감소하는 것이 무엇인지를 알 때 개수 세기가 확장된다. 카운터 더미가 있을 때 하나를 보태거나 덜어내는 활동은 학생들이 수의 연산을 하기 위한 준비 과정이다. 이 활동들은 이미 수의 연산이지만, 처음에 언급한 바와 같이, 이 단계에서는 수 세기와 계산이 통합되어 있다.

어림 

개수 세기는 집합의 대상들의 정확한 수를 구하는 것에 한정되어서는 안 되며, 대략 몇 개인지를 구하는 어림도 포함해야 한다. 2단계에서 학생들은 1단계에서의 경험을 기반으로 한다. 그들은 단순히 대략, 큰, 작은 등의 용어로 집합들에 대해 기술하는 것을 넘어서서, 적절한 어림에 기초하여 집합들을 비교하기 시작한다.

학생들의 어림 능력 발달을 촉진하기 위해서, 교사는 학생들에게 어림이 의미가 있는 문제들과 과제들을 제시할 수 있다. 예를 들면, 학생들에게 헝겊 밑에 블록들이 몇 개 있는지, 단지 안에는 구슬이 몇 개 있는지, 10란드는 각각 6란드인 초콜릿 2개를 사는 데 충분한지 등을 어림하게 한다.

정확한 개수 세기와 어림을 위한 개수 세기는 서로를 보완한다. 따라서 두 개가 서로 상반되는 능력으로 간주해서는 안 되며, 두 가지 모두 중요하다. 어림은 학생들이 집합의 기수를 구할 때 답의 적절성을 점검하고 실수를 확인하는 데 중요한 기능이다.

수의 표현과 기호화

학생들은 2단계에서 수의 기호화에 대한 이해를 확장한다. 이런 이해의 성장은 여러 가지 방법(수를 듣고, 말하고, 읽고, 쓰기)으로 수를 접하면서 촉진되고, 수의 여러 가지 양식, 즉 수 이름과 수 기호와 숫자를 다루는 것을 포함한다. 학생들은 20까지(그 이상)의 수의 범위에서 수 이름과 기호들을 읽고 쓰는 것을 배운다. 그들은 이 지식들을 수열에 관련된 활동(예를 들면, 자연수열의 순서에 맞게 수 카드들을 놓기)과 개수 세기 활동(예를 들면, 대상들의 집합들에 숫자가 적힌 이름표들을 대응시키기)에 적용한다.

지금은 수의 기호화에 초점이 맞추어져 있지만, 수를 구체적으로 셀 수 있는 방법으로 나타내는 다른 형식이나 표현도 소홀히 해서는 안 된다. 학생들은 손가락, 카운터, 막대 묶음, 종이 위의 부절, 화폐 등과 같은 묶음 모델을 사용해서 수를 표현할 기회를 가져야 한다. 또한 구슬 줄과 같은 수직선, 구조화된 또는 반 구조화된 수직선과 같은 직선 모델이나 주판과 같은 결합 모델들로 표현할 기회도 가져야 한다.

수의 합성과 분해

수와 기수에 대한 학생들의 이해가 성장하면서, 학생들은 수를 다양한 묶음으로 분해하고 합성할 수 있다는 것을 이해하기 시작한다. 수를 구체물로 나타내는 활동들은 이런 이해의 발달에 도움이 된다. 학생들은 수를 묶음으로 표현하면서 전체 집합이 여러 개의 작은 집합들로 분할될 수 있다는 것을 경험한다.

수의 합성과 분해에 대한 다른 용어는 수의 구조화이다.

예를 들면, 7과 12는 여러 가지 묶음으로 구조화될 수 있다.

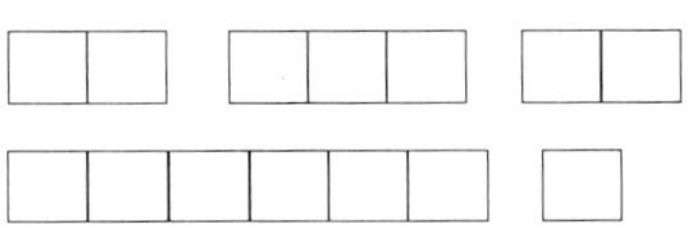

7의 구조화

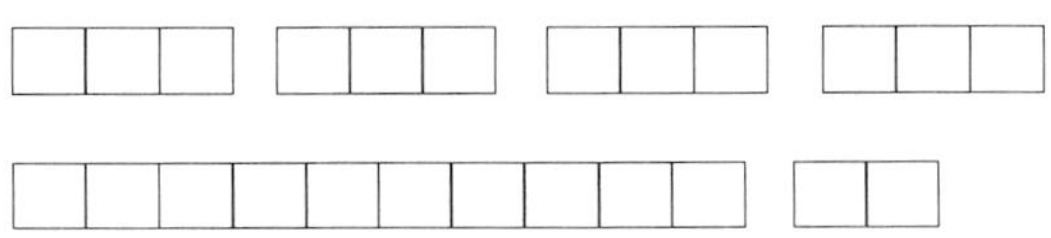

12의 구조화

2단계에서의 수의 합성과 분해는 20까지의 수를 포함하지만, 10까지의 수의 범위에서 연산을 하기 위한 준비로 특별히 10까지의 수에 집중한다.

다음은 몇 가지의 핵심적인 합성과 분해 활동이다.

- 10의 합성과 분해(6과 4는 10 그리고 10은 8과 2, 7과 3 등)
- 다른 수들의 합성과 분해(예를 들면, 3과 5는 8 그리고 8은 4와 4, 5와 3등)
- '5'를 사용하여 표현한 수(8은 5와 3, 4는 5 빼기 1, 9는 5와 4, 9는 5 두 개에서 빼기 1 등)
- '한 쌍' 또는 두 배(2와 2는 4, 3과 3은 6, 5와 5는 10, 6과 6은 12 등)
- 배수(직사각형 수 또는 직사각형 배열 : 2, 4, 6, 8, 10, 12, 14, 16, 18; 3, 6, 9, 12, 15, 18 등)

이 활동들은 서로 다른 수준의 구체성을 반영하는 구체물들이 도움이 될 수 있다.

- 점 패턴 : 주사위 두 개나 도미노 타일을 사용해서 8을 여러 가지 방법으로 나타내기
- 카운터 : 카운터를 다양하게 묶어서 12를 여러 가지 방법으로 나타내기
- 5의 구조나 10의 구조를 가진 구슬 줄 : 13을 여러 가지 방법으로 나타내기
- 구조화된 수직선 : 세 번에 10까지 도달하기
- 화폐 : 10란드를 여러 가지 방법으로 나타내기
- 수 카드 : 7과 12를 여러 가지 방법으로 나타내기

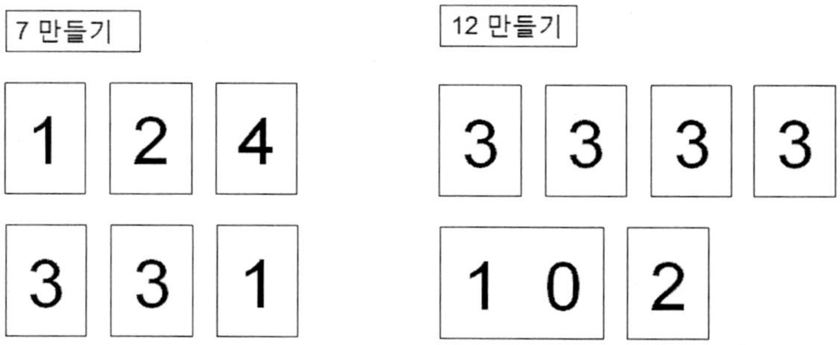

예

1학년 교사는 5의 구조를 결합하여 분해 활동을 하는 활동지를 구성하였다. 다음 그림은 루크의 활동을 보여준다.

합성

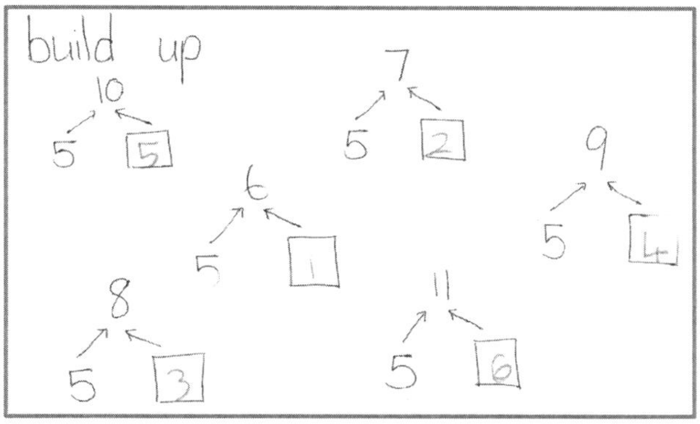

예

1학년 교사는 '한 쌍의 수'라는 다른 활동을 구성하였다. 수를 '5와 다른 수'로 분해하면, 결과는 아주 명백해진다.

두 배

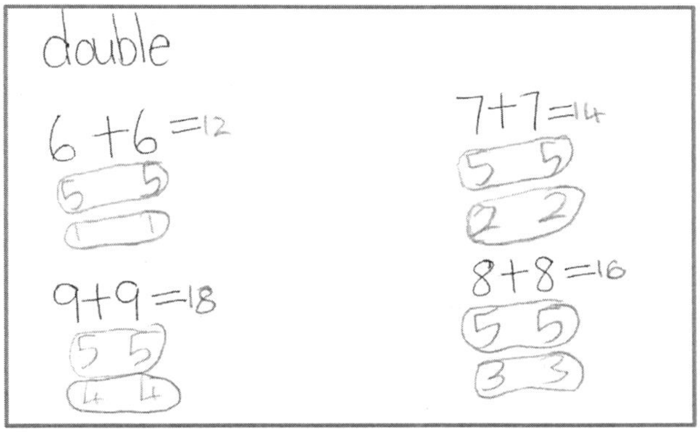

나중에 다른 수들로 똑같은 활동이 이루어졌다.

10까지의 수의 범위에서 합성과 분해 활동이나 구조화 활동은 10까지의 수의 연산을 하기 위한 중요한 준비 과정이다. 학생들이 8이 5와 3으로 분해될 수 있

다는 것을 안다면, 손가락으로 세지 않고도 5와 3은 8이라는 것을 안다. 따라서 학생들은 이 단계부터 10까지의 수의 합성과 분해와 같은 수 지식을 암기할 필요가 있다.

2 10까지(그 이상)의 수의 연산

학생들의 수에 대한 인식, 수 세기 및 구조화 능력은 점진적으로 수의 연산 능력으로 발달하게 되는데, 이는 수에 대한 새로운 이해 국면에 접어들었음을 나타낸다. 수의 연산은 수들을 합하는 것, 큰 수에서 어떤 수를 없애는 것, 수를 몇 배 크게 하는 것, 수를 몇 부분으로 분해하는 것을 포함한다. 즉, 수의 연산은 기본적인 사칙 연산인 덧셈, 뺄셈, 곱셈과 나눗셈을 포함한다.

하나 이상의 연산이 필요한 다단계의 문제들 또한 가능하다. 예를 들면, 덧셈 다음에 뺄셈을 하는 경우가 이에 해당된다.

이런 초기의 수의 연산들은 효율적인 수 세기와 수에 대한 지식의 적용에 의존하기 때문에, *수의 학습 경로*에서는 2단계에서의 수의 연산 방식을 '수 세기와 계산'이라고 부른다.

*수의 학습 경로*에서는 말로 수 세기와 계산 활동이 지필 활동보다 선행하는 것을 권장한다. 2단계 초기에는 수의 연산을 $2 + 6 = 8$과 $4 \times 2 = 8$과 같은 형식적인 수식으로 표현해서는 안 된다. 대신에 교사들은 문제들을 말로 그리고 대부분 맥락 문제들을 제시해야 한다. 즉, 교사들은 수학적 문제를 포함하는 간단한 이야기를 들려주어야 한다. 문제는 사진이나 그림으로 제시하고, 구체물을 같이 제공해 주어야 한다. 예를 들면, 동전과 지폐 또는 그 그림들과 같이 화폐에 대한 문제가 제시되어야 한다.

지갑에는 2란드 동전이 하나 들어 있습니다. 2란드 동전 3개를 더 집어넣었습니다. 지금 지갑에 들어 있는 돈은 얼마인가요?

학생들은 이 문제를 동전이나 동전 그림을 이용해서 구두로 해결할 수 있다. 그렇지 않으면 그들은 2의 배수의 수열에 대한 지식을 사용할 수 있다. 학생들은 구두로 문제를 해결할 때, '합하기', '없애기', '어떤 것을 몇 배하기', '어떤 것을 몇 사람에게 나누어주기'와 같이 연산들의 맥락에 관련된 다양한 표현들을 사용한다. 나중에는 이 연산들에 대한 더 형식적인 수학적 용어들(더하기, 빼기, 곱하기, 나누기)과 이에 동반되는 기호들을 학습한다. 문제에 해당하는 수식을 쓰는 것은 이 단계의 후반에 도입한다. 학생들은 수식을 쓰는 것을 배우기 전에 구두로 연산하는 것에 유창해져야 한다.

맥락 문제들은 학생들에게 수식을 쓰는 것을 도입하는 데 중요한 역할을 한다. 예를 들면, 학생들이 탑을 쌓는 문제 '블록 다섯 개가 있는데 세 개를 더 쌓았다.'를 해결한 후에 학생들에게 이 문제를 나타내는 수식을 쓰게 한다.

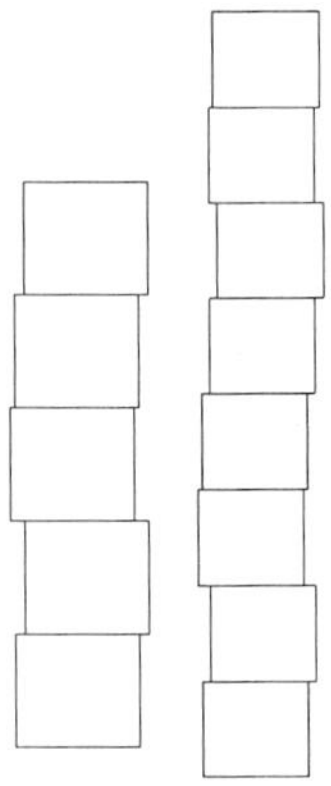

블록 5개로 탑을 쌓았다. 블록 3개를 더 쌓았다.
이제 탑에는 블록 8개가 있다.

$$5 + 3 = 8$$

학생들은 이미 답을 알기 때문에, 수식을 쓰는 방법에 집중할 수 있다.

2단계에서는 구체물을 사용하든 사용하지 않든 구두로 계산하는 것에서 수식을 쓰는 것으로의 이행이 이루어지지만, 암산과 필산 형식을 이 두 가지 계산 방식과 혼동해서는 안 된다(용어 사전 참조). 암산과 필산 형식은 학생들이 100과 1000까지의 수의 범위에서 연산을 하는 단계들에 더 적합하다. 2단계에서는 암산과 필산에 대한 어떤 실제적인 구분이 없다. 학생들은 연산을 할 때 구체적인 도구의 사용, 기록, 암산을 포함하여 다양한 활동 양식을 결합한다.

가. 수의 연산의 여러 가지 방법

*수의 학습 경로*에서는 학생들이 10까지(그 이상)의 수의 범위에서 사용하는 두 가지 연산 방법, 즉 대상에 기초한 수 세기와 계산 그리고 좀 더 발전된 수에 기초한 수 세기와 계산을 구분할 수 있다.

■ 대상에 기초한 수 세기와 계산 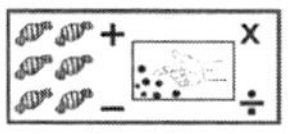

대상에 기초한 수 세기와 계산 전략들은 학생들이 셀 수 있는 구체물을 사용하는 모든 연산 방법들을 포함한다. 구체물은 카운터, 막대, 블록, 사탕과 같은 구조화되지 않은 것일 수도 있고, 5의 구조를 가진 주판이나 구슬 줄과 같은 구조화된 것일 수도 있다. 구조화되지 않은 대상들을 가지고 하는 활동에 더 적합한 전략들도 있고, 구조화된 대상들을 가지고 하는 활동에 더 적합한 전략들도 있다. 수업의 목표는 이런 전략들을 점점 더 효율적이고 수에 기초한 전략들로 전환하는 것이다.

● 구조화되지 않은 대상을 이용한 수의 연산

수 세기와 계산의 첫 단계에서, 학생들은 구조화되지 않은 대상들을 사용하고 하나씩 세기 전략을 적용해서 덧셈, 뺄셈, 곱셈, 나눗셈을 해결한다. 그들은 점차 구조화되지 않은 대상들을 묶음으로 처리할 수 있다. 이런 이행 능력은 학생들의 수에 대한 지식에 달려 있다. 구조화되지 않은 대상들을 묶음으로 처리하는 것은 구조화된 구체물을 이용한 활동을 위한 준비가 된다.

덧셈

구조화되지 않은 대상들로 덧셈을 하는 데는 두 가지의 주요 전략이 가능하다. 하나는 '모두 세기(counting all)', 다른 하나는 '이어 세기(counting on)'이다. 학생들이 두 집합의 대상들을 합한 다음 모든 대상들을 하나씩 세어 덧셈 문제를 해결할 때, 그들은 '모두 세기' 전략을 사용하고 있는 것이다.

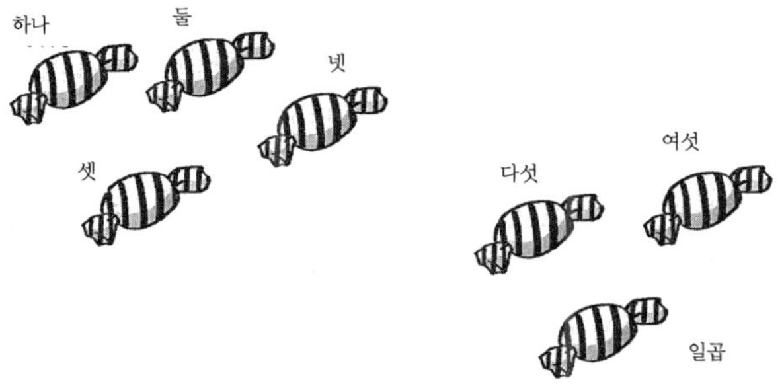

좀 더 발전된 방법은 처음 집합 또는 더 큰 집합에서부터 하나씩 이어 세는 것이다.

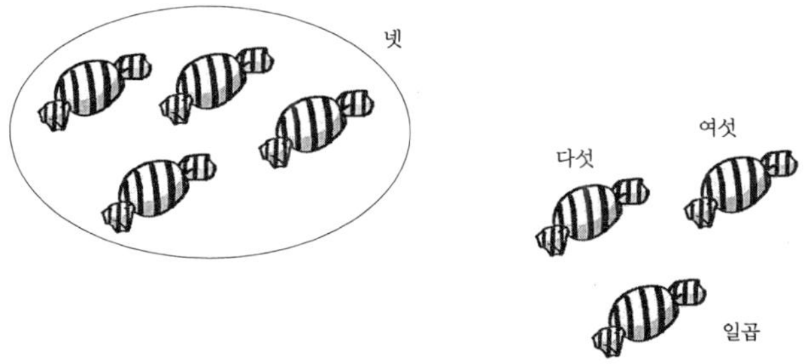

하나씩 세기 전략을 사용하는 모두 세기와 이어 세기 대신, 대상들은 묶어서 셀 수도 있다.

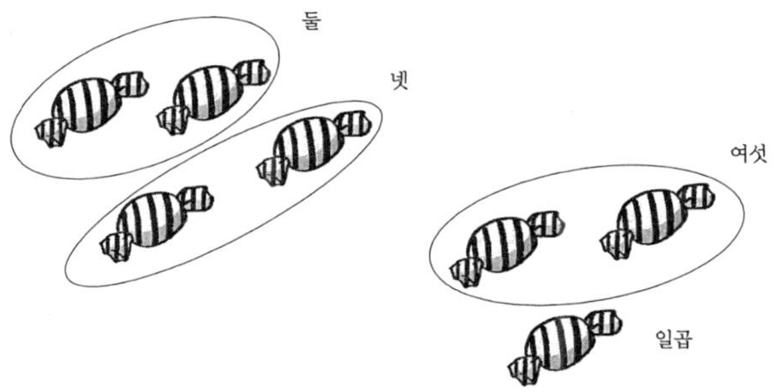

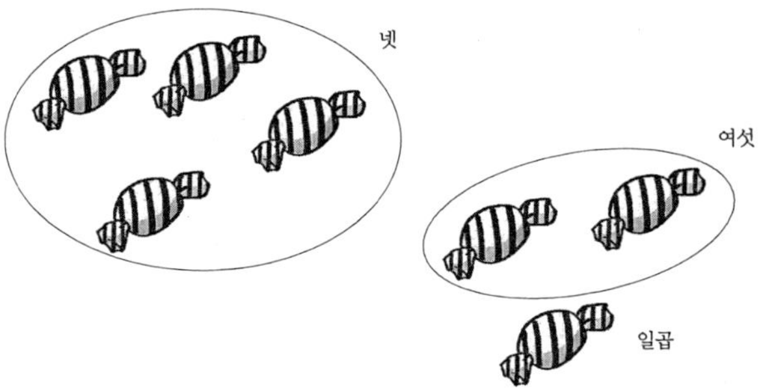

대상들을 묶음으로 배열해서 수를 쉽게 인식할 수 있을 때, 학생들은 즉각적인 파악을 할 수 있다.

학생들이 활동지에 인쇄된 셀 수 있는 대상들만이 아니라 셀 수 있는 구조화되지 않은 구체물을 이용하여 활동하는 것이 중요하다. 구조화되지 않은 대상들을 이용한 활동의 장점은 구체물을 패턴으로 배열해서 수들을 효율적으로 처리할 수 있기 때문이다. 그런 패턴을 만들어 내는 것도 배워야 할 대상이다.

뺄셈

뺄셈 문제, 예를 들면 9에서 5를 빼는 문제를 해결할 때, 학생들은 사탕 9개를 내려놓는 것으로 시작해서, 5개를 제거하고 남은 것을 센다.

덧셈과 마찬가지로, 사탕들을 알고 있는 수 패턴으로 정렬함으로써, 수 세기 과정이 수의 즉각적인 파악으로 대체된다.

하나씩 세기에 의한 뺄셈	묶어 세기에 의한 뺄셈

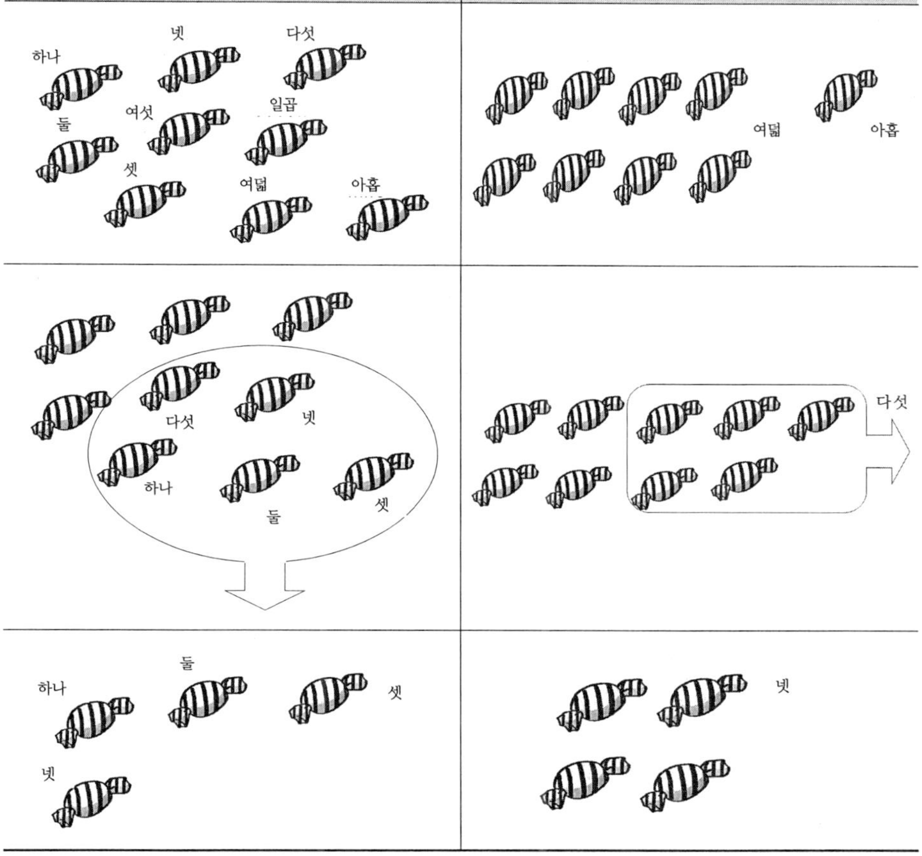

곱셈과 나눗셈

대상들이나 수의 묶음을 이용한 활동은 곱셈과 나눗셈에 필수적이다. 곱셈과 나눗셈은 대상들이나 수를 같은 묶음으로 나누거나 쪼개는 연산들을 포함한다. 곱셈은 반복 덧셈과 두 배의 개념과 항상 결합되어 있다. 나눗셈은 반복 뺄셈과 이등분, 분할과 분배 개념과 결합되어 있다. 학생들이 대상들이나 수들을 묶어서 활동하는 것으로 이행할 수 있는지 없는지는 그들의 수에 대한 지식에 달려 있다. 앞으로 뛰어 세기와 거꾸로 뛰어 세기를 포함하는 활동이 이 단계에서 매우 중요하다.

곱셈은 대상들이나 수들을 묶는 것과 묶어 세기로 결과를 구하는 것을 포함한다. 이는 학생들이 대상들이 보이지 않더라도 뛰어 세기를 하고, 그 과정을 기억할 수 있어야 한다. 예를 들면, 한 봉지에 사탕이 3개씩 들어 있을 때, 사탕 3봉지에 들어 있는 사탕의 총수를 구하는 것은 3, 6, 9와 같은 묶어 세기를 포함한다.

대상들을 사용해서 사탕을 나타내는 것은 사탕을 조직하는 구조화된 방법을 제공하고 즉시 답을 알 수 있게 한다.

그러나 초기에는 학생들이 대상들의 총수를 구하기 위해 하나씩 셀 것이다(하나, 둘, 셋, 넷, 다섯, 여섯, 일곱, 여덟, 아홉). 하나씩 세는 것은 효율적인 전략이 아니며, 실제적인 곱셈이 아니다.

<table>
<tr><th>하나씩 세기에 의한 '곱셈'</th><th>묶어 세기에 의한 곱셈</th></tr>
<tr><td>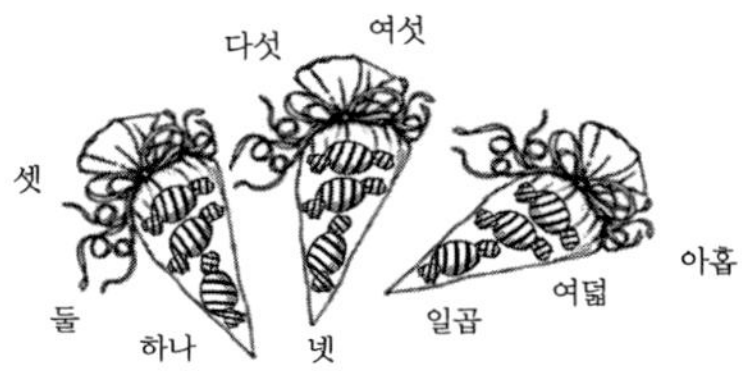
</td><td>

또는

</td></tr>
</table>

대상들을 묶거나 동그라미를 그려 묶음들을 나타내는 시각적 표현과 활동들은, 예를 들면 사탕 3개씩 4묶음은 학생들이 하나씩 세기 전략들보다 묶어 세기 전략들을 사용하는 것을 촉진할 것이다.

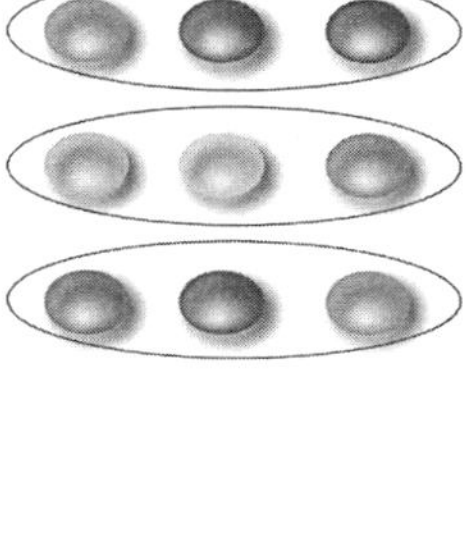

동그라미들은 3씩 4묶음이 있음을 명백하게 보여준다. 이것에 대한 형식적 표현은 3 × 4이다. 말로 하면, 3 곱하기 4이다. 이는 4는 3에 작용하는 연산자임을 의미한다. 공식적인 수학 용어로는 4는 승수이고, 3은 피승수이다. 물론 이 용어는 어린 학생들과 곱셈에 대해 이야기할 때는 사용해서는 안 된다. 그러나 학생들은 3 곱하기 4가 4 곱하기 3과는 다른 어떤 것을 나타내지만 그 결과는 같다는 점을 알 수 있을 것이다.

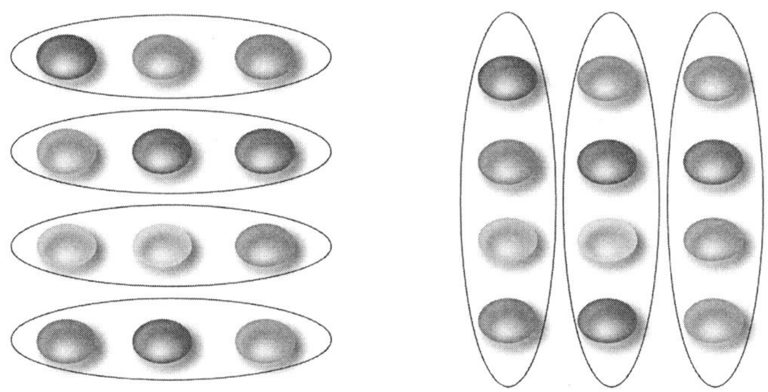

3 곱하기 4　　　　4 곱하기 3

구조화되지 않은 대상들을 이용하여 나눗셈을 할 때, 사용할 수 있는 두 가지 전략들은 분배에 의한 나눗셈(등분제)과 묶음에 의한 나눗셈(포함제)이다. 첫째 전략의 예는 사탕 10개를 두 명의 학생들에게 번갈아가며 하나씩 줌으로써 똑같이 나누는 것이다. 둘째 전략의 예는 사탕 10개를 한 상자에 2개씩 포장하는 것이다.

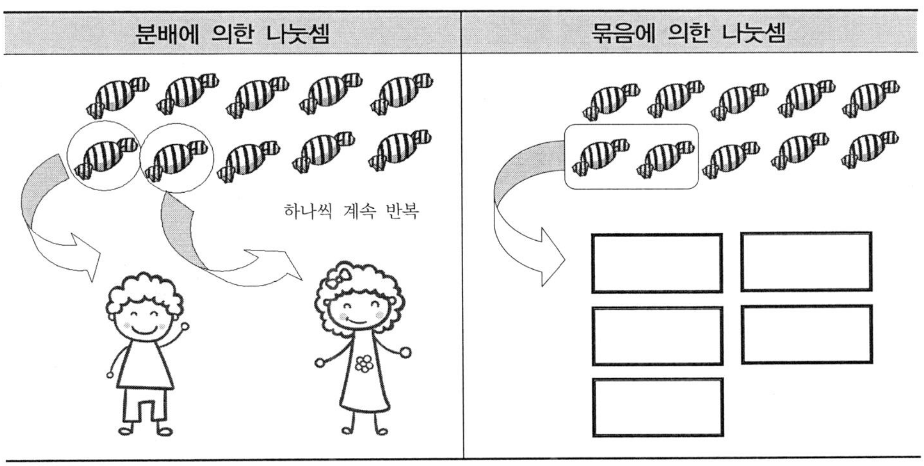

나눗셈 문제는 학생들에게 집합들을 똑같은 묶음으로 분해하고 배수를 이용하여 활동하는 경험을 제공한다. 그러나 학생들은 똑같이 나누어지는 나눗셈 문제만을 다루어서는 안 되며, 나머지가 있는 나눗셈 문제들도 다루어야 한다.

나머지가 있는 나눗셈 문제	
사탕 10개를 네 명의 아이들에게 똑같이 나누어 준다면, 한 사람은 사탕을 몇 개씩 갖게 될까요?	한 상자에는 사탕 4개가 들어갑니다. 사탕 10개를 포장하려면, 상자는 몇 개가 필요할까요?
	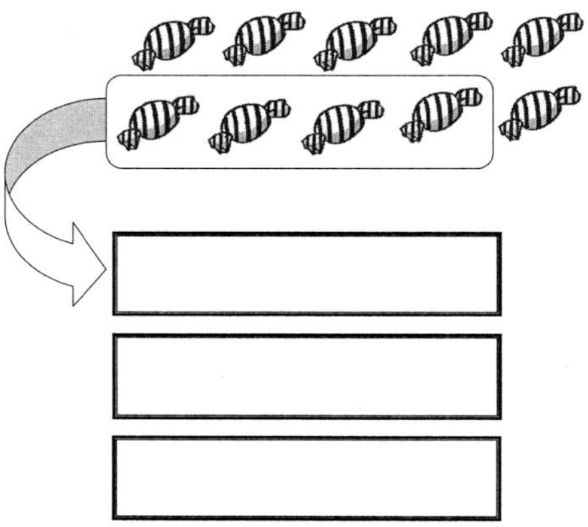

일상의 맥락에서 대부분의 나눗셈 문제는 나머지가 있다. 나머지는 '남겨둘 수도' 있고, 더 나눌 수도 있다. 나머지가 있는 나눗셈 문제는 학생들에게 나머지로 무엇을 해야 할지를 결정하고, 최초의 비형식적인 분수에 대한 경험이라 할 수 있는 '쪼개진 수(broken numbers)'에 대한 맥락적인 표현을 생각해 낼 기회를 제공한다. 사탕 10개를 아이들에게 분배하는 예에서는 '아이들은 각각 사탕 2개를 갖고 다음을 위해서 2개를 남겨둬요.' 또는 '아이들은 각각 사탕 2개와 사탕 반개씩을 가져요.'와 같은 답이 가능하다. 한 상자에 사탕 4개씩 사탕 10개를 포장하는 예에서는 두 상자는 4개씩 채울 수가 있고 한 상자는 반만 채워져요.'라는 답이 가능할 것이다.

연산 사이의 관계

학생들은 덧셈과 뺄셈, 곱셈과 나눗셈의 역관계를 경험하는 것이 중요하다.

즉, 덧셈은 뺄셈에 의해 '되돌릴 수' 있고, 곱셈은 나눗셈에 의해 '되돌릴 수' 있으며, 그 역도 성립한다.

곱셈과 나눗셈 문제는 또한 두 배와 이등분을 포함해야 한다. 거울을 사용해서 이런 활동들을 할 수 있다.

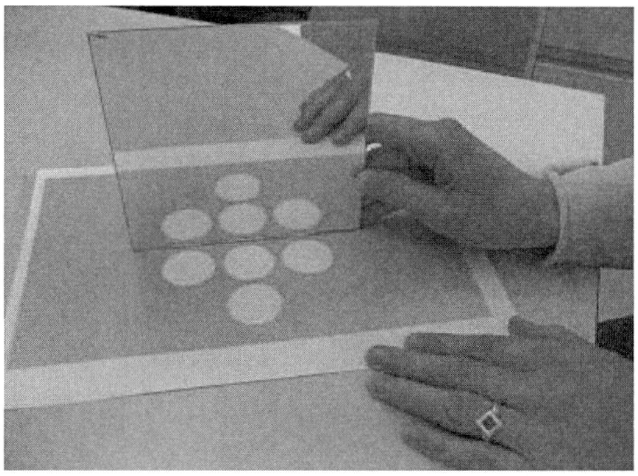

구조화된 구체물을 이용한 수의 연산

다음 예에서 볼 수 있는 구조화된 구체물을 이용하는 것이 연산에 도움이 된다.

구슬 줄(직선 모델)

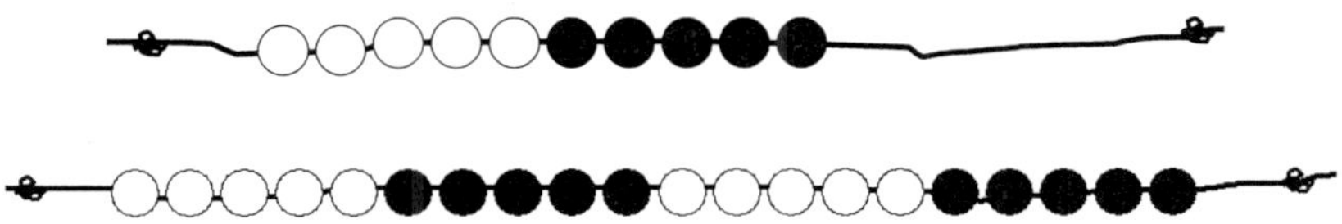

주판(결합 모델)

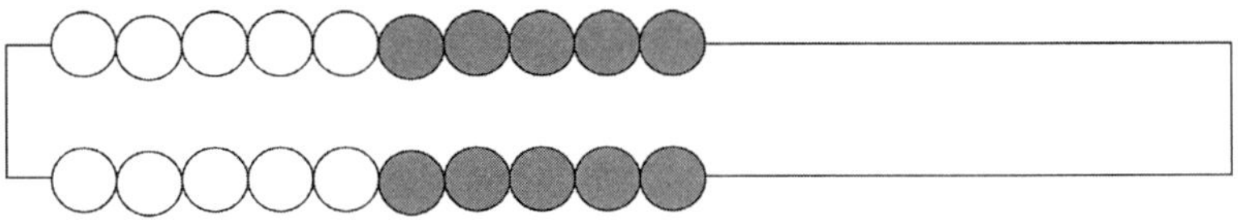

연결 큐브(묶음 모델)

즉각적인 파악은 구조화된 구체물을 사용해서 연산을 할 때 중요한 역할을 한다. 학생들이 10까지(그 이상)의 수의 범위에서 연산을 해야 할 때, 5의 구조를 가진 구체물을 사용하는 것이 가장 적절하다.

덧셈

4 더하기 3과 같은 문제는 맥락 문제로 제시하든 비 맥락 문제로 제시하든 줄 위에서 우선 구슬 4개를 확인한 다음 구슬 3개를 하나씩 더해서 해결할 수 있다.

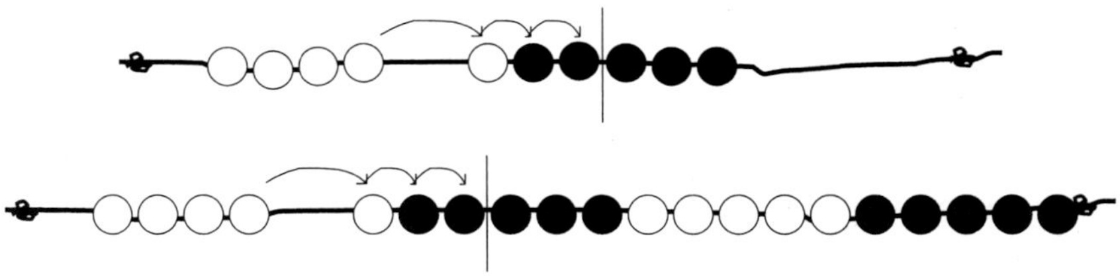

학생들은 하나씩 뛰어 세기를 하는 대신에 5에 이를 때까지 하나를 뛰어 센 다음 두 개를 한 번에 뛰어 셀 수 있다. 또 다른 가능성은 학생들이 즉시 크게 세 개를 한 번에 뛰어 셀 수 있다.

구슬 줄 대신에 주판을 사용하여 4 더하기 3 같은 문제를 해결할 수도 있다. 주판에 구슬을 4개 놓는 것으로 시작할 것이다.

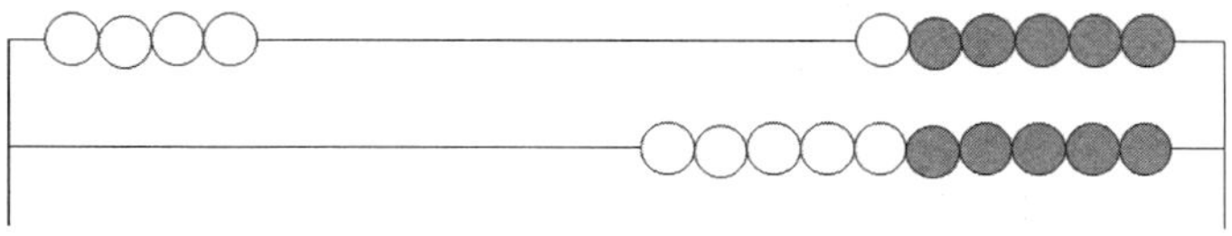

이제 3을 더하는 방법은 두 가지가 있다. 첫째 방법은 구슬들이 서로 위 아래로 배열되어 있는 묶음 모델과 유사하다.

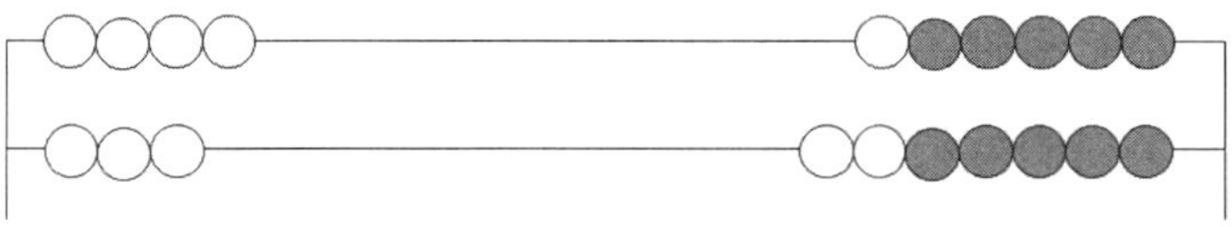

이제 6을 즉각적으로 파악(3과 3)하고 6에 1을 더해서 답이 7임을 구할 수 있다.

둘째 방법은 구슬들이 일렬로 배열되어 있는 직선 모델과 유사하다.

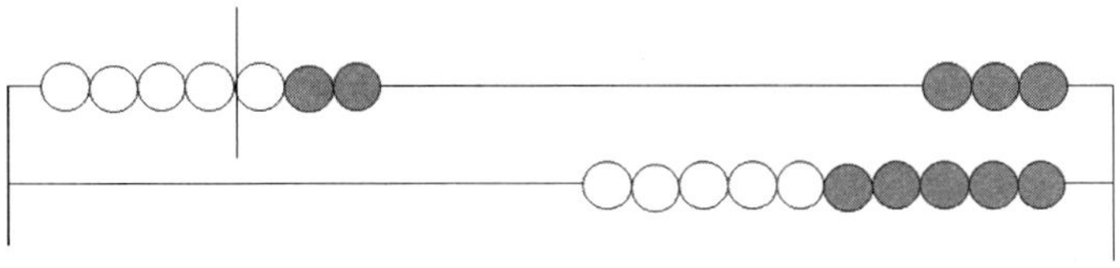

이 경우에는 5(왼쪽에 있는 구슬 5개의 그룹)를 인식함으로써 답이 7(5와 2)임을 구할 수 있다.

뺄셈

9 빼기 6과 같은 뺄셈 문제는 구슬 10개로 구성된 5의 구조를 가진 구슬 줄로 해결될 수 있다. 세 가지 방법이 있을 수 있다.

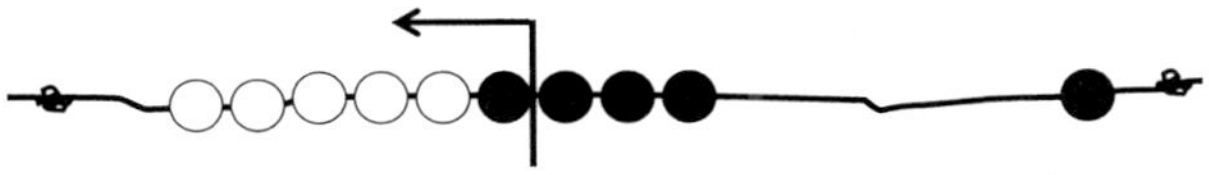

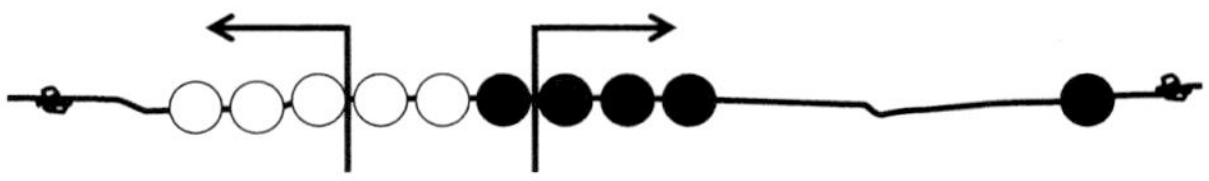

첫째 방법은 구슬 9개의 끝에서 구슬 6개(검정 4개와 흰색 2개)를 이동하여 제거하는 것이다. 둘째 방법은 구슬 5개를 사용해서 구슬 9개의 처음에서 구슬 6개(5와 1)를 이동하여 제거하는 것이다. 셋째 방법은 처음에서 3개, 끝에서 3개를 제거해서 구슬 6개를 빼는 것이다.

주판을 사용할 때도 유사한 방법들이 적용될 수 있는데, 주판의 경우에는 가능성이 더 많다. 주판을 수평적 방법(직선 모델 방식)과 수직적 방법(묶음 모델 방식)으로 사용하면 다양한 풀이 전략들을 생각할 수 있다.

9 빼기 6 주판의 수평적 사용	9 빼기 6 주판의 수직적 사용
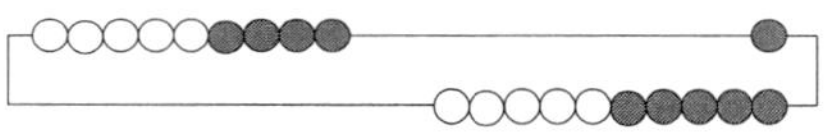	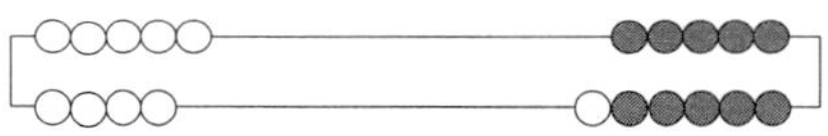
4와 2를 이동하여 제거하기	5와 1을 이동하여 제거하기
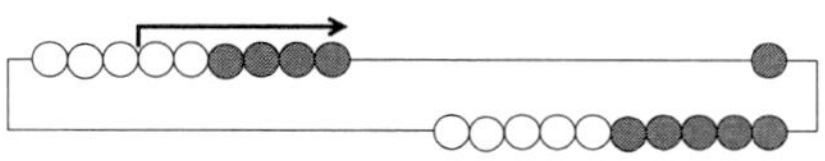	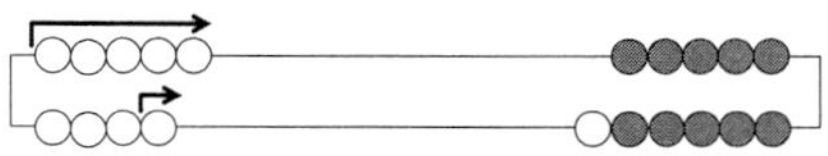
5와 1을 이동하여 제거하기	3과 3을 이동하여 제거하기
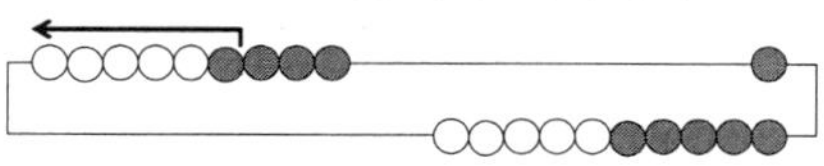	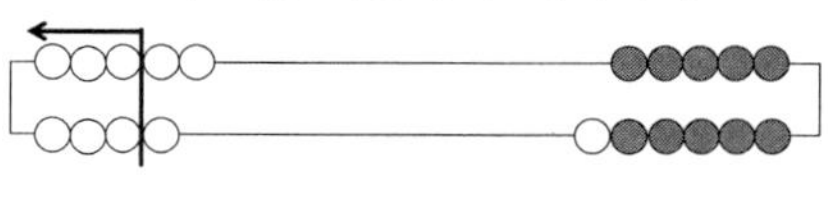
	3과 3을 이동하여 제거하기
	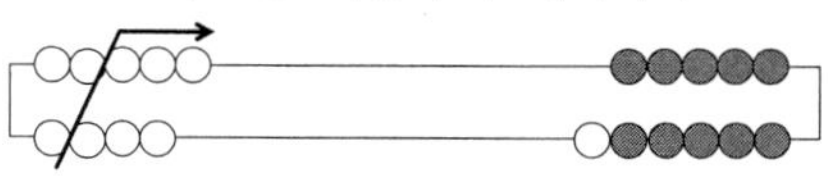

학생들이 9 빼기 6을 나타내는 다양한 방법이 있다는 점을 인식하는 것이 중요하다.

구조화된 구체물을 이용한 활동을 하면서 학생들은 쉽게 새로운 지식을 획득할 수 있다. 예를 들면, 주판에 구슬 4개를 놓을 때, 5에서 1이 모자란다는 것을 알 수 있고, 4에 구슬 3개를 더할 때, 10에서 3이 모자란다는 점을 알 수 있고, 이는 총수가 7이라는 것을 의미한다.

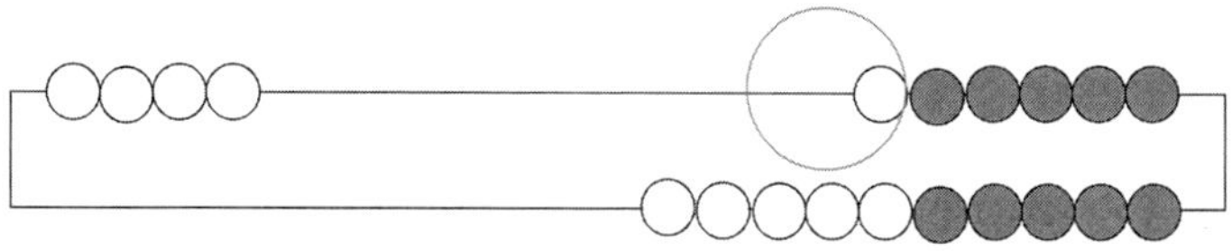

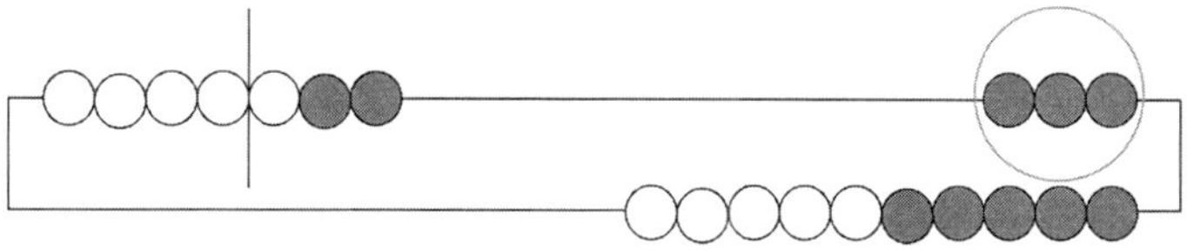

곱셈과 나눗셈

10까지(그 이상)의 수의 범위에서의 연산은 덧셈과 뺄셈뿐만 아니라 곱셈과 나눗셈도 포함해야 한다. 이 문제들도 구조화된 구체물이 많은 도움이 될 수 있다.

주판은 수평적 방법 또는 수직적 방법으로 사용될 수 있다.

2 곱하기 3의 수직적 방법

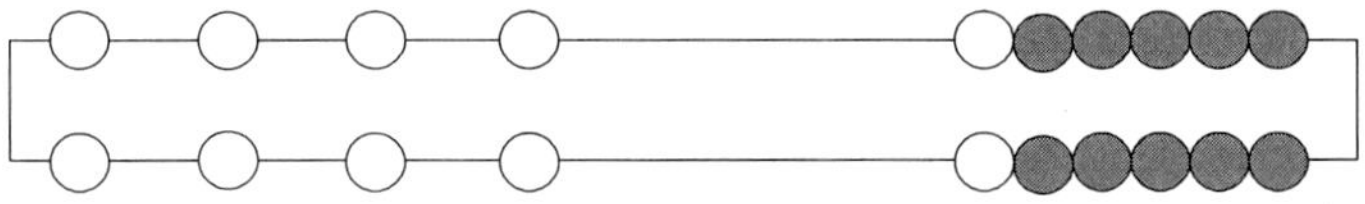

2 곱하기 4의 수직적 방법

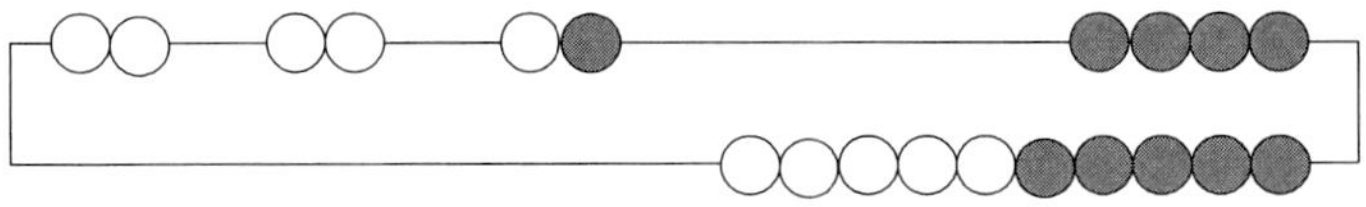

2 곱하기 3의 수평적 방법

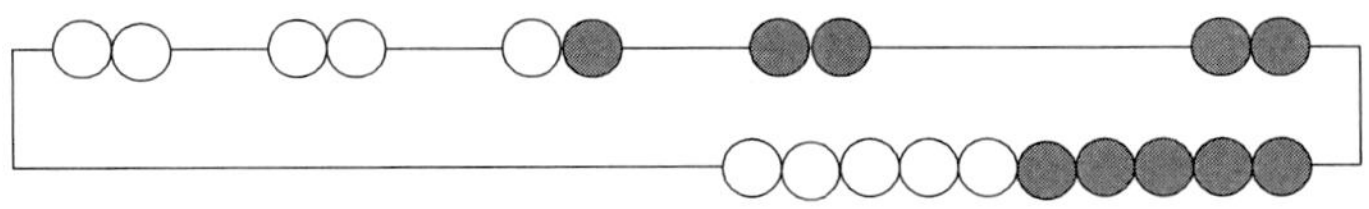

2 곱하기 4의 수평적 방법

수평적 접근 방법은 구슬 줄을 사용하는 것과 유사하다.

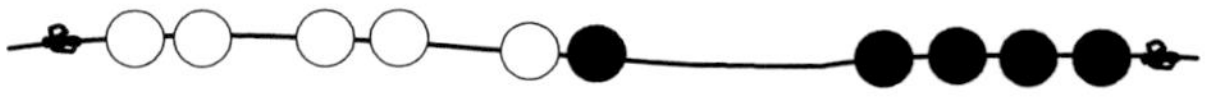

주판과 구슬 줄은 모두 나눗셈 문제를 해결하는 데도 사용할 수 있다. 10을 2로 나누는 경우에 학생들은 한 번에 구슬을 2개씩 이동해서 10안에는 2씩 몇 묶음이 포함되는지를 알 수 있다. 나머지가 있는 나눗셈도 피해서는 안 된다. 10을 3으로 나누는 경우에 학생들은 구슬 1개가 남는다는 것을 발견할 수 있다.

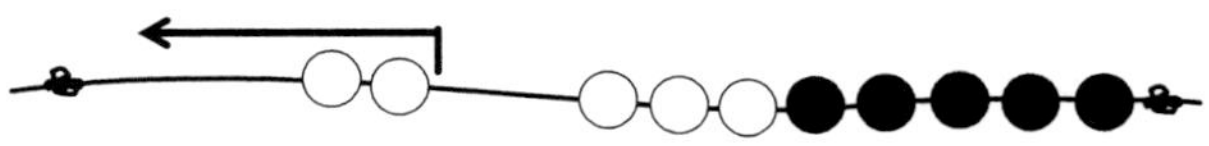

10 나누기 2

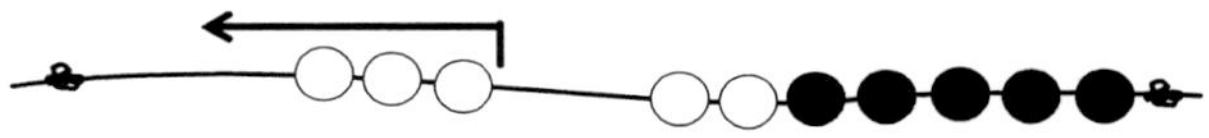

10 나누기 3

구조화되지 않은 대상들을 이용한 활동과 구조화된 구체물의 사용은 많은 공통점을 갖지만, 예를 들면 전략들은 모두 대상에 기초한 전략이지만, 두 접근 방식 사이에는 큰 차이점이 있다. 이는 학생들이 자신들의 수열에 대한 지식을 사용해서 결과를 구할 수 있고, 구조화되지 않은 대상들을 셀 필요가 없다는 것을 의미한다. 즉, 5의 구조가 빨리 세는 전략들을 개발하는 데 도움이 되고, 이는 이후의 계산 전략들을 위한 기초가 된다.

수에 기초한 수 세기와 계산

10까지(그 이상)의 수의 범위에서 다음 연산 단계는 학생들이 수에 기초한 수 세기와 계산 전략들을 개발할 때 시작된다. 이는 학생들이 수를 집합의 기수를 나타내는 추상적 표현으로 다룰 수 있다는 것을 의미한다. 이런 이해의 전환은 수 기호와 수식을 사용한 활동을 동반한다.

10까지의 수의 범위에서 수에 기초한 수 세기와 계산을 이용하여 수에 관련된 문제를 해결할 때, 학생들은 세 가지의 전략들을 적용할 수 있다. 이는 자연수열에 대한 지식을 사용하고 구조화된 또는 빈 수직선을 사용하는 *수 세기*, 수를 구조화하는 지식을 사용하는 *구조화* 그리고 *알고 있는 수 지식의 사용*이다.

이 세 가지 전략들은 사칙연산 각각에서 찾아볼 수 있다.

덧셈

맥락 문제로 제시하든 비 맥락 문제로 제시하든 학생들은 자연수열에 대한 자신들의 지식을 적용하여 4 + 3의 결과를 구할 수 있다.

이런 수 세기는 구조화된 수직선(모든 수들이 적혀 있고 고정된 단위들을 가진)이나 빈 수직선(문제에 적합하게 학생들이 채울 수 있는 직선)을 사용해서 할 수 있다.

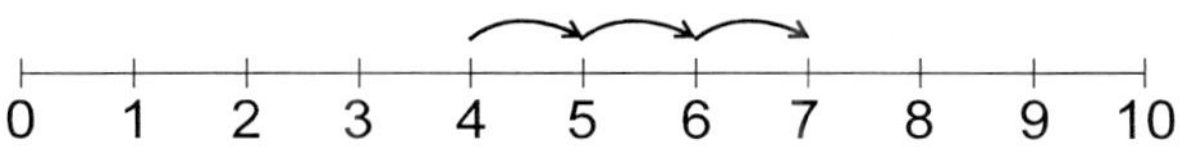

구조화된 수직선

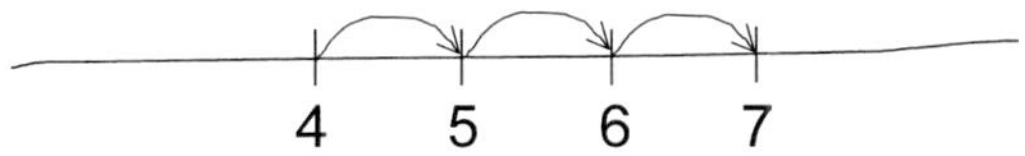

빈 수직선

빈 수직선의 경우, 뛰어 세기가 비례적으로 정확할 필요는 없다. 빈 수직선은 측정 도구로 사용되는 것이 아니다. 오히려 연산의 연속적인 단계들의 수행을 돕기 위한 것이다.

수직선을 그리는 대신 학생들은 머릿속에서, 필요하다면 수 세기를 기억하기 위해 손가락을 올리면서 뛰어 셀 수도 있다.

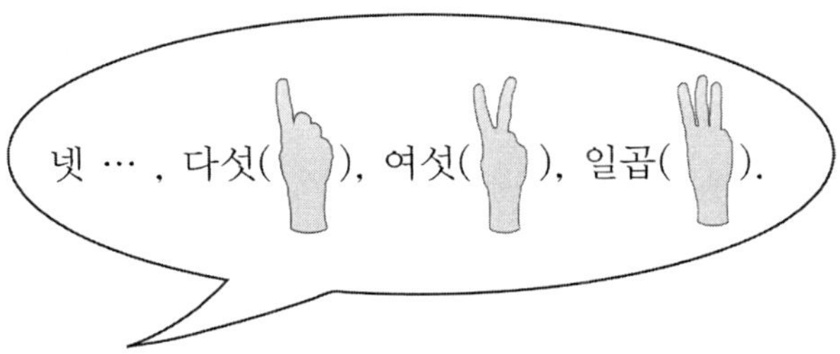

학생들은 구조화, 수의 합성과 분해에 대한 지식을 적용하여 10까지의 수의 범위에서 연산을 할 수 있다. 10까지의 수가 어떻게 구성되어 있는지에 대한 지식은 수 세기를 하지 않고도 답을 구하는 데 도움이 된다. 4 + 3의 경우, 학생들은 3을 1과 2로 분해해서 1과 4를 결합하여 5를 만들 수도 있다. 다음으로, '5의 수들'에 대한 지식(7은 5와 2)을 사용해서 5와 2를 더한 답을 구할 수 있다. 학생들은 자신들의 생각을 뒷받침하기 위해 이 전략을 다음과 같이 기록할 수도 있다.

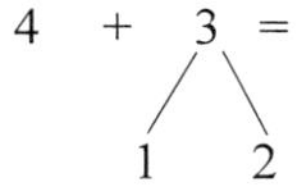

이런 수 세기와 구조화의 직접적인 전략들 외에, 학생들은 10까지의 수 범위에서의 수 지식과 연산의 성질에 대한 암묵적인 지식들을 이용하여 답을 구할 수 있다. 예를 들면, 어떤 학생은 '나는 5 + 2가 7이라는 것을 알고 있고, 그러면 5 + 3은 7보다 하나 더 많으니까 이것도 알 수 있어.'라고 생각할 수도 있다.

2 + 4의 경우에, 어떤 학생은 4 + 2를 계산할 수도 있다. 답이 같다는 것은 명백하다.

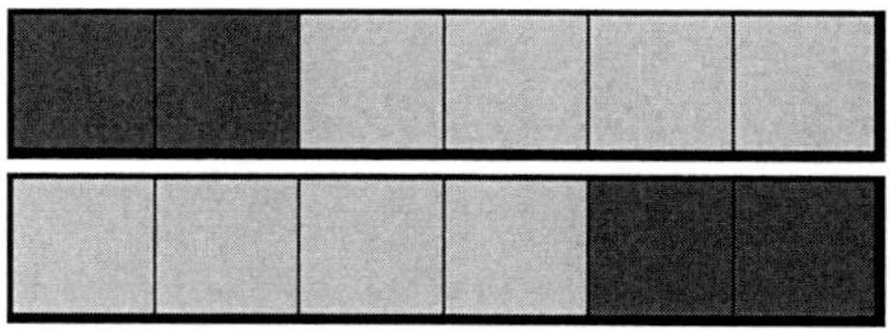

2 + 4

4 + 2

다른 예는 4 + 3을 해결할 때 4와 3을 더하는 것은 4의 두 배에 거의 가깝다는 것을 인식하는 것이다. 그런 다음 1을 빼기만 하면 7을 구할 수 있다.

뺄셈

맥락 문제로 제시되든 비 맥락 문제로 제시되든 7 − 3과 같은 뺄셈 문제들을 해결할 때, 덧셈 문제들과 유사한 전략들을 적용할 수 있다.

학생들은 자연수열에 대한 지식을 사용할 수 있다. 덧셈 문제들과 마찬가지로 수 세기는 구조화된 수직선이나 빈 수직선을 이용해서 할 수 있다.

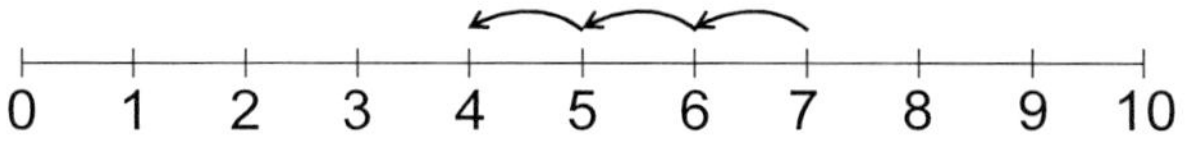

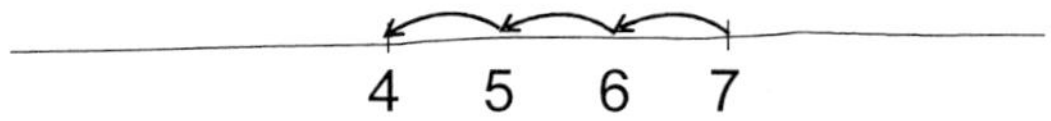

그렇지 않으면 학생들은 기억하기 위해 손가락을 올리면서 머릿속에서 뛰어 셀 수도 있다.

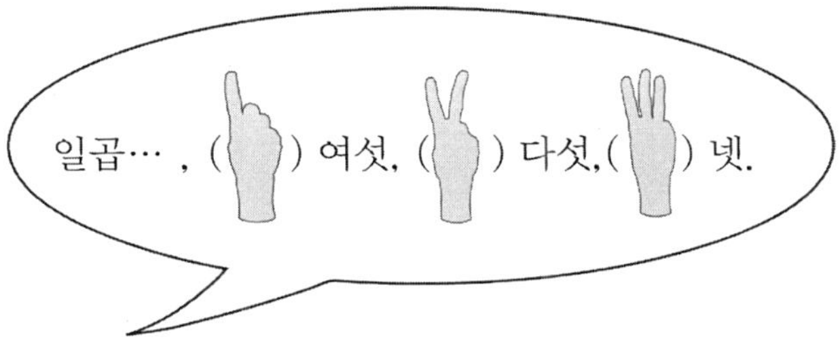

7－3과 같은 뺄셈 문제들을 해결할 때도, 학생들은 수의 구조화에 대한 지식을 사용해서 3을 2와 1로 분해할 수 있다. 처음에 7에서 2를 제거해서 5를 만들고, 5에서 1을 제거하면 4를 얻는다. 이 전략은 다음 방법으로 기록할 수 있다.

7 － 3 ＝
／＼
2 1

10까지의 수 범위에서 수 지식과 연산의 성질에 대한 지식을 이용하여 뺄셈 문제를 해결할 때, 어떤 학생은 덧셈과 뺄셈 사이의 역 관계를 이용할 수 있다. 학생이 7＋2가 9임을 알고 있으면, 9－7에 대한 답은 그 지식으로부터 유도될 수 있다. 또한 9에서 7을 제거하는 대신, 7에서부터 더해서 차가 2임을 구할 수 있다.

곱셈과 나눗셈

곱셈(반복 덧셈)과 나눗셈(반복 뺄셈)의 경우, 학생들은 구조화된 수직선이나 빈 수직선을 이용한 수 세기 전략을 사용하거나 머릿속에서 뛰어 세기를 할 수 있다.

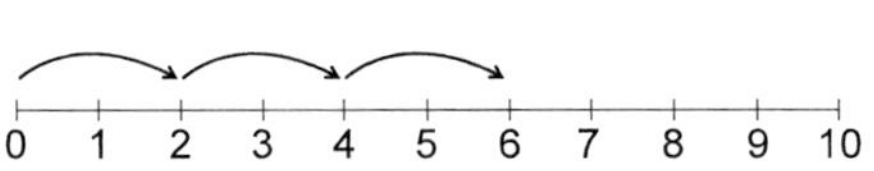

구조화된 수직선 위의 2 × 3

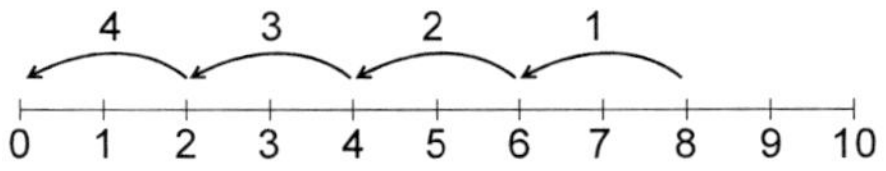

구조화된 수직선 위의 8 ÷ 2

빈 수직선 위의 2 × 3

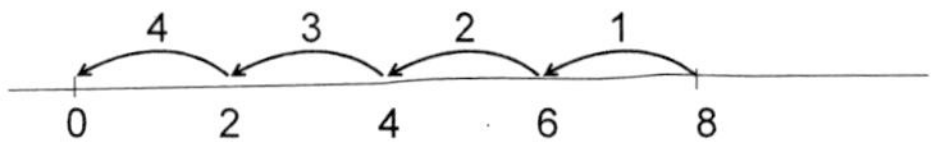

빈 수직선 위의 8 ÷ 2

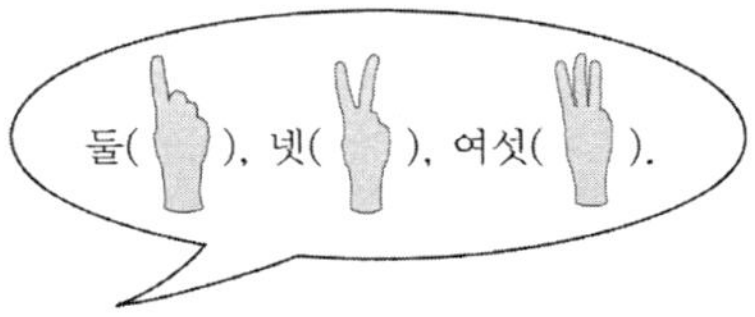

머릿속에서 뛰어 세기에 의한 2 × 3

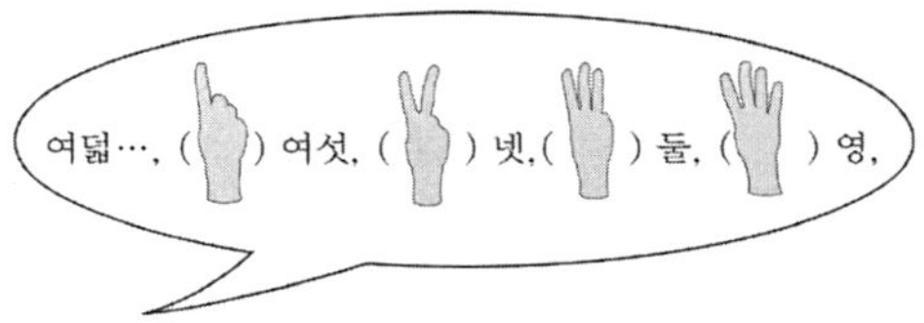

머릿속에서 뛰어 세기에 의한 8 ÷ 2

모든 유형의 수 세기 전략 이외에, 학생들은 문제의 답을 구하기 위해 수 지식에 대해 알고 있는 것들도 사용할 수 있다. 예를 들면 4 × 2에 대한 답을 아는 것을 이용해서 답이 같은 2 × 4에 대한 답을 구할 수 있다.

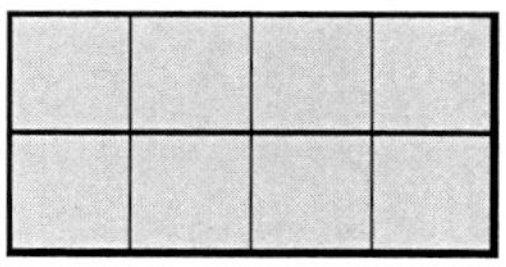

4 × 2

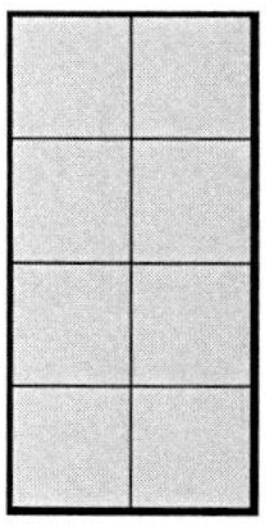

2 × 4

그러나 교환법칙은 나눗셈에는 적용하지 않는다. 따라서 8 ÷ 2는 2 ÷ 8을 이용해서 구할 수는 없다. 대신 학생들은 곱셈과 나눗셈의 역 관계를 사용할 수 있다. 이는 학생들이 4 × 2의 결과가 8이기 때문에, 8 ÷ 2의 결과가 4라는 것을 알 수 있다는 것을 의미한다.

3 결론

2단계에서 학생들은 문제를 해결하기 위한 다양한 전략들을 탐구한다. 전략들을 공유하고 다른 학생들과 교사와 전략들에 대해 논의하고, 잘 선정된 질문들을 받으면서, 학생들은 일부 전략들이 다른 전략들보다 더 효율적이라는 것을 배운다.

학생들이 사용할 전략을 선택하는 것은 학생들의 이해뿐만 아니라 관련된 문제 유형에도 의존한다. 9 − 1과 같은 문제에서는 거꾸로 세기가 아주 효율적이지만, 9 − 7을 해결하는 데는 거꾸로 세기가 길고 지루한 방법이다. 9가 7과 2로 분해될 수 있다는 사실을 이용하는 것이나 9에 도달할 때까지 7에서부터 계속 더하는 것이 적절할 것이다.

2단계 말까지, 학생들은 10까지(그 이상)의 수 범위에서 수에 기초한 수 세기와 계산 전략을 이용하여 수에 관련된 문제들을 해결할 수 있다. 이를 위해 학생들이 사용할 수 있는 전략들(수 세기, 구조화, 알고 있는 수 지식의 사용)은 100까지 또는 1000까지(그 이상)의 수 범위에서 계산할 때 적용할 수 있는 전략들의 기초가 된다.

2단계에서 10까지의 수 범위에서 덧셈을 위한 가장 강력한 전략은 알고 있는 수 지식을 사용하는 것이다. 이는 특히 학생들이 간단하게 기억할 수 있는 수에 관련된 지식에 근거를 두고 있기 때문에 쉽게 알게 되는 수 지식들에 적용된다. 예를 들면, 6 + 1, 3 + 1, 7 + 1을 생각해 보자. 이런 수 지식들은 학생들에게 아주 쉬운데, 그 이유는 학생들은 그 결과가 단지 다음 수, 즉 6 + 1은 7, 3 + 1은 4, 7 + 1은 8이라는 것을 알고 있기 때문이다. 이는 '1 + 어떤 수'와 관련된 수 지식에도 적용된다.

학생들에게 쉬운 다른 수 지식들은 같은 두 수의 쌍으로 이루어진 쌍둥이 수들, 즉 3 + 3, 2 + 2, 4 + 4 또는 쌍둥이 수에 거의 가까운 준-쌍둥이 수, 즉 3 + 4, 2 + 3, 4 + 5 등에 대한 것이다. 쌍둥이 수와 준-쌍둥이 수는 학생들에게 특히 매력적이며, 기억하기 쉽다. '10의 합성과 분해' 그리고 '5를 사용하여 표현한 수'들은 약간의 연습이 필요하지만, 대부분의 학생들에게는 기억하기 쉽다.

학생들이 다음과 같은 수에 대한 지식들에 숙달하면, 10까지의 수의 범위에서 대부분의 덧셈을 할 수 있다.

- 어떤 수 + 1
- 1 + 어떤 수
- 쌍둥이 수
- 준-쌍둥이 수
- 10의 합성과 분해
- 5를 사용하여 표현한 수

아래에 있는 다이어그램은 위에 제시된 수에 대한 지식을 이용해서 해결할 수 있는 모든 덧셈 문제들을 나타낸다.

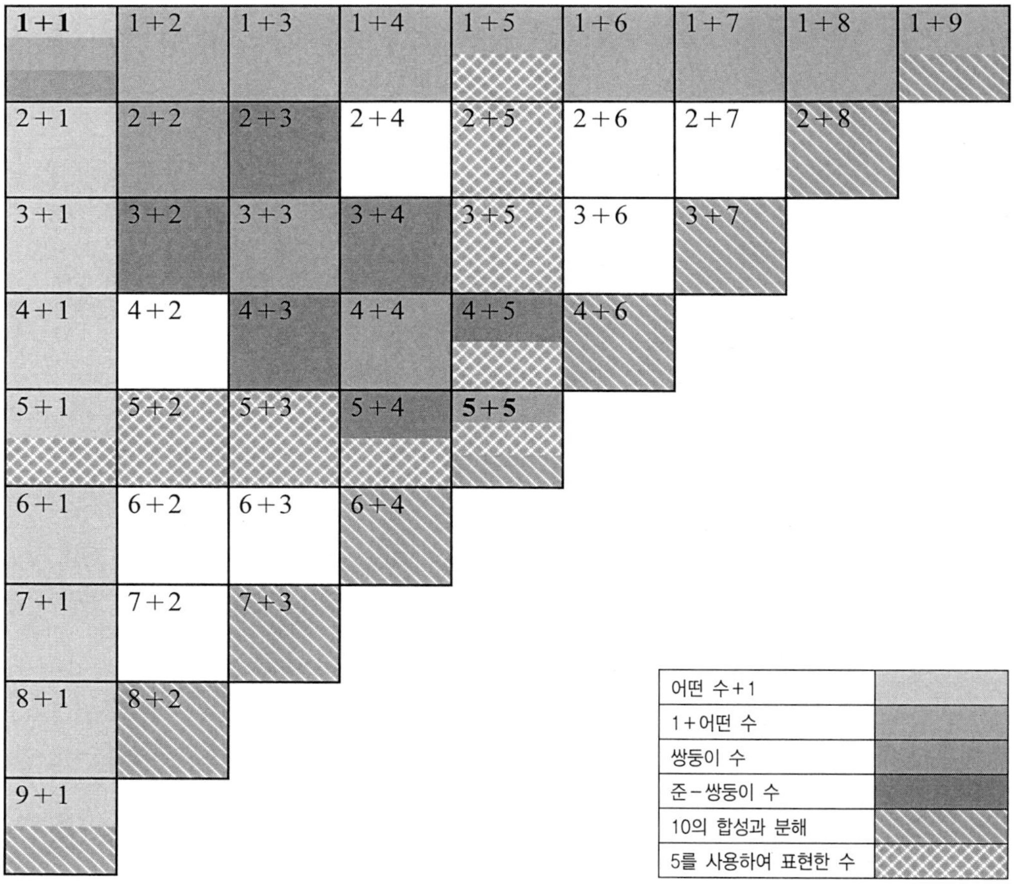

이 다이어그램은 10까지의 수 범위에서 45개의 가능한 덧셈 문제들 중 오직 4개만이 위에서 제시한 수에 대한 지식으로 해결할 수 없다는 점도 보여준다. 이 문제들은 색칠하지 않은 칸에 있는 것으로 4 + 2, 6 + 2, 6 + 3, 7 + 2와 이것들의 순서를 바꾼 2 + 4, 2 + 6, 3 + 6, 2 + 7이다. 1 + 1과 5 + 5는 세 가지 유형의 수에 대한 지식(위의 표에서 세 가지 색으로 표시된)을 이용해서 할 수 있는 가장 해결하기 쉬운 문제임을 볼 수 있는 것도 매우 흥미롭다.

05
3단계 : 계산

1. 100과 1000까지의 수에 대한 지식
2. 20까지의 수의 연산
3. 100까지(그 이상)의 수의 연산
4. 결론

학생들이 3단계에서 배우는 것은 2단계에서 발달된 것을 기반으로 한다. 3단계에서 주로 발달되는 것은 학생들이 수와 연산의 성질에 대한 좀 더 깊이 있는 지식을 획득하는 것이고, 이는 학생들이 계산을 할 수 있게 한다. 따라서 *수의 학습 경로*에서는 이 단계를 *계산*이라고 한다. '계산하다'라는 용어는 라틴어 calculus에서 유래된 것으로, 이는 쓸개에 있는 작은 돌을 나타낸다. 이는 계산을 위해 사용된 조약돌을 나타내기도 한다. '계산하다'라는 동사는 수와 관련된 문제들의 답을 구하는 데 수학적 방법을 사용하는 것을 의미한다. 간단한 수 세기 전략들에 비교하면, 이런 방법들은 명백히 추상화와 절차적 복잡성을 포함하고 있다. 1학년과 2학년에 속하는 대부분의 학생들에게 이런 발달이 이루어진다.

수에 대한 지식은 계산 방법을 개발하고 그 방법들을 유연하고 효율적인 방식으로 적용하는 능력을 위한 기초이다. 따라서 비록 계산에 초점을 맞추고 있지만, 교사가 학생들의 수에 대한 지식과 수에 대한 감각을 확장하는 활동들을 계속 포함시키는 것이 매우 중요하다.

3단계의 성장에서 핵심은 100까지(그 이상)의 수 범위와 1000까지(그 이상)의 수 범위에서 수에 대한 지식과 20까지(그 이상)의 수 범위와 100까지(그 이상)의 수 범위에서의 연산 능력의 발달을 포함한다.

1 100과 1000까지의 수에 대한 지식

3단계에서 학생들은 1단계와 2단계에서의 수 개념과 수 범위에 대한 이해를 바탕으로 이를 더 확장한다. 매일 새로운 수를 탐구하고 논의하는 '그날의 수' 활동들은 이런 지식을 확장하는 데 도움이 된다. 3단계 초기에는 100까지의 수에 초점을 맞추지만, 학생들은 점점 더 100보다 큰 수를 탐구하기 시작한다. 예를 들면, '상금이 3천만란드인 복권을 생각해 보자.'와 같은 활동을 생각해 볼 수 있다.

가. 수에 대한 여러 가지 접근 방식

학생들은 2단계에서 수는 여러 가지 의미와 기능을 가지고 있음을 알았다. 즉, 수는 집합의 크기, 순서, 측정값을 나타내고, 코드나 이름이 되거나, 계산해야 할 대상이 되기도 한다. 3단계에서 학생들은 이런 여러 가지 의미와 기능을 더 의식하게 된다. 더욱이 수의 맥락과 수의 위치, 그리고 수가 어떻게 구조화될 수 있는지를 이해하는 것을 포함해서 수 관계에 대한 깊이 있는 지식을 개발할 기회들을 갖게 된다. 이는 학생들이 다음과 같은 경험을 할 필요가 있음을 의미한다.

- 수의 맥락화
- 수의 위치화
- 수의 구조화

수의 맥락화

수의 맥락화는 학생들이 수를 실생활 상황이나 그들의 흥미 있는 세계와 연결하는 것을 통해 수에 의미를 부여할 수 있음을 의미한다. 365를 예로 생각해 보자. 이 수는 1년간의 일수, 책의 쪽수, 가격이 365란드인 원격 조종 차, 몸무게가 365kg인 큰 조랑말, 365km의 거리, 우리 학교의 기초 단계에 있는 365명의 학생들을 나타낼 수 있다. 수의 세계도 때때로 어떤 수에 대한 의미 풍부한 맥락이 될 수 있다. 따라서 예를 들면 학생은 24를 6과 8의 곱셈 구구표에 속하는 것으로 생각할 수도 있다.

수들이 맥락화될 때, 학생들은 그 수들을 의미 있게 받아들인다. 수의 맥락에 대한 지식은 또한 학생들이 맥락 문제들을 해결할 때 사용할 수 있는 준거점을 형성하는 데 도움이 된다.

학생들의 일상적인 경험은 학급에서 수에 대한 반성과 논의를 위한 매우 다양한 맥락들을 제공한다. 예를 들면 다음과 같은 것들이다.

- 높이와 무게
- 속력과 거리
- 동전과 지폐
- 가격
- 집의 번지수
- 나이, 생일, 생년월일

- 시간 단위 : 시간, 30분(1/2 시간), 15분(1/4 시간), 분
- 대가족의 수, 가계도
- 옷 치수와 신발 치수
- 쪽수
- 게임 점수
- 달력의 날짜
- 온도

수의 위치화

수의 위치화는 직선 모델의 사용으로 쉽게 설명할 수 있다. 이는 수들을 구슬줄, 그림으로 제시된 수직선, 롤 아웃 수직선 위의 알맞은 위치에 둠으로써 자연수열에서 수들의 위치를 정하는 것을 포함한다. 이 수직선들은 구조화된 것일 수도 구조화되지 않은 것일 수도 있다. 예를 들면, 47의 위치화는 구조화된 구슬줄이나 구조화된 수직선 위에 정확히 보여줄 수도 있고, 아니면 빈 수직선 위에 대략적으로 보여줄 수도 있다.

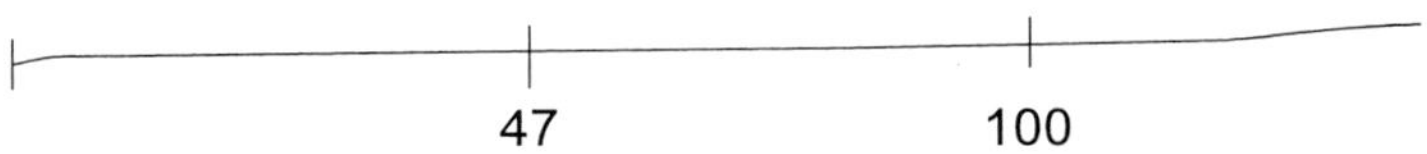

1000까지(그 이상)의 수 범위에서도 유사한 활동을 할 수 있다. 학생들은 예를 들면, 1000까지의 수직선 위에 470을 어림하여 나타낼 수 있다.

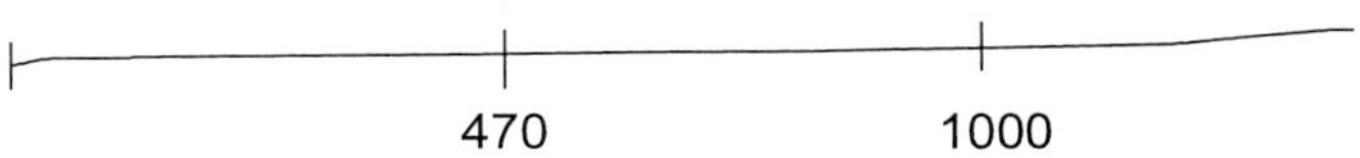

학생들은 수의 위치를 알 수 있을 때, 수의 순서와 크기에 대한 아이디어를 가질 수 있고, 어떤 수의 인접한 수들을 알 수 있으며, 이 수에 가까운 어림수를 알 수 있다. 예를 들면, 47은 50에 가깝고 약 100의 반에 해당하며, 470은 500에 가깝고 약 1000의 반에 해당하며, 198은 거의 200이며, 243은 거의 0과 500사이의 반에 해당한다.

수의 구조화

수의 구조화는 어떤 특정한 수의 수 관계의 연결망을 인식하는 것을 포함한다. 예를 들면, 64를 결과로 하는 가능한 한 많은 수에 관련된 문제들을 찾는 것을 생각해 볼 수 있다.

수를 구조화 또는 분해하는 몇 가지 방법들이 있다. 특히, 5씩 묶음, 50씩 묶음, 10씩 묶음, 100씩 묶음들이 권장된다. 10씩, 100씩 등의 묶음은 십진법을 이용한 수의 분해 또는 분할을 포함한다.

수의 구조화는 덧셈적인 묶음 방법과는 별도로 수들의 인수분해도 포함한다. 이는 곱셈적인 구조화 방법이다. 예를 들면, 45는 15씩 3묶음 또는 15 + 15 + 15이다. 마찬가지로 450은 150씩 3묶음 또는 150 + 150 + 150이다.

수의 구조화는 묶음 모델(그리고 결합 모델)로 설명할 수 있다. 배열을 묶음 모델로 사용해서 집합을 열과 행에 똑같은 크기의 묶음을 보여주는 하나의 구조로 조직할 수 있다.

교사는 학생들에게 이런 플라스틱 칩의 배열이 무엇을 나타낼 수 있는지 질문할 수 있다.

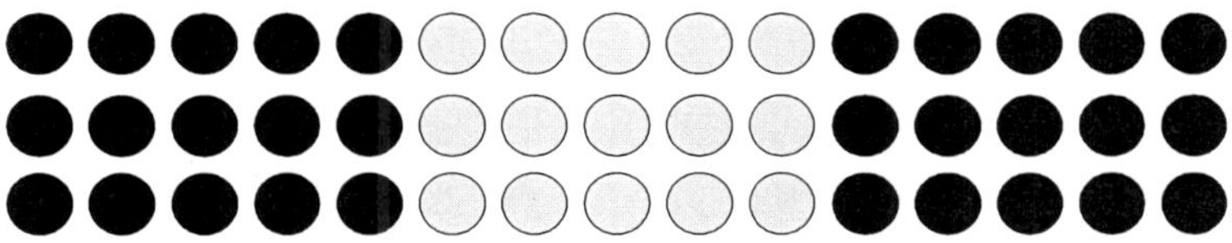

학생들은 15 + 15 + 15, 15 × 3, (10 + 5) × 3, 3 + 3 + 3 + 3 + 3 + 3 + 3 + 3 + 3 + 3 + 3 + 3 + 3 + 3 + 3, 3 × 15, (3 × 5) + (3 × 5) + (3 × 5) 등을 생각해 낼 수 있다.

아래 그림과 같이 모든 칩이 10의 값을 가진다면, 학생들은 150 + 150 + 150, 150 × 3, (100 + 50) × 3, 30 + 30 + 30 + 30 + 30 + 30 + 30 + 30 + 30 + 30 + 30 + 30 + 30 + 30 + 30, 30 × 15, (30 × 5) + (30 × 5) + (30 × 5) 등을 생각해 낼 수 있다.

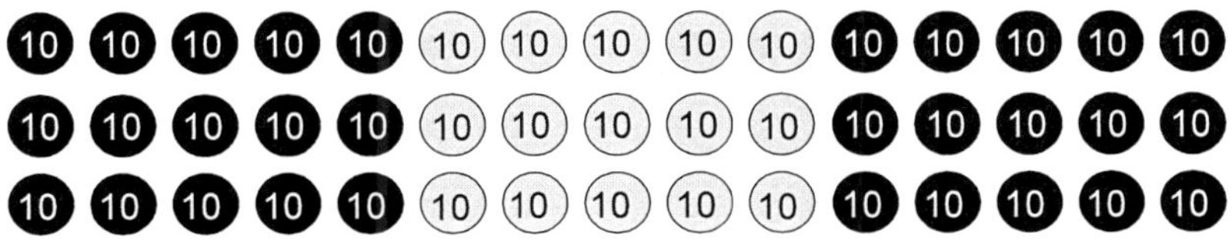

수의 구조화를 통해 학생들은 특정한 수들의 특성을 알게 된다. 예를 들면, 홀수와 짝수를 인식하고, 어떤 수가 3의 배수에 속하는지 알게 되며, 23과 24는 거의 같지만 분배의 경우에는 완전히 다르다는 것을 의식한다.

학생들이 수의 맥락화, 위치화, 구조화를 통해 발달시키는 지식은 수의 연산을 위한 중요한 기반을 제공한다. 수의 맥락화는 학생들에게 준거틀을 제공하여 수를 기억하고 친숙해지는 데 도움을 준다. 수의 위치화 활동은 학생들이 수의 순서와 크기에 대한 좋은 아이디어들을 발달시키는 데 도움을 준다. 수의 구조화는 학생들이 단지 수 세기를 하는 것보다 더 효율적인 전략들을 사용할 수 있게 한다.

나. 수의 표현

3단계에서는 1단계와 2단계에서 발달된 수를 표현하는 방법에 대한 지식이 연습되고 체계화된다.

이런 지식은 다음과 같은 것들을 포함한다.

- 100과 1000까지(그 이상)의 수 이름을 말하기
- 100과 1000까지(그 이상)의 수 이름을 쓰기
- 100과 1000까지(그 이상)의 숫자를 알기

여러 가지 언어에서 수를 말하고 쓰는 방법 중에는 두 자리의 수와 세 자리의 수(21부터)에서 십의 자리와 일의 자리의 순서가 다른 것들이 있다.

예를 들면, 숫자 21은 다음과 같이 말할 수 있다.

- 아프리카어로는 '일과 이십'
- 영어로는 '이십 일'
- 코사어로는 '십이 이 그리고 삼'

수에 대한 지식을 형성하기 위해서는 학생들이 수의 다양한 표현을 경험하는 것이 매우 중요하다. 수의 여러 가지 표현 방법들을 사용하는 것은 수가 다양한 외양을 가질 수 있다는 것을 인식하고 이해하는 데 도움을 준다.

3단계에서 학생들은 수와 관련된 묶음 모델, 직선 모델, 결합 모델을 이용하여 100

까지의 수를 탐구한다.

예를 들면, 수 34는 다양한 모델로 표현할 수 있다.

묶음 모델	수 34의 표현
부절	
막대 묶음	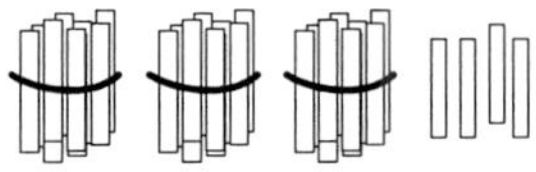
막대와 블록 (연결 큐브)	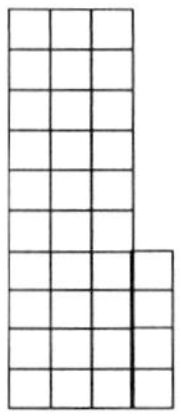
화폐	
수 카드 전개	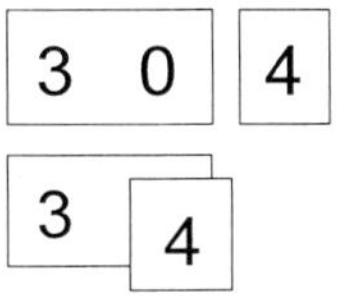

직선 모델	수 34의 표현
구슬 줄	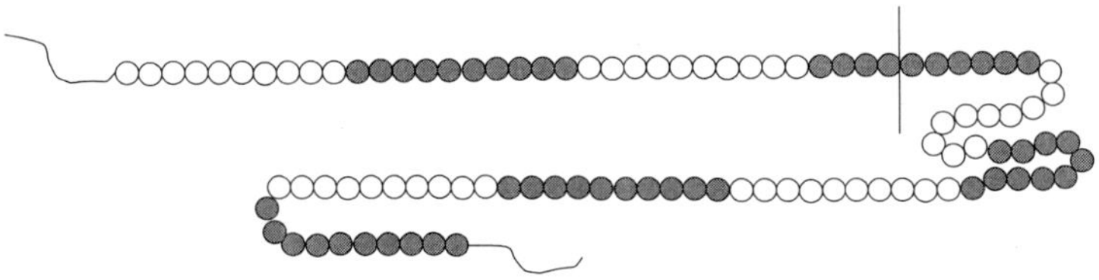
구조화된 수직선	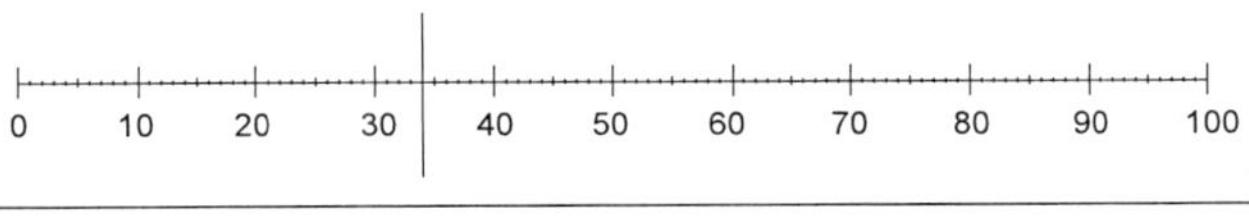
반구조화된 수직선	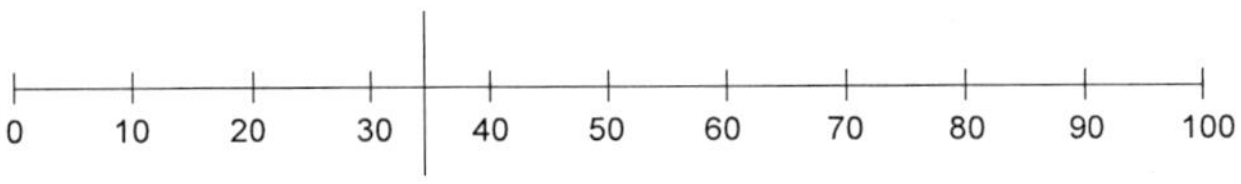

직선 모델	수 34의 표현
	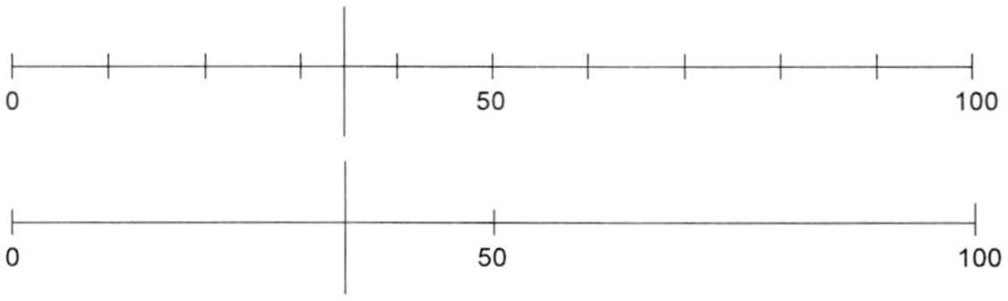
빈 수직선	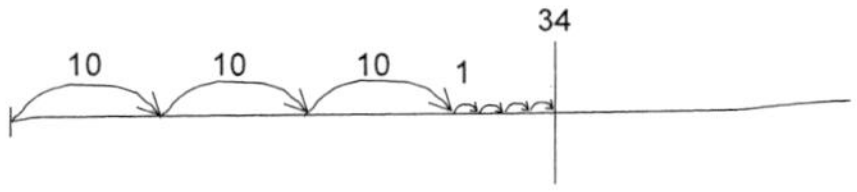

결합 모델	수 34의 표현

100 수열표

1	2	3	4	5	6	7	8	9	10
11	12	13	14	15	16	17	18	19	20
21	22	23	24	25	26	27	28	29	30
31	32	33	34	35	36	37	38	39	40
41	42	43	44	45	46	47	48	49	50
51	52	53	54	55	56	57	58	59	60
61	62	63	64	65	66	67	68	69	70
71	72	73	74	75	76	77	78	79	80
81	82	83	84	85	86	87	88	89	90
91	92	93	94	95	96	97	98	99	100

120 수열표

1	2	3	4	5	6	7	8	9	10
11	12	13	14	15	16	17	18	19	20
21	22	23	24	25	26	27	28	29	30
31	32	33	34	35	36	37	38	39	40
41	42	43	44	45	46	47	48	49	50
51	52	53	54	55	56	57	58	59	60
61	62	63	64	65	66	67	68	69	70
71	72	73	74	75	76	77	78	79	80
81	82	83	84	85	86	87	88	89	90
91	92	93	94	95	96	97	98	99	100
101	102	103	104	105	106	107	108	109	110
111	112	113	114	115	116	117	118	119	120

이 모델들은, 특히 화폐와 수 카드 전개와 같은 묶음 모델, 구조화된 수직선, 반구조화된 수직선 그리고 빈 수직선과 같은 직선 모델은 1000까지(그 이상)의 수를 탐구할 때도 사용할 수 있다.

3단계에서 수에 대한 일반적인 지식이 증가하면서, 학생들은 순서와 개수 세기, 어림, 수의 표현과 기호화, 수의 합성과 분해와 같은 특정한 수에 관련된 능력을 훨씬 더 발전시킨다.

다. 수에 관련된 능력

계열화

둘, 넷, 여섯, …
200, 400, 600, …

3단계에서의 계열화 능력은 여러 측면에서 2단계에서 기술된 것과 유사하다. 계열화 능력은 말로 수 세기와 지필로 수열을 확장하고 완성하는 것을 포함하다. 2단계와 비교하면, 이제 수의 범위가 100까지(그 이상)의 수와 1000까지(그 이상)의 수까지 확장될 수 있다. 이 단계에서는 지필 수열 과제에 초점을 두고 있지만, 말로 수 세기 활동을 잊어서는 안 된다. 수 세기 활동은 학생들에게 시간이 많이 들지 않는 쉬운 방식으로 자연수열을 연습할 광범위한 기회를 제공하기 때문에 여전히 아주 중요하다. 몇 씩 뛰어 세는 작은 수들의 자연수열에서 몇 십씩이나 몇 백씩 뛰어 세는 큰 수들의 자연수열로 이행하고, 이 수열들 사이의 차이점과 유사점에 대해 논하는 것은 학생들의 수 체계에 대한 이해를 심화한다.

곱셈 구구와 나눗셈 구구의 구성을 준비하기 위해서 이 단계에서는 0에서 시작하는, 같은 묶음의 뛰어 세기로 이루어진 자연수열에 관심을 기울인다. 이런 수열 활동은 수직선과 100 수열표와 120 수열표 위에서 할 수 있다.

학생들은 우선 셋씩 뛰어 세기를 할 수 있고, 그런 다음 같은 수직선이나 100 수열표 위에서 같은 점에서 출발하여 넷씩 뛰어 세기를 할 수 있다.

교사들은 학생들에게 무엇을 발견하였는지 질문할 수 있다. 셋씩 뛰어 세기와 넷씩 뛰어 세기를 하면 언제 '만나는가'? 학생들은 수열을 계속 구성하면서 만나는 점들을 찾을 수 있다.

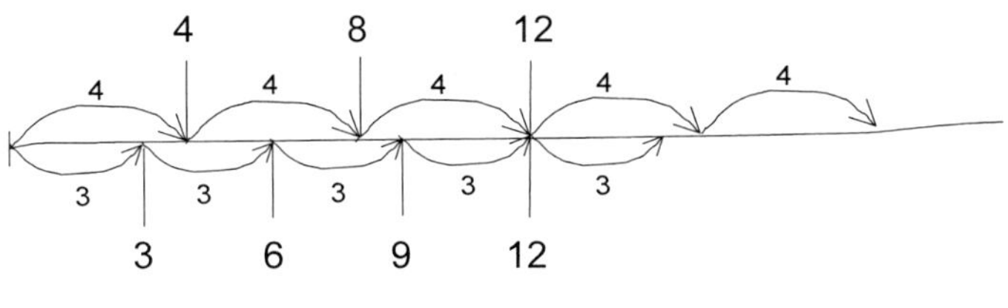

1	2	3	4	5	6	7	8	9	10
11	12	13	14	15	16	17	18	19	20
21	22	23	24	25	26	27	28	29	30
31	32	33	34	35	36	37	38	39	40
41	42	43	44	45	46	47	48	49	50
51	52	53	54	55	56	57	58	59	60
61	62	63	64	65	66	67	68	69	70
71	72	73	74	75	76	77	78	79	80
81	82	83	84	85	86	87	88	89	90
91	92	93	94	95	96	97	98	99	100

같은 묶음의 뛰어 세기와 관련된 수열 활동은 1000까지(그 이상의) 수의 범위에서도 할 수 있다. 학생들이 수열들 사이의 유사성을 파악하도록 하는 것이 중요하다. 즉, 4, 8, 12 등의 수열은 40, 80, 120 등의 수열과 관련이 있다는 것을 파악해야 한다.

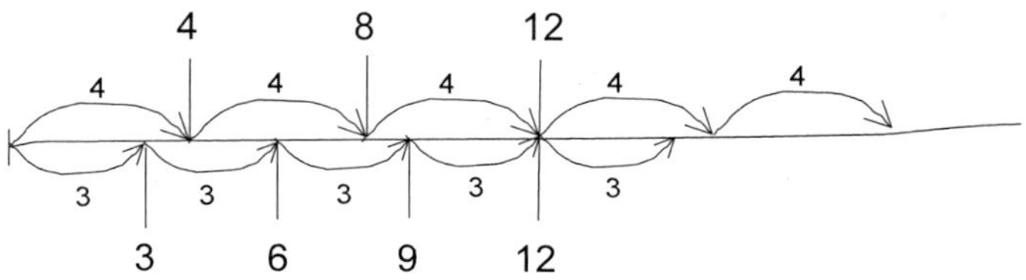

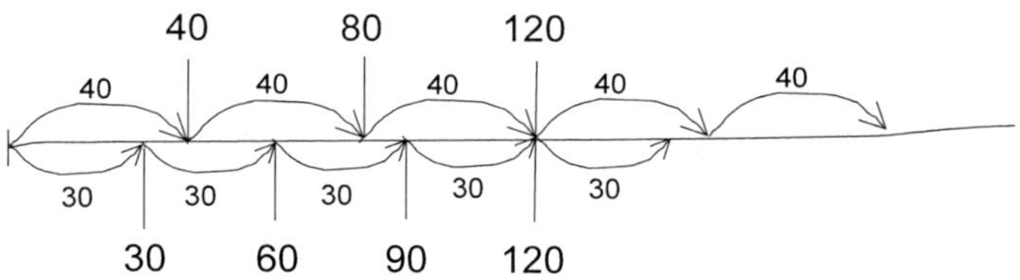

■ 개수 세기 

3단계에서 개수 세기는 효율적인 수 세기 전략을 사용해서 집합의 기수를 구하는 것으로 발달한다. 이는 대부분 묶어 세기와 교사가 제시하거나 학생이 재배열한 대상들의 구조를 사용하는 것을 포함한다. 그러나 묶어 세기는 더 이상 하나씩 수 세기를 하지 않는다는 것을 의미하지 않는다. 어른들도 때로는 예를 들면 대상들이 아무런 구조 없이 제시되거나 결과를 확실히 해야 할 때는 원시적인 수 세기를 사용한다. 3단계의 수와 관련된 발달에서는 구조들을 사용하거나 수 세기를 기억하기 위한 더 현명한 방법들을 개발하는 것이 중요한 진보에 해당한다. 예를 들면, 돈을 셀 때 란드들의 묶음을 만드는 것은 구조화된 수 세기 전략이다.

이 단계에서 새롭게 발달하는 능력은 학생들이 대상들의 일부가 보이지 않을 때도 집합들의 기수를 결정할 수 있다는 것이다. 이는 학생들이 전체 집합의 이미지를 재구성해서 집합의 보이지 않는 부분들을 '더해야' 한다는 것을 의미한다. 예를 들면, 다음 그림이 제시되었을 때, 학생들은 초콜릿 조각들이 전부 몇 개가 있는지를 파악해야 한다.

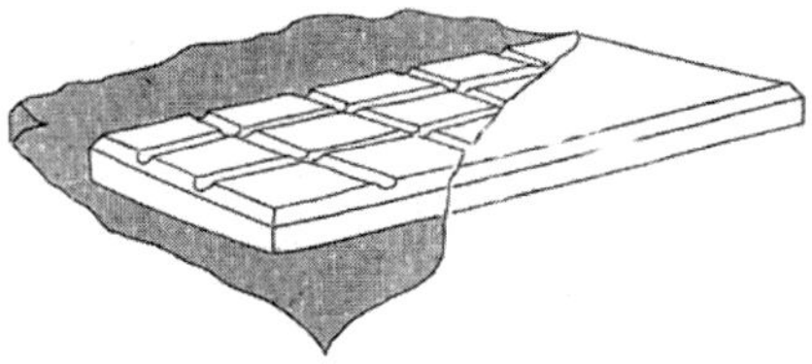

이 단계에서 새롭게 발달하는 또 다른 능력은 셀 수 있는 방식으로 제시되지 않았기 때문에 셀 수 없는 집합들의 개수 세기가 가능하다는 것이다. 예를 들면, 콜리플라워 상자 5개가 있는데, 각각의 콜리플라워가 잘 보이지 않아서 하나씩 셀 수 없는 경우를 생각해 볼 수 있다. 상자에 적힌 표시는 각 상자에 콜리플라워 12개가 들어 있다는 것을 보여준다. 콜리플라워는 모두 몇 개인가?

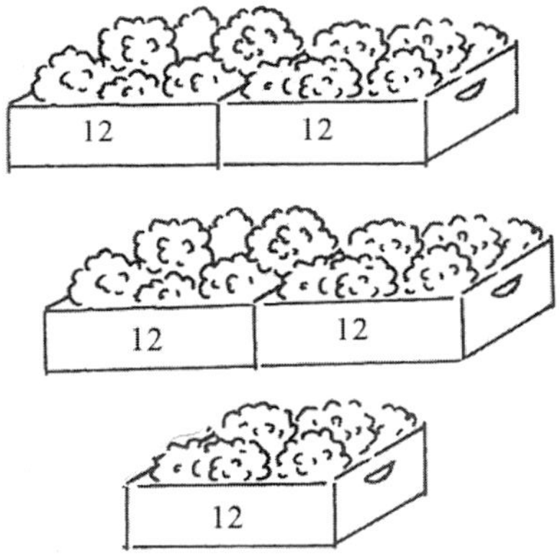

콜리플라워의 전체 개수를 구하려면 학생들은 상자에 있는 수치적(기호적) 정보를 사용해야 한다. 적용할 수 있는 몇 가지 효율적인 수 세기 전략들이 있다. 첫째 전략은 12를 두 배(콜리플라워 24)하고, 그런 다음 24를 두 배(콜리플라워 48)하고, 마지막으로 12를 더하는 것(콜리플라워 60)이다.

다른 가능한 전략은 12를 10과 2로 분해하고 10과 2를 다섯 번씩 세는 것이다. 상자는 개수 세기에 도움을 주는 막대에 기초한 결합 모델의 역할을 할 수 있다.

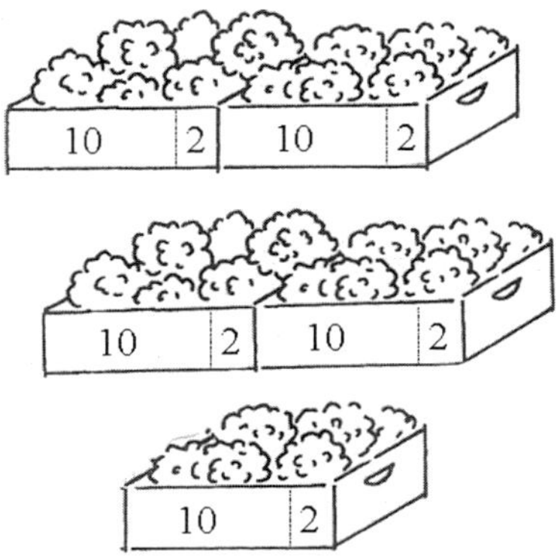

또는

10	2
10	2
10	2
10	2
10	2
50	10

콜리플라워 과제는 개수 세기 활동의 중요성을 보여준다. 학생들은 집합의 기수를 구하면서 나중에 수의 연산에 적용할 수 있는 효과적인 수 세기 전략들의 범위를 발전시킨다. 수학적 관점에서 보면 콜리플라워의 총수를 구하기 위한 개

수 세기는 12 + 12 + 12 + 12 + 12 또는 12 × 5와 같은 수에 관련된 문제를 해결하는 것과 유사하다. 그러나 이 단계에 있는 많은 학생들에게는 맥락 없이 같은 수를 사용하는 수에 관련된 문제들을 해결하는 것보다 콜리플라워가 몇 개 있는지를 파악하는 것이 더 쉽다. 콜리플라워 활동에서 학생들은 그들의 수에 대한 지식을 적용할 수 있고 비형식적 전략을 선택할 자유가 더 많다.

어림 

이전 단계들과 같이, 3단계에서도 개수 세기는 집합의 대상들의 정확한 수를 구하는 것에 한정되어서는 안 되며, 대략 몇 개인지를 구하는 어림도 포함해야 한다. 전에 언급한 바와 같이, 정확한 개수 세기와 어림을 위한 개수 세기는 서로 상반되는 능력으로 간주해서는 안 된다. 그것들은 서로를 보완하며, 두 가지 모두 중요하다.

3단계에서 학생들은 초기의 어림 경험을 기반으로 효율적인 수 세기 전략과 집합의 한 부분만을 세는 표본 방법을 사용하여 어림한다. 어림하는 능력을 촉진하고 더 발달시키기 위해서 교사들은 어림을 하는 것이 의미 있는 문제들과 과제들을 제시해야 한다. 모든 사람들에게 충분한지를 학생들이 말해야 하는 과제들이 어림 전략을 떠올리게 하는 전형적인 과제들이다. 예를 들면, '한 학급에 30명이 있다면, 모든 학생들에게 선물을 줄 수 있나요? 여러분의 생각은 어떤가요?'와 같은 문제를 생각해 볼 수 있다.

학생들이 세 가지 유형의 선물들이 같은 수만큼 있다는 것을 안다면, 답을 구하는 한 가지 방법은 세 가지 유형 중 한 가지 유형만을 세어서 그 결과에 3을 곱하는 것이다. 이 모양 의 선물은 12개가 있다. 12 곱하기 3은 30이 넘는 수이다. 따라서 선물은 충분하다.

다른 전략은 집합을 네 집단으로 나누어서 한 부분만을 세는 것이다.

오른쪽 위에는 선물이 9개 있다. 9 곱하기 4는 선물이 모두 30개보다 많다는 것을 의미한다. 이는 선물이 충분하다는 것을 말한다.

학생들은 이런 예들에서 그들이 셀 수 있도록 시각적으로 제시된 집합들의 대상들의 수를 어림한다. 또한 시각적으로 제시되지 않은 수들도 어림하는 능력을 길러야 한다. 예를 들면, '하나에 4.89란드인 초콜릿 16개를 사려면 10란드 지폐가 몇 개쯤 필요한가요?'와 같은 문제를 생각해 볼 수 있다.

비 맥락 문제들을 포함하는 어림 활동들도 제시할 수 있다. 교사는 일련의 문제들(예를 들면, 9 + 8, 7 + 7, 5 + 9, 9 + 8, 7 + 7, 5 + 9)을 소리 내어 읽어주고, 학생들에게 답이 15보다 큰 문제이면 단지 손가락을 빨리 올리게 한다. 학생들은 아주 빨리 답을 해야 하기 때문에, 어림하지 않을 수 없다. 그 후에 학생들에게 답이 15보다 큰지 작은지 어떻게 알았는지 설명하게 한다.

이와 같은 활동들은 학생들이 어림이 정확한 계산에 어떻게 도움이 될 수 있는지를 알 수 있게 한다. 어림은 학생들에게 답이 합리적인지를 점검하고 실수를 인식하는 도구를 제공한다. 어림 기능은, 예를 들면 플래시 카드 활동과 같이 다양한 방식으로 개발할 수 있다. 예를 들면, 교사는 학생들에게 다음과 같이 수의 규칙이 있는 플래시 카드를 보여준다.

가장 가까운 수는 무엇인가요?
5, 10, 15, 20에서 선택하세요.

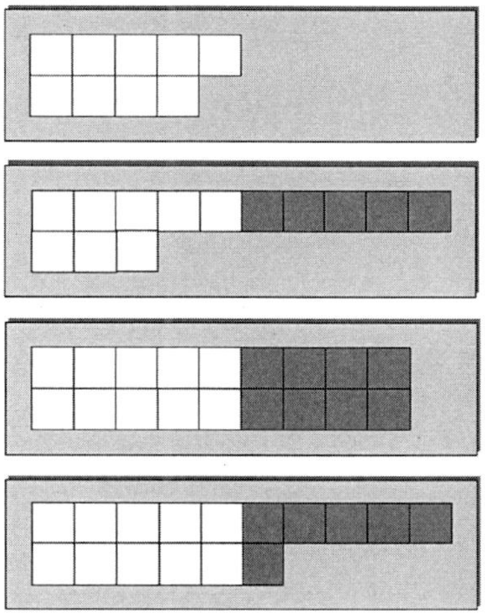

학생들은 표현된 수가 5, 10, 15 또는 20에 가까운지를 말하기만 하면 된다. 어림 활동을 하기 위한 최선의 모델은 수직선이다. 교사들은 학생들에게 구조화된 수직선이 그려진 활동지를 줄 수 있다. 그러면 학생들은 특정한 수들에 가장 가까운 수가 어디인지 나표시해야 한다.

39에 가장 가까운 몇 십은 무엇일까요?

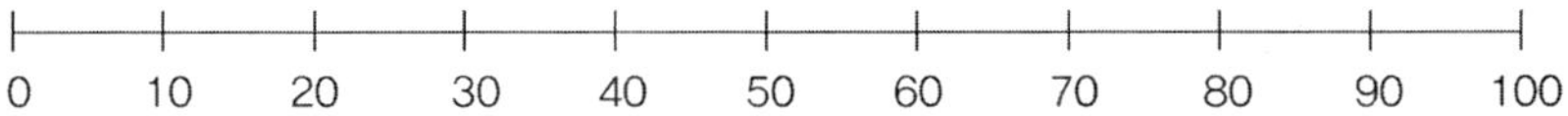

72에 가장 가까운 몇 십은 무엇일까요?

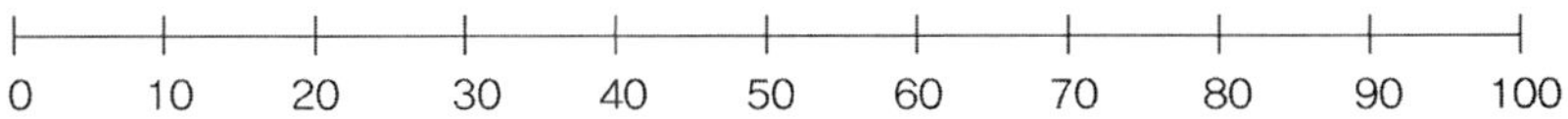

물론 이런 활동은 칠판 위에 있는 구조화된 큰 수직선 모델로 할 수도 있다. 어림 활동을 위해서는 빈 수직선이 훨씬 더 적합하다. 교사들은 학생들에게 빈 수직선을 보여주고 수직선 위에 수들의 위치를 나타내도록 할 수 있다. 마찬가지로 교사들은 학생들에게 수직선 위에 표시된 수들을 알아내도록 할 수 있다.

43은 대략 어디에 있을까요?

여기에는 어떤 수가 있을까요?

1000까지(그 이상)의 수 범위에서도 유사한 활동들을 할 수 있다.

430은 대략 어디에 있을까요?

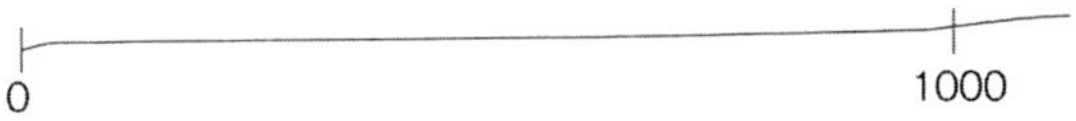

여기에는 어떤 수가 있을까요?

학생들에게 수직선들 사이의 유사점을 의식하게 하는 것이 중요하다. 즉, '0에서 100까지의 수직선 위에서 43은 어디에 있을까요?'는 '0에서 1000까지의 수직선 위에서 430은 어디에 있을까요?'와 관련되어 있다는 것을 의식해야 한다.

수의 표현과 기호화 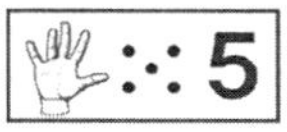

3단계에서 학생들은 1에서 20까지의 범위에 있는 수들을 표현하고 기호화하는 능력을 강화하고, 이런 지식을 100까지(그 이상)의 수 범위 그리고 1000까지(그 이상)의 수 범위까지 확장한다. 3단계에 있는 학생들에게는 기호로서의 수에 초점을 맞춘다. 이는 학생들이 수 기호를 읽고 쓰고, 수를 말하고 듣는 것을 학습한다는 것을 의미한다.

숫자들의 순서와 수 체계의 기반이 되는 자릿값 개념에 특별한 관심을 기울여야 한다. 학생들은 하나의 숫자가 수 이름(예를 들면, 42와 654는 기호들의 결합)에 사용되는 기호(예를 들면, 5와 9는 수 기호)라는 것과 각 숫자의 값은 숫자들의 열에서 그 위치에 따라 정해진다는 것을 이해해야 한다. 학생들은 142에서 1이 14나 21에서의 1과 같지 않다는 것을 이해하는 데 어려움을 느낄 지도 모른다. 학생들은 자릿값 원리에 대한 이해가 발달하면서, 이 원리로부터 그들이 원하는 만큼의 큰 수를 구성할 수 있다는 점을 이해하기 시작한다.

어린 학생들은 '1이 여섯'(즉, 6)이라는 개념을 이해하는 데 어려움을 겪는다.

그들은 '1이 여섯'살이라고 말하지 않으며, '1이 여섯'인 사탕이라고 결코 말하지 않는다. 그럼에도 불구하고 그들은 각각의 '1'이 단일 단위라는 것을 이해한다. 그러나 '1이 열'이면 '10이 하나'임을 이해하는 데 어려움이 있다. 이 문구의 첫째 부분은 물건 10개가 있다는 것을 의미하고, 아홉보다 하나 더 있으며, 이제는 10의 묶음이 하나 있다는 것을 의미한다. 이 문구의 둘째 부분은 10이 하나의 사물 또는 그 자체가 하나의 단위, 즉 단수 명사라는 것을 의미한다.

학생들은 점차 몇, 몇 십(그리고 몇 백)의 묶음들을 분해할 수 있고 서로 다른 방식으로 기록할 수 있다는 것을 이해하기 시작한다. 그들은 수를 쓰고 말하는 것을 배우며, 한 수에서 숫자들의 자릿값을 인식할 수 있다. 예를 들면, 21에서 '1'은 1이고, 20 + 1 = 21과 1 + 20 = 21로 쓸 수 있다. 그들은 또한 13에서 '1'은 10이고, 21에서 '2'는 20, 즉 10 + 10임을 깨닫는다.

수 카드 전개를 이용하여 분해하고 합성하는 활동들은 자릿값에 대한 학생들의 이해를 강화하는 데 도움이 될 것이다. 학생들은, 예를 들면 34가 어떻게 구성되어 있는지 알 수 있고, 34는 10이 3이고 4가 하나, 10이 3이고 1이 4, 10묶음이 3이고 4가 남는다는 것을 이해할 수 있다.

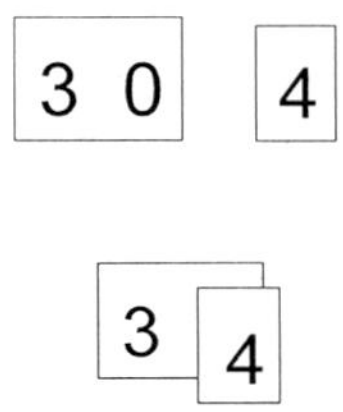

일단 학생들이 99까지의 수 범위에 있는 수들을 10과 1로 분해할 수 있게 되면, 100보다 큰 범위에 있는 수들을 탐구하기 시작하고, 예를 들면 734가 어떻게 구성되어 있는지 알 수 있다.

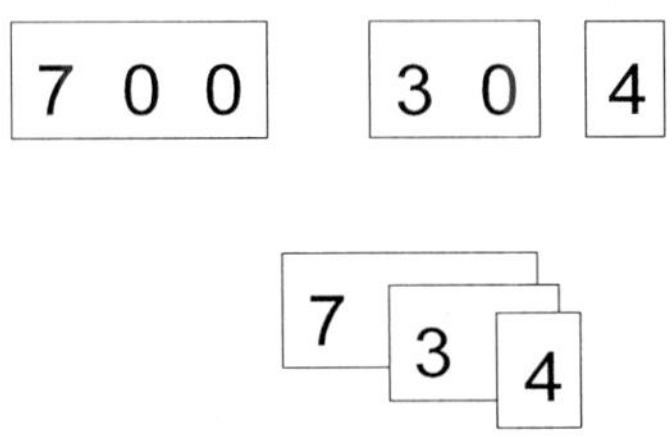

학생들은 이 단계에서 1000 이상의 큰 수들에 매력을 갖게 된다. 신문의 광고나 기사는 큰 수들에 대해 논할 많은 기회와 맥락을 제공한다.

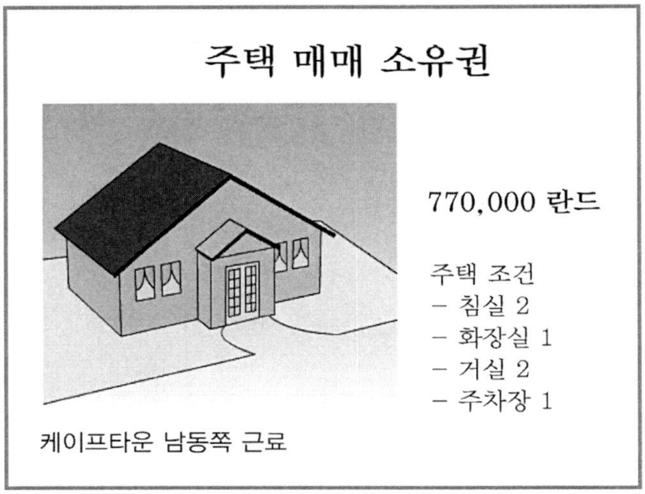

예를 들면, 교사들은 학생들에게 가격이 770000란드 하는 주택에 대한 광고를 보여주고 주택의 가격이 얼마에 가장 가까운지를 논의하게 할 수 있다. 교사들은 백만란드, 2백만란드, 7백만란드 또는 백만란드의 반 등의 제안을 할 수도 있다. 학생들이 결정하기 어려워하면, 교사들은 학생들에게 수직선 위에 가격을 표시하도록 할 수 있다.

자릿값 수 체계에서, 0은 특별한 역할을 한다. 많은 학생들이 0의 역할을 파악하기 어려워한다. 학생들은 숫자로서의 0은 자릿값 체계에서 자리지기라는 것을 이해할 필요가 있다. 예를 들면, 704에서 0은 10이 없음을 의미한다. 그러나 0은 삭제될 수 없는데, 만약 그렇게 되면 다른 수 74가 되기 때문이다.

3단계에서는 수의 기호화에 집중하지만, 구체적으로 수들을 셀 수 있는 방법으로 표현하는 것과 같은 덜 효과적인 표현을 무시해서는 안 된다. 학생들은 계속해서 손가락, 카운터, 막대, 블록, 막대 묶음, 종이 위의 부절과 화폐를 사용하는 묶음 모델로 수를 표현할 기회를 가져야 한다. 또한 구슬 줄이나 수직선과 같은 직선 모델 위나 100 수열표나 120 수열표와 같은 결합 모델 위에 수를 나타낼 기회를 가져야 한다.

수의 합성과 분해

2단계에서와 같이 수의 표현 활동은 수들이 어떻게 합성되고 분해될 수 있는지에 대한 학생들의 지식을 발달시킨다. 구체물을 사용하여 수를 표현함으로써, 학생들은, 예를 들면 특정한 수를 나타내는 블록들의 집합이 총수의 부분들을 표현하는 더 작은 집합들의 수로 분해될 수 있다는 점을 경험한다.

예

교사는 학급 학생들에게 '구슬 37개를 보여주세요.'라고 했다.
한 여학생이 교사에게 다음과 같이 보여주었다.

그 여학생은 37은 7과 30 또는 30과 7이라고 설명하였다.
그런 다음 그 여학생은 장난스럽게 선생님에게 다음과 같은 것을 보여주었다.

그녀는 '이런 식으로 37은 또한 3과 30과 4이고, 또한 2와 10과 10과 10 그리고 5…'라고 말하였다.

이 여학생의 반응은 집합의 기수를 정하는 데 구조가 얼마나 중요한지를 보여준다.

수의 합성과 분해 기능은 3단계에서 100까지(그 이상)의 수 범위와 1000까지(그 이상)의 수 범위로 확장된다. 이 기능은 수를 분해하는 다양한 방법을 포함하지만, 핵심 활동은 이제 십진법을 이용한 수의 분해 또는 분할, 즉 수를 몇 백,

몇 십 그리고 몇으로 분할하는 것이다. 예를 들면, 34의 십진법을 이용한 분해는 다음과 같이 여러 가지 방법으로 예시할 수 있다.

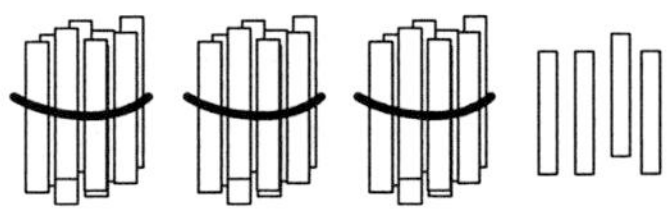

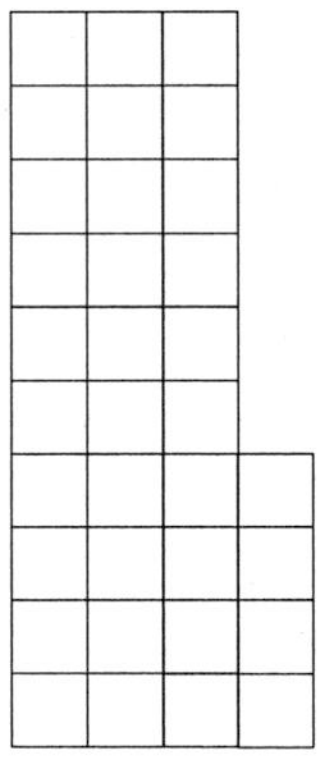

또한 1000까지(그 이상)의 수에 대해서도 이런 분할을 할 수 있다.

묶음 모델을 사용해서 수를 합성하고 분해하는 것과는 별도로 구슬 줄이나 수직선과 같은 직선 모델도 사용해야 한다. '뛰어 세기' 게임은 수직선을 사용한 활동의 예이다. 이 게임에서 학생들은 특정한 수까지 뛰어 세기를 하는데, 예를 들면 37까지 가능한 한 적게 앞으로나 뒤로 뛰어 세기를 해서 도달해야 한다. 학생들은 1씩, 10씩, 100씩만 뛰어 셀 수 있다. 예를 들면, 수 37에 대해서는, 10씩 3번 뛰어 세고 1씩 7번 뛰어 세는 방법(10번 뛰어 세기)보다 10씩 4번 뛰어 세고 1씩 거꾸로 3번 뛰어 세는 방법(7번 뛰어 세기)이 뛰어 세기를 더 적게 하는 방법이다.

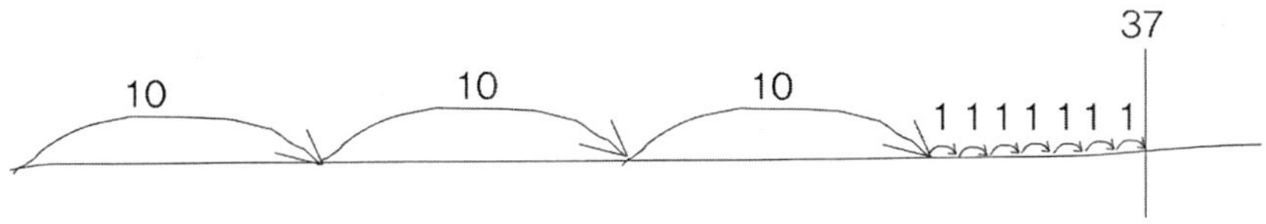

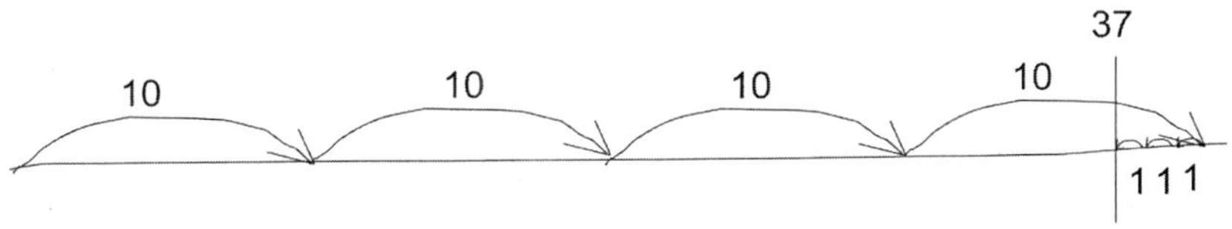

이 게임은 또한 1000까지의 수직선에서도 할 수 있다. 학생들에게, 예를 들면 가능한 한 적은 단계들로 1, 10, 100, 1000씩만으로 뛰어 세기를 해서 889까지 도달하게 할 수 있다.

학생들은 3단계에서 수의 합성과 분해에 좀 더 유연해야 한다. 이런 유연성을 가지려면 학생들은 20까지의 수 범위에서 많은 합성과 분해 활동을 할 필요가 있다. 이런 활동들은 학생들이 20까지의 수의 연산을 하기 위한 준비 과정이다. 학생들이 7의 두 배가 14임을 안다면, 7 + 8의 답은 수 세기를 하지 않고 7의 두 배에 1을 더하는 것임을 안다. 2단계 이후로 학생들은 10까지의 수 그리고 심지어는 20까지의 수의 합성과 분해 같은 수 지식을 기억하는 것이 매우 중요하다.

2단계의 합성과 분해 활동은 3단계의 확장된 수의 범위를 포함하도록 조정될 수 있다.

- 10의 합성과 분해는 100의 합성과 분해(19와 81, 28과 72 등) 그리고 1000의 합성과 분해(190과 810, 280과 720 등)로 확장할 수 있다.
- '5'를 사용하여 표현한 수는 '50'을 사용하여 표현한 수(80은 50과 30, 62는 50과 12)와 '25'를 사용하여 표현한 수(27은 25와 2, 이는 27 + 28을 해결하는 데 도움이 됨)로 확장할 수 있다.
- '한 쌍' 또는 두 배의 수들은 더 큰 한 쌍의 수로 확장할 수 있고, 이는 두 배와 이등분(25와 25는 50, 250과 250은 500, 700의 반은 350 등)으로 유도한다.
- 제곱수가 증가할 수 있다(49, 64, 81, 100, 400, 900, …).

- 삼각수가 증가할 수 있다(21, 28, 36, 45, 55, 66, 78, ⋯).
- 배수들은 더 큰 수의 배수들로 확장할 수 있다(25, 15, 200의 배수 등).

확장된 수 범위에서의 이런 활동들은 학생들이 100까지(그 이상)의 수에 대한 연산을 실행할 때 도움이 되고, 1000까지(그 이상)의 수 범위에서 연산을 다루는 4단계를 위한 준비가 된다.

2 20까지의 수의 연산

3단계 초반에는 2단계에서 발달된 20까지의 수 범위에서의 수 지식과 능력을 기반으로 하는 20까지의 연산에 초점을 맞춘다. 3단계 후반에는 학생들이 100까지(그 이상)의 수의 연산에 능숙해진다. 덧셈, 뺄셈, 곱셈, 나눗셈(+, −, ×, ÷)의 기본 연산에 초점을 맞춘다.

문제들은 비 맥락문제 또는 맥락 문제로 제시될 수 있다. 후자의 경우에 학생들은 단지 제시된 연산을 실행하는 것 대신에 문제를 해결해야 한다.

- 비 맥락 문제 : 21－19
- 맥락 문제 : 린은 구슬 21개를 가지고 있고, 더 그는 구슬 19개를 가지고 있습니다. 린은 몇 개를 더 가지고 있나요?

비 맥락 문제에서는 연산이 제시되어 있고, 따라서 대부분의 학생들은 뺄셈을 할 것이다. 맥락 문제에서는 학생들이 계속 더하기 전략을 사용해서 뺄셈 문제를 해결하는 것을 선택할 수 있다. 이는 맥락 문제들이 학생들에게 비형식적인 맥락에 연결된 방법들로 연산을 선택하고 문제들을 해결할 수 있는 자유와 유연성을 더 많이 제공한다는 것을 의미한다.

가. 수의 연산의 여러 가지 방법

10까지의 연산에서와 마찬가지로 20까지의 수의 연산에서도 두 가지의 주요 방법들이 있다. 즉, 대상에 기초한 계산과 수에 기초한 계산이다. 그러나 이 단계에서는 수에 기초한 계산에 좀 더 초점을 맞추어야 한다.

대상에 기초한 계산

대상에 기초한 수 세기와 계산 전략들은 카운터, 막대, 블록, 사탕과 같은 구조화되지 않은 대상들 또는 5-5 구조를 가진 20개로 이루어진 구슬 줄과 같은 구조화된 구체물을 포함해서 학생들이 셀 수 있는 대상들을 사용하는 수의 연산의 모든 방법들을 포함한다. 그러나 20까지의 연산을 할 때는 구조화되지 않은 대상들을 사용하는 것은 효과적이지 않다. 오히려 구조화된 구체물을 사용하는 것에 초점을 맞추어야 한다.

구조화된 구체물을 사용한 덧셈과 뺄셈

학생들이 20까지의 수 범위에서 덧셈 문제와 뺄셈 문제를 시작할 때, 연결큐브(묶음 모델) 또는 구슬 줄(직선 모델), 두 가지 모두 5-5 구조를 포함하는 구조화된 모델이 도움이 될 수 있다. 이런 구조는 학생들이 결과를 하나씩 세지 않고 연산 결과를 '인식'하는 데 도움이 된다.

묶음 모델 사용하기

6 + 7을 구하는 문제에서 학생들은 두 가지 색으로 된 연결큐브를 사용해서 수들을 나타낼 수 있다. 학생들은 블록 6개와 블록 7개를 위 아래로 각각 놓을 수 있다. 5-5 구조는 그 결과가 13임을 즉시 보여준다.

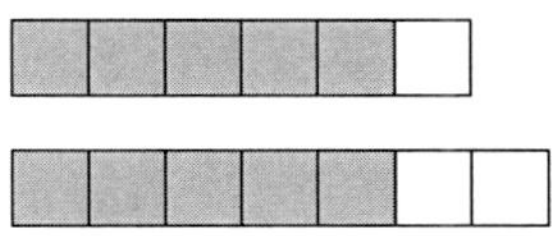

14 − 9를 구하는 문제에서 학생들은 블록 14개, 즉 블록 10개로 채워진 막대 1개와 블록 4개를 내려놓는 것으로 시작할 수 있다.

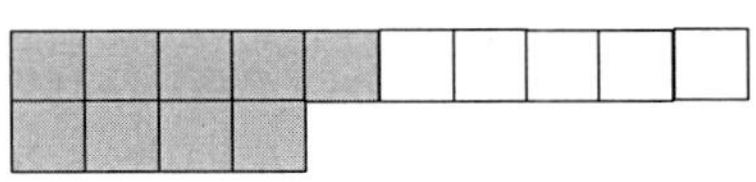

9를 제거하는 방법은 여러 가지가 있다. 5-5 구조는 학생들이 왼쪽이나 오른쪽에서 9를 즉시 볼 수 있게 한다.

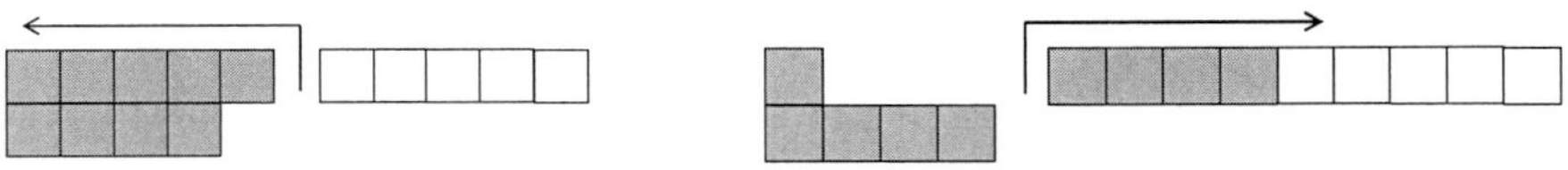

두 가지 경우 모두 하나씩 세지 않고도 결과가 5임이 명백하다.

직선 모델의 사용

6 + 7과 같은 문제(맥락 문제나 비 맥락문제로 제시된)를 해결하기 위해서 학생들은 직선 모델을 사용할 수도 있다. 예를 들면, 처음에는 구슬 줄에서 구슬 6개(흰색 구슬 5개와 검정 구슬 1개)를 찾고 그런 다음 구슬 7개(검정 구슬 4개와 흰색 구슬 3개)를 더 찾는다.

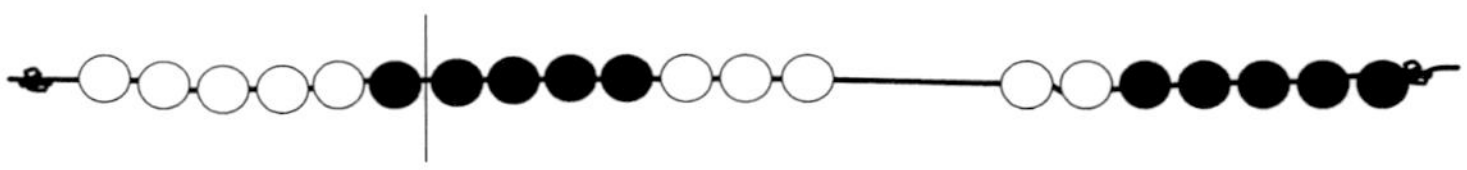

5-5 구조는 흰색 구슬 5개, 검정 구슬 4개와 흰색 구슬 3개를 보여주며, 전체는 13이다.

14－9와 같은 문제는 우선 구슬 14개(흰색 5개, 검정 5개 그리고 흰색 4개)를 찾은 다음 구슬 9개를 제거한다.

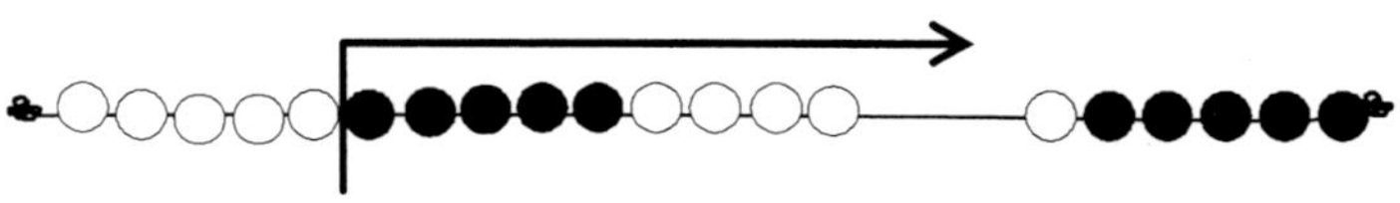

학생들은 수 지식(9는 5와 4)과 구슬 줄의 구조를 이용하여 답이 5라는 것을 알 수 있다.

구조화된 구체물을 사용한 곱셈과 나눗셈

학생들은 또한 3단계에서 20까지의 곱셈과 나눗셈 문제에 대한 경험을 확장한다. 이 연산들은 덧셈과 뺄셈만큼 중요하지만 이해하기는 더 어렵다. 따라서 학생들은 2단계처럼 다양한 모델과 곱셈과 나눗셈이 필요한 다양한 상황들을 접할 필요가 있으며, 그 결과 곱셈과 나눗셈의 연산 구조에 대한 개념적 이해와 통찰을 얻을 수 있다.

수를 두 배하고 이등분하는 것, 특정한 회수만큼 어떤 것을 제거하는 것, 상자 몇 개가 들어갈 수 있는지 구하는 것, 어떤 수의 대상들을 똑같이 분배하는 것은 모두 학생들이 곱셈과 나눗셈을 할 수 있는 의미 있는 맥락들이다. 반복 덧셈(곱셈)과 반복 뺄셈(나눗셈)은 이 단계에서 학생들이 사용하는 상식적인 전략들이다. 곱셈과 나눗셈을 위한 대상에 기초한 계산 전략들은 구조화되지 않은 대상들이나 구조화된 구체물을 사용하는 것이 도움이 될 수 있다. 곱셈 문제의 결과들은 구조화된 구체물로부터 더 쉽게 읽을 수 있다.

학생들은 6 × 3(맥락 문제나 비 맥락 문제로 제시된)과 같은 문제를 두 가지 색으로 된 연결큐브를 사용해서 수들을 나타냄으로써 해결할 수 있다. 우선 학생들은 6을 세 번 위 아래로 각각 놓을 수 있다. 5-5구조는 그 결과가 18임을 즉시 보여준다.

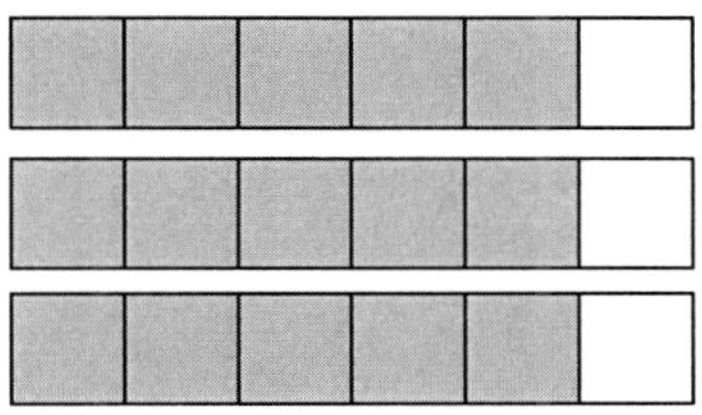

학생들은 또한 직선 모델을 사용해서 수들을 나타낼 수 있다. 6 × 3을 해결할 때, 학생들은 우선 줄 위에 구슬 6개를 찾고 그런 다음 구슬 6개 그리고 다시 구슬 6개를 더 찾는다.

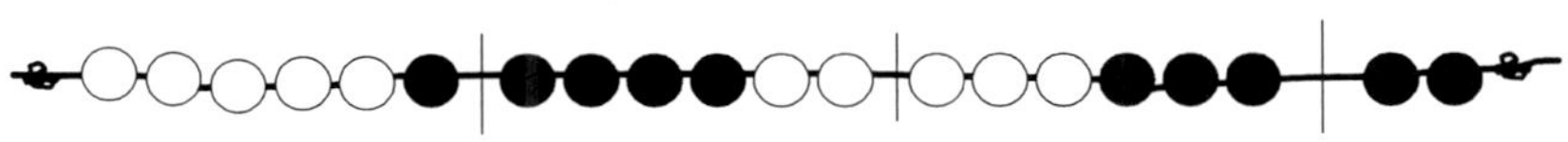

6이라는 수가 매번 같은 모양인 묶음 모델이 6이라는 수가 매번 다른 구조를 갖는, 즉 5와 1, 4와 2, 3과 3의 구조를 갖는 직선 모델보다는 더 도움이 된다는 점에 주목할 필요가 있다.

나눗셈 문제의 경우에는 구조화된 구체물을 사용하는 대신 구조화되지 않은 대상들을 사용하는 것이 더 좋다. 다른 선택 가능성은 수에 기초한 계산으로 이행하는 것이다.

수에 기초한 계산

3단계에서는 수에 기초한 계산에 좀 더 초점을 맞추지만, 이는 여전히 대상에 기초한 계산에 근거를 두어야 한다. 학생들은 2단계에서 10까지의 수 범위에서 수에 기초한 계산으로 문제들을 해결할 때 적용한 같은 전략들을 이제는 20까지의 수 범위에서의 계산에 사용할 수 있다. 이 전략들은 자연수열에 대한 지식을 사용하는 *수 세기*, 수를 구조화하는 지식 또는 수의 합성과 분해를 사용하는 *구조화* 그리고 *알고 있는 수 지식의 사용*이다.

덧셈과 뺄셈

수 세기

학생들은 6 + 7과 16 − 8 같은 문제들을 수 세기 전략들을 사용하여 해결할 수 있다. 6 + 7의 경우 학생들은 이어 세기를 할 수 있고, 16 − 8을 해결하려면 거꾸로 세기를 할 수 있다.

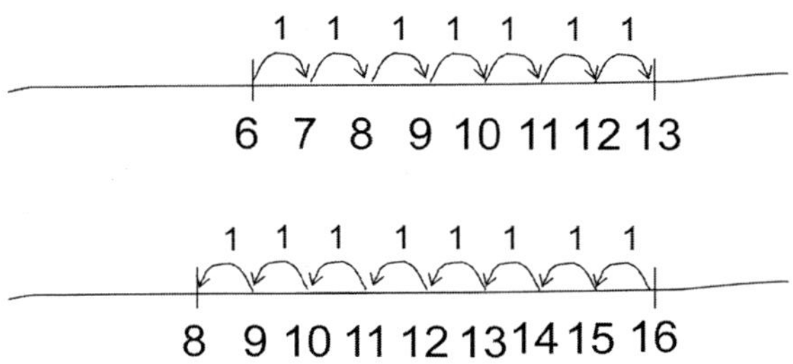

빈 수직선을 사용하는 데는 아주 엄격한 방법이 없다는 점에 주목할 필요가 있다. 이것은 단지 학생들이 자신들에게 도움이 될 수 있게 자유로운 방식으로 사용하는 도구이다.

예

나탈리는 수직선 위에서 다양한 방식으로 활동했다. 그녀는 6에 9를 더할 때, 직선을 그리고, 6에서부터 뛰어 세기를 9번 했다.

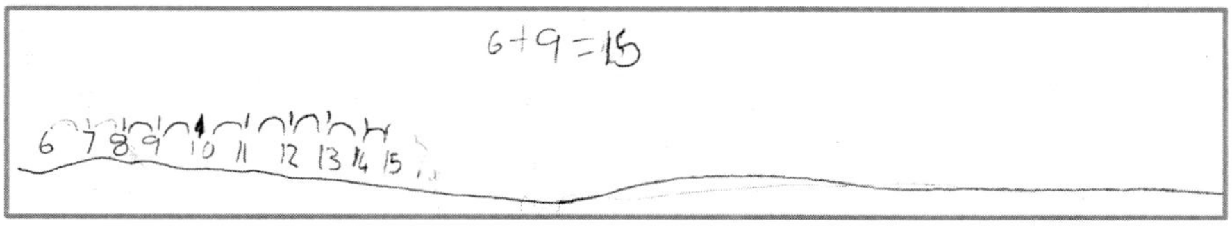

6+9 해결을 위한 나탈리의 방법

뺄셈 문제 18－7에 대한 답을 구할 때도 나탈리는 여전히 수직선 모델을 사용하였지만, 직선을 그리지 않고 18에서 거꾸로 뛰어 세기를 사용하였다.

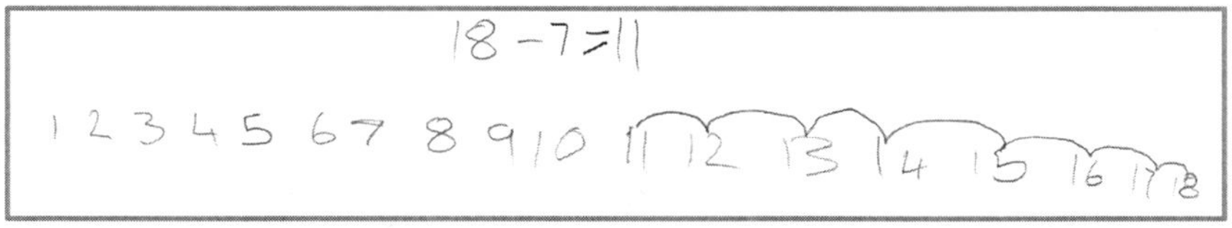

18－7 해결을 위한 나탈리의 방법

수 세기 전략은 또한 물리적으로 빈 수직선을 사용하지 않고 적용할 수 있다. 학생들은 완전히 머릿속으로(정신적으로) 또는 종이 위에서의 '개략적인 활동'으로 이 전략을 적용할 수 있다. 예를 들면, 6 + 7의 경우에 '7, 8, 9, 10, 11, 12, 13'을 말하거나 아니면 부절 7개를 적어서 몇을 더했는지 기억하면서 할 수도 있다.

구조화

더 발전된 전략은 구조화이다. 이는 학생들이 쉽게 처리할 수 있도록 수를 구조화하는 지식을 사용하거나 수를 분해하는 것을 의미한다. 10을 넘어가는 20까지의 연산의 경우, 구조화 전략은 10에 도달하기 위해 사용할 수 있다. 덧셈 문제에서 이는 10을 채우는 것을 포함하며, 뺄셈 문제에서는 피감수에서 몇을 제거해서 10에 도달하는 것이다.

예를 들면, 6 + 7에서 6과 4는 10의 합성과 분해에 해당하기 때문에 7이 구조화되거나 4와 3으로 분해된다.

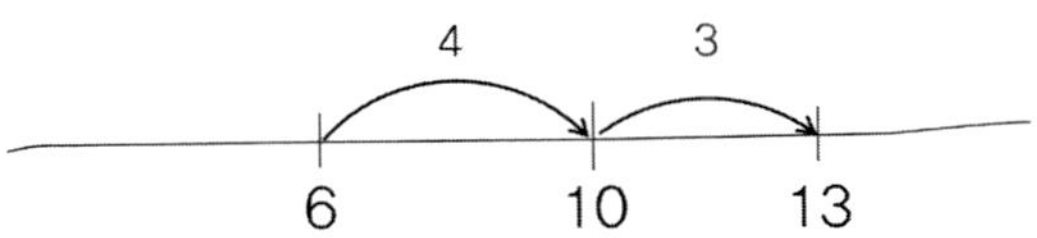

10의 합성과 분해에 대한 지식(6 + ⋯ = 10)을 이용한 6 + 7의 계산

16−8과 같은 뺄셈 문제에서는 8이 6과 2로 분해되어서 피감수에서 6을 빼고, 나머지 2를 제거할 수 있다.

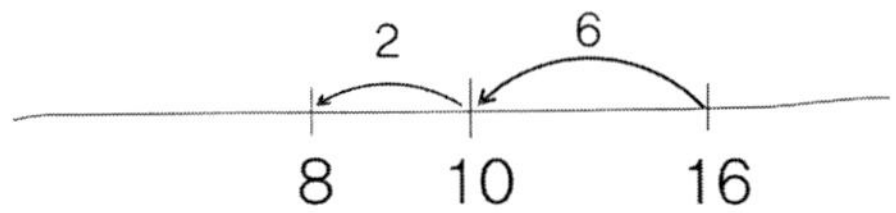

우선 6을 빼고 나머지를 빼는 8의 합성과 분해(6 + ⋯ = 8)를 이용한 16−8의 계산

학생들은 수직선 위에서 활동하면서 '쉬었다 가는 장소'로 10의 배수들을 사용한다.

구조화 전략은 또한 물리적으로 빈 수직선을 사용하지 않고 적용할 수 있다. 학생들은 완전히 머릿속으로(정신적으로) 또는 종이 위에서의 '개략적인 활동'으로 이 전략을 적용할 수 있다. 어떤 방법이든 학생들이 그들의 생각을 말하는 것이 중요하다. 예를 들면, 6 + 7의 경우에 학생들은 '6 더하기 4는 10이에요. 그런 다음 더하기 3은 13이에요.'라고 말할 지도 모른다. 16−8의 경우에 10 다음에 8을 적을 수도 있다.

학생들이 그들의 생각을 표현하고 기억하기 위해 적절한 기호법을 사용하는 것도 중요하지만 이런 비형식적인 스스로 발명한 기호법도 인정될 수 있다. 예를 들면, 학생들은 '화살표 기호'를 사용해서 계산 과정 중 자신들의 생각을 보여줄 수 있다. 6 + 7과 16−8을 구조화 전략을 사용해서 계산할 때, 계산 과정들은 다음과 같이 나타낼 수 있다.

$$6 \xrightarrow{+4} 10 \xrightarrow{+3} 13$$

$$16 \xrightarrow{-6} 10 \xrightarrow{-2} 8$$

더 형식적인 기호법은 수식으로 나타내는 것이다.

6 + 7 =	16 − 8 =
4 3	6 2
6 + 4 = 10	16 − 6 = 10
10 + 3 = 13	10 − 2 = 8

알고 있는 수 지식의 사용

훨씬 더 효과적인 방법은 알고 있는 수 지식을 사용하는 것이다. 6 + 7의 경우에 이는 학생들이 처음에는 6을 더하고(6 + 6 = 12임을 알고 있기 때문에) 그 다음 1을 더하는 것을 의미한다. 그들은 16 − 8을 계산해야 할 때 8을 한 번 거꾸로 뛰어 세기 하면 8(8 + 8 = 16임을 알고 있기 때문에)이라고 말할 수 있다. 19 − 17의 경우 그들은 즉시 2(17 + 2가 19임을 알고 있기 때문에)라고 말할 수도 있다.

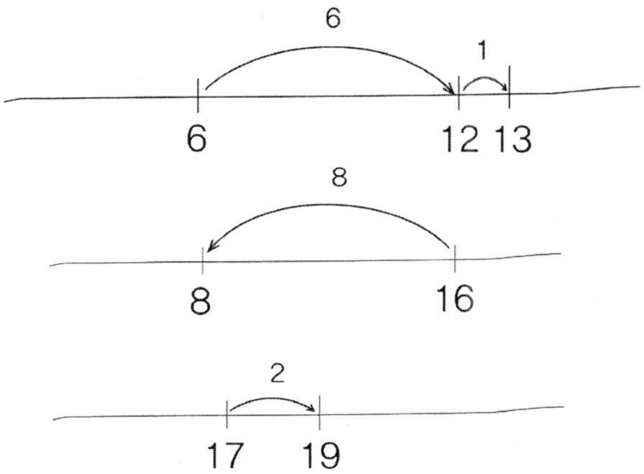

알고 있는 수 지식의 사용 전략도 물리적으로 빈 수직선을 사용하지 않고 적용할 수 있다. 학생들은 완전히 머릿속으로(정신적으로) 또는 종이 위에서의 개략적인 활동으로 이 전략을 적용할 수 있다.

6 + 7의 경우에 학생들은 6의 두 배는 12, 그러니까 13이라고 말할 지도 모른다. 16 − 8의 경우에는 16은 8의 두 배니까, 답은 8이라고 말할 지도 모른다. 19 − 17을 해결하려면 '18, 19, 2'라고 적을 수도 있다.

수 세기 전략이나 구조화 전략에 비교하면, 알고 있는 수 지식의 사용 전략이 가장 적용하기 쉽다는 것이 명백하다. 그러나 이 전략은 학생들이 충분한 수 지식을 알고 있을 때만 사용할 수 있다.

곱셈과 나눗셈

20까지의 수 범위에서 곱셈 문제와 나눗셈 문제를 해결할 때는 두 가지 유형의 전략, 즉 수 세기와 알고 있는 수 지식의 사용 전략만이 적절하다. 구조화 전략은 20까지의 수 범위에서는 적합하지 않다. 이 전략은 학생들이 더 큰 수를 다루어야 할 때만 도움이 된다. 예를 들면, 학생들은 34 × 12를 12를 10과 2로 구조화하거나 분할해서 34 × 10과 34 × 2를 연속적으로 계산함으로써 구할 수 있다.

수 세기

곱셈(반복 덧셈)과 나눗셈(반복 뺄셈)의 경우 학생들은 구조화된 수직선이나 빈 수직선을 이용한 수 세기 전략을 사용하거나 머릿속에서 뛰어 세기를 할 수 있다.

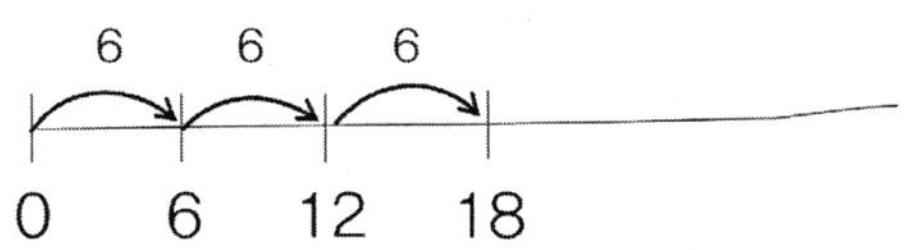

빈 수직선 위에서의 6 × 3

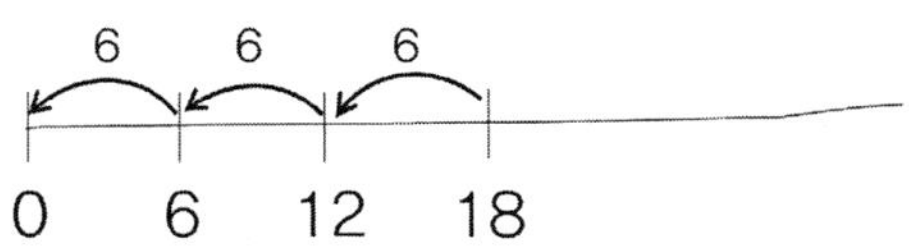

빈 수직선 위에서의 18 ÷ 3

학생들은 나머지가 없는 나눗셈 문제와 나머지가 있는 나눗셈 문제(결과가 0이 되지 않는 나눗셈)에 대한 경험을 해야 한다. 예를 들면, 교사는 사탕 19개를 가지고 있고, 사탕을 똑같이 나누어 주어야 할 학생은 6명이다. 질문은 교사가 각 학생들에게 줄 수 있는 사탕은 몇 개인지이다.

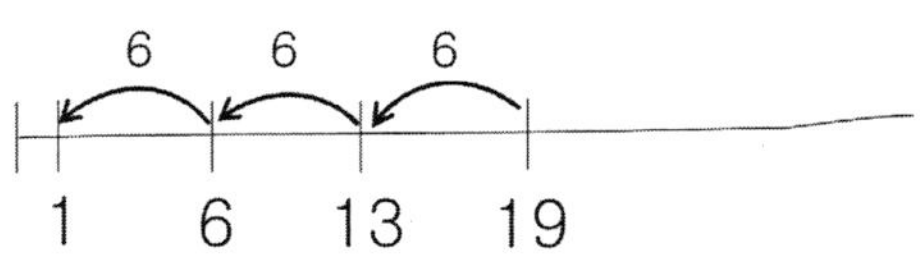

빈 수직선 위에서의 19 ÷ 3, 사탕 한 개가 남음

알고 있는 수 지식의 사용

학생들은 그들이 알고 있는 수 지식을 사용하여 문제에 대한 답을 구할 수도 있다. 예를 들면, 교환법칙을 적용하면 8 × 2에 대한 답을 아는 것을 이용해서 2 × 8에 대한 답을 구할 수 있고, 보상규칙을 적용하면 8 × 2는 4 × 4에 대한 답을 구하는 데도 이용할 수 있다.

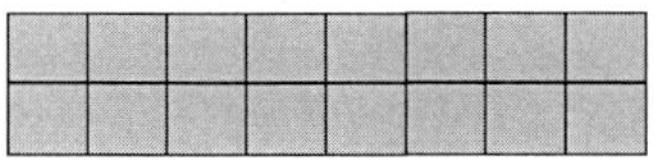

8 × 2 = 16

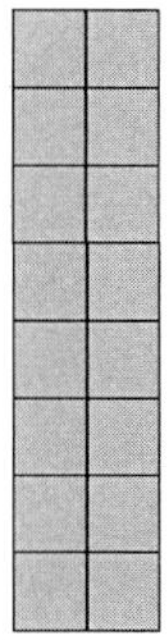

2 × 8 = 16

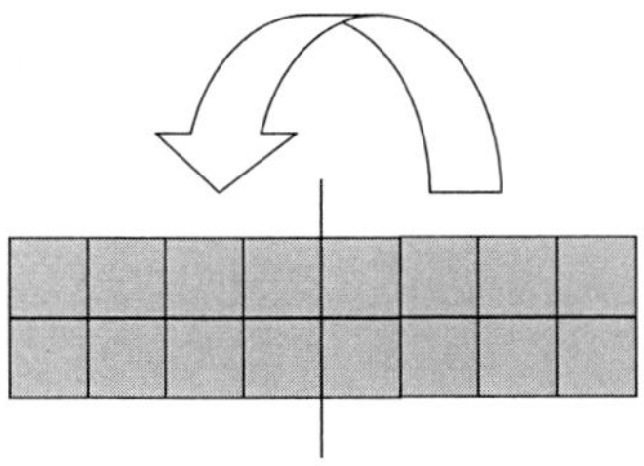

8 × 2 = 16

4 × 4 = 16

다른 수 지식을 사용한다면 6 × 3은 5 × 3은 15이고, 1 × 3은 3임을 아는 것을 이용해서 구할 수 있다. 이런 접근은 구조화의 사용으로 이해할 수도 있다. 그러나 이 풀이 방법의 주요 핵심은 5 × 3이 15라는 지식을 이용하는 것이다.

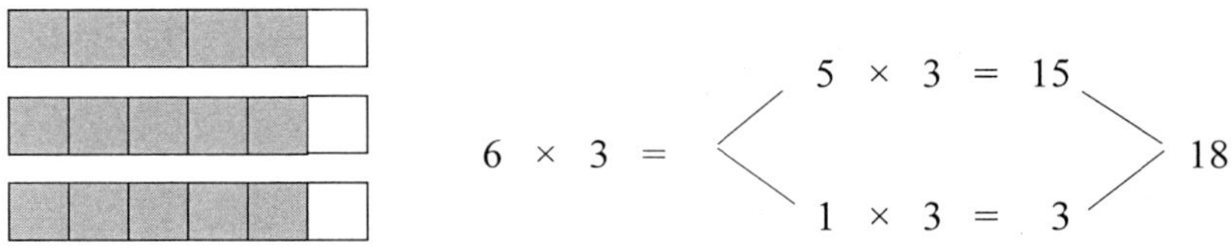

6 × 3이 18이라는 지식을 이용하여 18 ÷ 6의 결과가 3임을 구하는 것(곱셈과 나눗셈 사이의 역 관계)은 수 지식을 사용하는 또 다른 예이다.

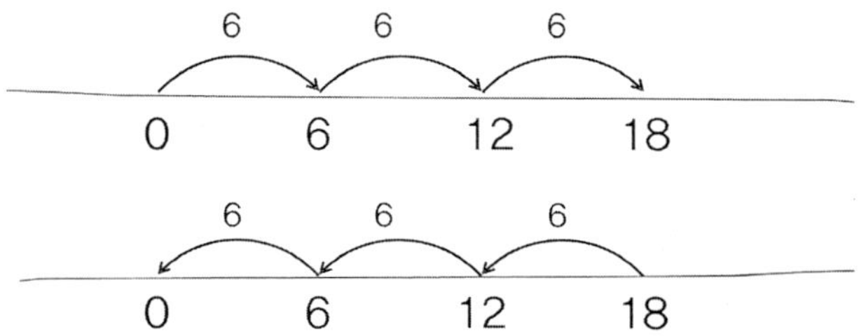

서로 다른 수의 범위에서의 연산족

10까지의 수 범위와 20까지의 수 범위에서의 연산에 많은 관심을 기울여야 한다. 이런 수 범위에서의 수 지식을 강화하는 데 많은 시간을 할애한다면, 100까지의 수 범위에서의 연산은 더 순조롭게 이루어질 수 있고, 학생들은 수 체계의 규칙들도 이해할 수 있을 것이다. 예를 들면, 학생들이 3 + 5 = 8이라는 것을 알면, 그 규칙을 이용해서 25 + 3 = 28, 30 + 50 = 80 등을 인식할 수 있다.

3 100까지(그 이상)의 수의 연산

학생들이 20까지의 연산에 대한 많은 이해와 지식을 가지고 있다면, 100까지(그 이상)의 수 범위에서의 연산에 대한 탐구를 시작할 수 있다. 100까지의 계산은 이후의 범 자연수 계산을 위한 기초가 된다. 3단계는 덧셈, 뺄셈, 곱셈과 나눗셈의 사칙 연산(+, −, ×, ÷)을 포함한다. 문제들은 비 맥락 문제들이나 맥락 문제들로 제시될 수 있다.

100까지의 수 범위에서의 연산은 십진법 체계와 자릿값을 잘 이해하는 것이 필요하다. 이 장의 초반에 기술한 수에 대한 지식과 관련된 활동들이 이에 대한 기초가 된다.

가. 수의 연산의 여러 가지 방법

20까지의 수 범위에서의 연산과 마찬가지로 100까지의 수 범위에서의 연산에서도 두 가지의 주요 연산 방법들이 있다. 즉, 대상에 기초한 계산과 수에 기초한 계산이다. 100까지(그 이상)의 수 범위에서는 일반적으로 수에 기초한 계산에 초점을 맞춘다.

대상에 기초한 계산

학생들은 3단계의 수에 대한 지식과 관련된 활동에서 구조화되지 않은 대상들을 사용하여 100까지의 수 범위에서 수들을 표현할 많은 기회들을 가진다. 그러나 이 수 범위에서 계산할 때는 수를 다루는 더 추상적인 방법으로 이행하도록 학생들을 권장해야 한다. 하나씩 수 세기는 사용하지 않도록 해야 한다. 구조화되지 않은 대상들을 사용하는 것은 오랜 시간이 걸리고 학생들의 계산 수준을 향상하는 데 도움이 되지 못할 것이다. 구조화되지 않은 구체물 대신 10의 구조를 가진 100개로 이루어진 구슬 줄, 연결큐브 또는 다른 막대나 블록과 같은 구조화된 구체물이 대상에 기초한 계산에 도움이 된다. 학생들은 구체물의 10의 구조로 인해 결과들을 쉽게 읽어낼 수 있다.

76 + 8과 같은 문제는 맥락문제로 제시되든 비 맥락문제로 제시되든, 처음에는 구슬 76개를 찾고 그 다음 8개, 즉 검정 구슬 4개와 흰색 구슬 4개를 찾는 방법으로 해결할 수 있다.

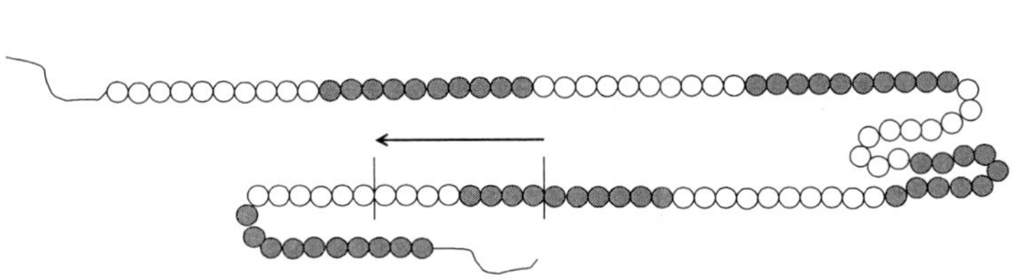

43 − 9와 같은 문제는 맥락문제로 제시되든 비 맥락문제로 제시되든, 처음에는 구슬 43개를 찾고 그 다음 구슬 9개, 즉 흰색 구슬 3개와 검정 구슬 6개를 제거

하는 방법으로 해결할 수 있다.

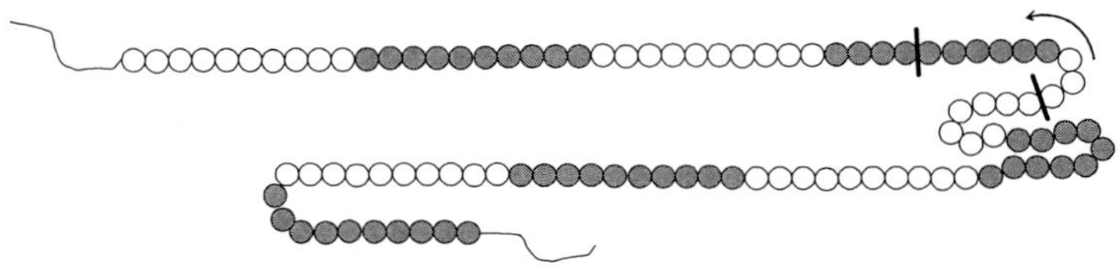

12 × 6과 같은 문제는 맥락문제로 제시되든 비 맥락문제로 제시되든, 12씩 뛰어 세기를 하는 방법으로 해결할 수 있다.

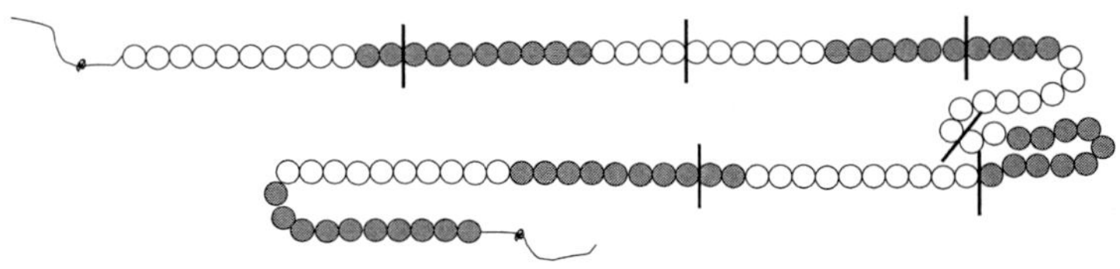

12 × 6을 대상에 기초한 계산으로 해결하는 다른 방법은 블록 12개, 즉 십 하나와 일 두 개를 6번 내려놓는 것이다.

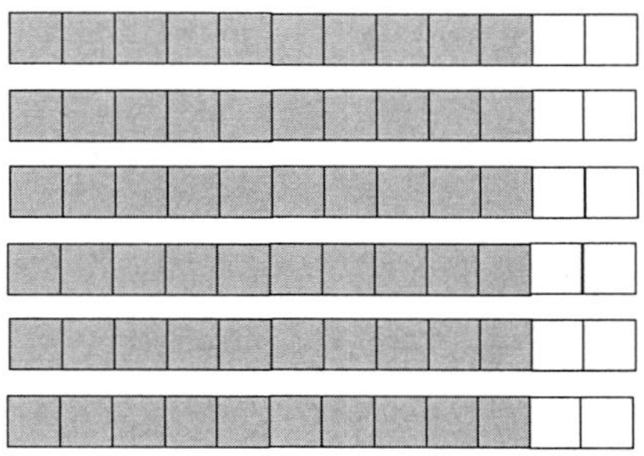

구슬 줄에서의 뛰어 세기와 막대와 블록들을 놓는 것 사이의 차이점에 주목해 볼 필요가 있다. 곱셈은 같은 수씩 뛰어 세기를 반복함으로써 구슬 줄 위에 표현될 수 있지만, 뛰어 세기의 고정된 수를 쉽게 인식할 수 없다. 12씩 뛰어 세기는 10과 2, 8과 4, 6과 6, 4와 8 등과 같이 매번 다른 구조를 가진다. 그러나 막대와 블록을 사용하는 경우에는 12가 매번 같은 구조이다. 학생들은 10이 6, 2가 6임을 안다. 이는 60과 12가 되고, 모두 72가 된다.

구슬 줄의 이런 단점에도 불구하고, 구슬 줄은 몇 번 이후에는 구조가 반복되는 흥미로운 현상을 제공한다. 학생들은 이를 탐구할 수 있고 몇 번째 뛰어 세기 후에 이런 일이 일어나는지 알 수 있다. 예를 들면, 학생들이 10의 구조를 가진 구슬 줄에서 12씩 뛰어 세기를 할 때, 10과 2, 8과 4, 6과 6, 4와 8 등의 뛰어 세기를 시작한다. 각각의 뛰어 세기는 다르게 보인다.

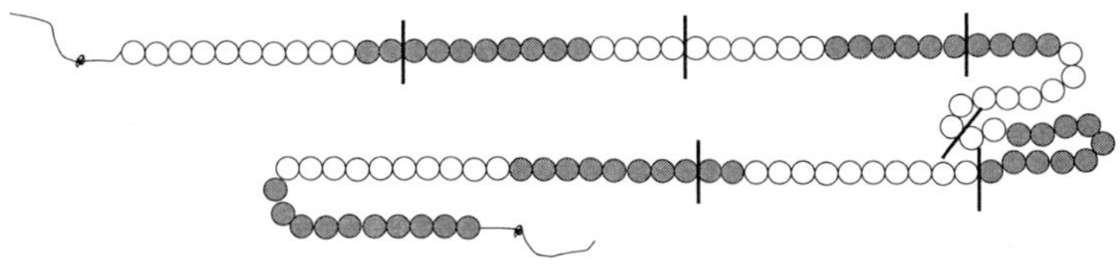

그러나 어떤 특정한 회수만큼 뛰어 세기를 한 후, 즉 다섯 번째, 열 번째, 열다섯 번째 등의 뛰어 세기를 한 후에 10과 2의 구조가 다시 나타난다. 학생들은 이런 일이 언제 일어나는지를 파악하기 위해 도전할 수 있다.

나눗셈 문제의 경우에는 구조화된 구체물보다는 구조화되지 않은 대상들을 사용하는 것이나 수에 기초한 계산으로 이행하는 것이 더 바람직하다. 이에 대한 예로 2단계의 대상에 기초한 수 세기와 계산에 대한 절을 참조하기 바란다.

수에 기초한 계산

3단계에서 학생들은 100까지 그리고 그 이상의 수에 대한 연산을 할 때, 100개로 이루어진 구슬 줄 또는 10개의 블록으로 이루어진 막대들과 낱개 블록들과 같은 구체적인 도구들을 사용하는 것이 효율적이지 않다는 것을 깨닫기 시작할 것이다. 이 단계까지 학생들은 도구들을 가지고 활동하는 많은 기회들을 가져왔고, 교사의 도움으로 100까지 그리고 그 이상의 수 범위에서 수에 기초한 계산으로 쉽게 진행할 수 있다.

이 수 범위에서 수에 기초한 계산을 위해 중요한 필요조건은 학생들이 자릿값에 대한 지식을 사용하는 것이다. 수 카드 전개를 통해 수들을 표현할 수 있고 각 자리의 숫자의 값을 알 수 있다.

덧셈과 뺄셈

첫째, 학생들에게 십의 자리로 받아 올림이 없는 두 자리의 수와 한 자리의 수를 포함하는 덧셈 문제와 뺄셈 문제들이 제시되어야 한다. 이 문제들은 구조화된 교구들을 사용해서 더 큰 수와 작은 수를 만드는 것과 같은 활동들이 도움이 될 것이다. 예를 들면, 35에서 시작해서 3 큰 수, 2 작은 수, 1 큰 수, 1 작은 수 등을 만들어 볼 수 있다. 3단계의 이 부분에서 학생들에게는 35+3, 46−2, 79−4, 64+5와 같이 가수와 감수가 작은 수식 문제들과 문장제들이 제시될 수 있다. 이와 같은 받아 올림이 없는 유형의 문제들은 암산으로도 할 수 있다.

둘째, 34+25, 58−36과 같이 받아 올림이 없는 두 자리의 수와 두 자리의 수의 덧셈과 뺄셈에 대한 수식 문제들과 문장제들이 제시될 수 있다.

셋째, 교사들은 49+3이나 52−5와 같이 받아 올림이 있는 두 자리의 수와 한 자리의 수의 덧셈 문제와 뺄셈 문제들을 도입할 수 있다.

마지막으로, 57+28이나 73−36과 같이 받아 올림이 있는 두 자리의 수와 두 자리의 수의 계산을 할 수 있다. 학생들은 제시된 수에서 10씩 수 세기, 예를 들면 13, 23, 33, 43 등을 연습해 왔기 때문에, 받아 올림이 있는 덧셈과 뺄셈 계산을 할 때 10씩 뛰어 세기를 사용할 수 있을 것이다.

맥락문제로 제시되든 비 맥락문제로 제시되든 100까지의 수 범위의 덧셈 문제와 뺄셈 문제에서 사용할 수 있는 세 가지의 주요 전략들은 다음과 같다.

- 연속 전략
- 분해 전략
- 변화 전략

이 전략들에 대해서는 다음 절에 기술한다. 받아 올림이 있는 두 자리의 수와 두 자리의 수의 가장 어려운 덧셈 문제와 뺄셈 문제에 초점을 맞춘다.

연속 전략

연속 전략에서는 첫째 수, 즉 덧셈에서는 피가수, 뺄셈에서는 피감수는 전체를 그대로 두고 둘째 수, 즉 덧셈에서는 가수, 뺄셈에서는 감수를 부분으로 나누어서 더하거나 빼는데, 대부분은 몇 십씩으로 시작한다. 100까지의 수 범위에서 연속 전략을 사용할 때는 *빈* 수직선 위에서의 뛰어 세기를 통해 연산이 이루어진다. 빈 수직선이 뛰어 세기를 자유롭게 그릴 수 있기 때문에 구조화된 수직선보다 더 적합하다. 앞에서도 언급했지만 뛰어 세기가 비례적으로 정확할 필요는 없다. 빈 수직선은 측정 도구가 아니고, 오히려 연산의 연속 단계들을 실행하는 데 도움을 주는 것이다.

다음 문제 '1학년 학생들은 23명이고, 2학년 학생들은 38명입니다. 1학년과 2학년 학생들은 모두 몇 명인가요?'를 생각해 보자.

학생들은 23 + 38을 연속 전략으로 해결할 수 있다. 이는 첫째 수는 전체를 그대로 두고, 빈 수직선을 이용해서 우선 30을 뛰어 세고 그 다음 7을 뛰어 세고 1을 뛰어 센다는 것을 의미한다.

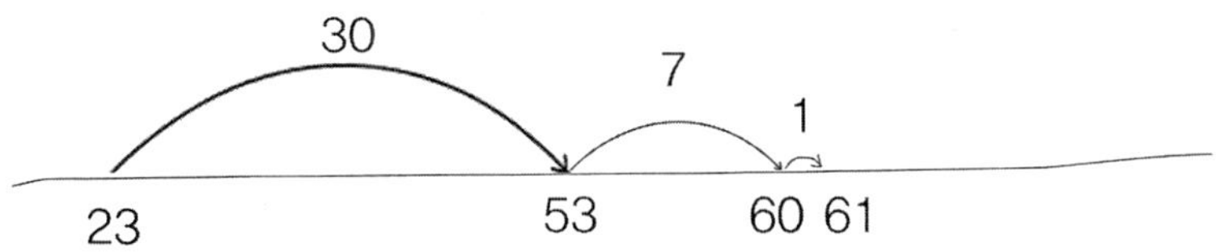

연속 전략은 물리적으로 빈 수직선을 사용하는 대신 암산으로도 할 수 있다. 학생들은 머릿속에서 뛰어 세기를 할 수 있다. 그런 다음 그림을 그리기보다는 답을 어떻게 구했는지 '23 + 38은 23, …, 33, 43, 53, 60, 61'과 같이 말로 설명할 수 있다.

학생들은 연속 전략을 수식으로 나타낼 수도 있다.

$$23 + 38 = 23 + 30 + 7 + 1 = 61$$

또한 학생들은 연속 전략을 두 개 이상의 수식으로 나타낼 수도 있다.

$23 + 30 = 53$
$53 + 7 = 60$
$60 + 1 = 61$

또는

23 + 38 =
　　／＼
　 7　31
$23 + 7 = 30$
$30 + 31 = 61$

또한 연속 전략을 화살표 언어로 나타낼 수도 있다.

$$23 + 38 \rightarrow 23 + 30 \rightarrow 53 + 7 \rightarrow 60 + 1 \rightarrow 61$$

또는

$$23 + 38 \rightarrow 23 + 7 \rightarrow 30 + 31 \rightarrow 61$$

학생들이 '양 46마리가 목초지에서 풀을 뜯어 먹고 있었습니다. 이 중 28마리가 외양간으로 들어갔습니다. 목초지에는 몇 마리가 남아 있나요?'와 같은 문제를 해결해야 한다고 가정하자.

학생들이 이 문제를 연속 전략으로 해결한다면, 이는 첫째 수는 전체를 그대로 두고, 빈 수직선을 사용해서 거꾸로 20을 뛰어 세고 그 다음 6을 뛰어 세고 2를 뛰어 세는 것을 의미한다.

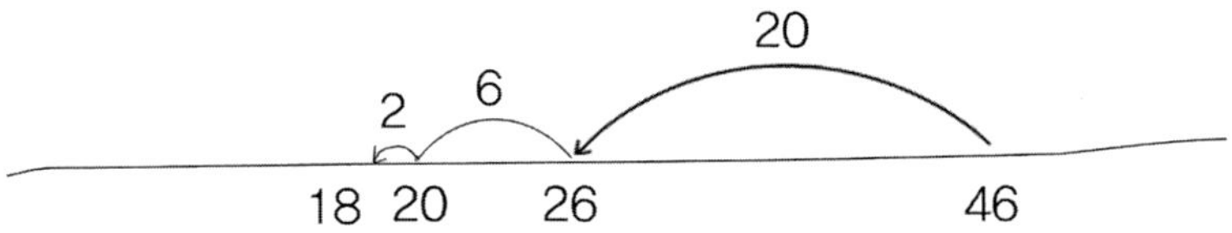

연속 전략은 물리적으로 빈 수직선을 사용하는 대신 암산으로도 할 수도 있다. 학생들은 머릿속에서 뛰어 세기를 할 수 있다. 그런 다음 그림을 그리기보다는 답을 어떻게 구했는지 '46－28은 46, 36, 26, 20, 18'과 같이 말로 설명할 수 있다.

학생들은 연속 전략을 수식으로 나타낼 수도 있다.

$46-28=46-20-6-2=18$ 또는

$46-28=$
$46-20=26$
$26-6=20$
$20-2=18$

또한 연속 전략을 화살표 언어로 나타낼 수도 있다.

$$46-28 \rightarrow 46-20 \rightarrow 26-6 \rightarrow 20-2 \rightarrow 18$$

분해 전략

분해 전략은 덧셈과 뺄셈을 하기 위해 수들을 십의 자리와 일의 자리로 분할해서 그것들을 따로 따로 처리하는 것과 관련된다. 이는 보통 우선 십의 자리들을 더하거나 빼고, 그 다음 일의 자리를 더하거나 빼는 것을 의미한다. 분해는 수를 십진법을 이용하여 분할하거나 구조화하는 특별한 형식이다. 분해 전략은 연결큐브와 같은 묶음 모델이 도움이 된다. 그러나 수에 기초한 계산 단계에서는 학생들이 더 이상 구체물을 사용해서 관련된 수들을 나타낼 필요가 없다. 대신 학생들은 계산할 때 막대와 블록에 대한 정신적인 그림을 가질 수 있다.

학생들이 $23 + 38$을 분해 전략으로 해결한다면, 우선 20과 30을 더하고 그 다음으로 3과 8을 더하며, 그런 다음 두 결과들을 합한다. 다음과 같은 수식을 사용해서 계산 과정을 기술할 수 있다.

$$\begin{aligned} 20 + 30 &= 50 \\ 3 + 8 &= 11 \\ 50 + 11 &= 61 \end{aligned}$$

또는

$$\begin{array}{ccccc} & 23 & + & 38 = 61 & \\ & / \ \backslash & & / \ \backslash & \\ 20 & 3 & & 30 & 8 \end{array}$$

마찬가지로 학생들은 $46-28$을 분해 전략으로 해결할 수 있다. 그러나 분해 전략은 감수의 일의 자리의 수가 피감수의 일의 자리의 수보다 큰 뺄셈 문제를 해결할 때는 항상 안전한 전략은 아니다. 예를 들면, 학생들이 $46-28$을 분해 전략으로 해결한다면, 40에서 20을 빼는 것으로 시작할 것이다. 다음으로 6에서 8을 빼야 한다. 이는 2만큼 부족하거나 모자란다는 것을 의미한다. 그러면 40에서 20을 뺀 결과에서 2를 빼야 한다.

$$\begin{aligned} 40 - 20 &= 20 \\ 6 - 8 &= 2 \text{ 부족} \\ 20 - 2 &= 18 \end{aligned}$$

분해 전략 또는 십진법에 의한 분해 전략은 연결큐브와 같은 교구들을 사용하는 것과 밀접한 관련이 있기 때문에 아주 많이 사용하는 전략이다. 덧셈 문제에서는 이 전략이 효과적이지만, 받아 내림이 있는 뺄셈 문제에서는 이 전략이 오류를 유발할 가능성이 좀 많다. 학생들은 잘못된 순서로 일의 자리의 수들을 뺄 수도 있다. 예를 들면, 위의 문제에서 6에서 8을 빼는 대신 8에서 6을 뺄 수도 있다.

변화 전략

학생들은 변화 전략을 사용할 때 수 관계(수 지식)에 대한 지식과 연산의 성질에 대한 암묵적인 지식을 사용한다. 변화 전략들은 100까지 그리고 그 이상의 수 범위에서 다양한 방법으로 효과적인 수들을 찾아 계산하는 일군의 전략들이다. 연속 전략이나 분할 전략과 비교하면, 변화 전략은 좀 더 어렵다.

덧셈 문제와 뺄셈 문제를 해결하기 위해서는 몇 가지의 변화 전략들을 적용할 수 있다.

- 순서 바꾸기(교환 법칙의 적용, 뺄셈에는 적용되지 않음)
- 묶음 바꾸기(결합 법칙의 적용, 뺄셈에는 적용되지 않음)
- 보상하기
- 역 관계 사용하기

다음 표는 변화 전략을 사용한 몇 가지 예를 보여준다.

문제	해결 방법
3 + 69	수들의 순서를 바꾸어 69 + 3으로 계산하기
26 + 27	수들의 묶음을 바꾸어 25 + 25 + 3으로 계산하기([25 + 1] + [25 + 2]에서 유도)
74 − 38	보상하여 76 − 40으로 계산하기(피감수와 감수에 모두 2를 더하면 차가 동일하게 유지됨)
75 − 29	보상하여 75 − 30 + 1로 계산하기 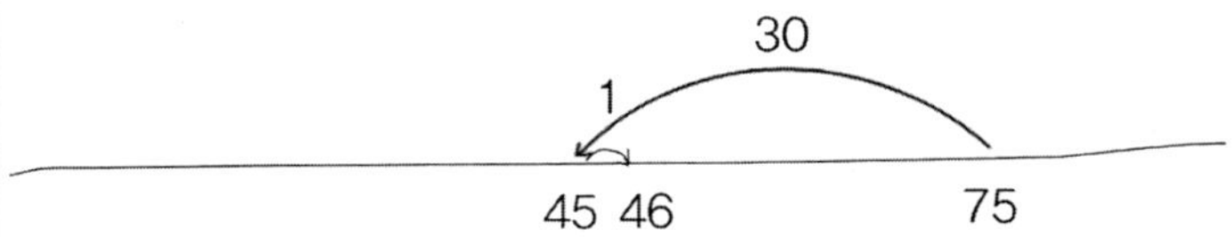
52 − 49	역 관계를 이용하여 49에서 52에 도달할 때까지 계속 더하기

곱셈과 나눗셈

100까지의 수 범위에서 곱셈 문제와 나눗셈 문제를 해결할 때 사용할 수 있는 세 가지의 주요 전략들은 다음과 같다.

- 연속 전략
- 분해 전략 또는 다른 분할 전략
- 변화 전략

연속 전략

곱셈 문제와 나눗셈 문제들을 해결할 때 연속 전략을 적용하는 것은 곱셈에서는 피승수와 나눗셈에서는 제수가 전체 그대로 유지된다는 것을 의미한다. 피승수는 여러 번 더하고(반복 덧셈), 피젯수에서 제수를 여러 번 뺀다(반복 뺄셈). 연속 전략에 도움이 되는 가장 최선의 모델은 빈 수직선이다. 뛰어 세기는 비례적으로 정확할 필요가 없다. 빈 수직선은 측정 도구가 아니다.

교사들은 학생들에게 '각 학급에는 학생들이 32명씩 있습니다. 세 학급의 학생 수는 몇 명인가요?'와 같은 문제를 해결하도록 할 수 있다.

학생들이 32 × 3을 연속 전략으로 해결한다는 것은 피승수 전체를 하나의 수로 두고 그 수를 몇 번 택하는 것이다(반복 덧셈). 즉, 학생들은 32씩 세 번 뛰어 세기를 한다.

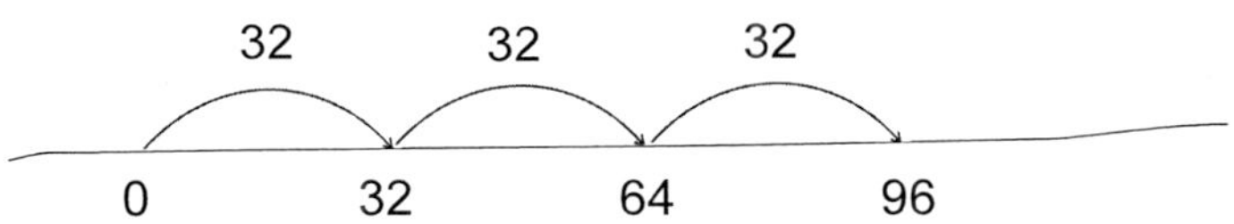

연속 전략은 물리적으로 빈 수직선을 사용하는 대신 암산으로도 할 수 있다. 학생들은 머릿속에서 뛰어 세기를 할 수 있다. 그런 다음 그림을 그리기보다는 답을 어떻게 구했는지 '32 곱하기 3은 32, 64, 96'과 같이 말로 설명할 수 있다.

다른 방법은 연속 전략의 단계들을 적거나 반복 덧셈을 수식으로 나타내는 것이다.

$$32 + 32 \rightarrow 64 + 32 \rightarrow 96 \qquad 32 + 32 + 32 = 96$$

학생들에게 또한 '피엘라는 감자를 60개 사서, 매일 감자를 12개씩 요리합니다. 피엘라는 며칠 동안 감자 요리를 할 수 있나요?'와 같은 문제를 해결하게 한다.

학생들이 60 ÷ 12를 연속 전략으로 해결한다는 것은 제수 전체를 하나의 수로 그대로 두고 60에서 가능한 회수만큼 12를 제거한다는 것을 의미한다. 학생들은 빈 수직선에서 0에 도달하기까지 12씩 다섯 번 뛰어 세기를 할 수 있다.

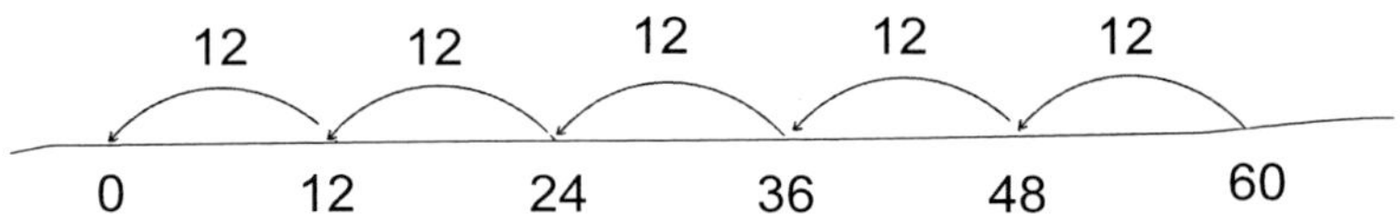

연속 전략은 물리적으로 빈 수직선을 사용하는 대신 암산으로도 할 수 있다. 학생들은 머릿속에서 뛰어 세기를 할 수 있다. 그런 다음 그림을 그리기보다는 답을 어떻게 구했는지 '60 ÷ 12는 60, 48, 36, 24, 12, 0이니까 5일이에요.'와 같이 말로 설명할 수 있다.

다른 방법은 뛰어 세기의 단계들을 적거나 반복 뺄셈을 수식으로 나타내는 것이다.

$60-12 \rightarrow 48-12 \rightarrow 36-12 \rightarrow 24-12 \rightarrow 12-12 \rightarrow 0$

$60-12-12-12-12-12=0$

학생들은 나머지가 없는 나눗셈 문제들과 끝나지 않는 나눗셈 문제들(0이 나오지 않는 나눗셈들)에 대한 경험을 쌓아야 한다.

분해 전략 또는 다른 분할 전략

곱셈 문제들은 또한 분해 전략을 적용해서 해결할 수 있다. 이는 피승수나 승수가 십의 자리와 일의 자리로 분해되고 그 부분들이 따로 따로 처리되는 것을 의미한다. 간단히 말하면, 분해 전략을 사용하면, 곱셈 문제는 두 개 이상의 더 쉬운 곱셈 문제들로 분해된다. 분배 법칙이 이 전략의 기초가 된다. 이 법칙의 본질은 곱셈 또는 나눗셈은 부분들로 분해된다는 것이다. 예를 들면, 32 × 3은 30 × 3과 2 × 3으로 계산하고, 78 ÷ 6은 60 ÷ 6과 18 ÷ 6으로 계산한다. 분배 법칙을 사용하면 어려운 문제가 두 개의 쉬운 문제들로 바뀔 수 있다.

분할 전략이나 분해 전략(그리고 분배 법칙을 적용하기)에 가장 적합한 모델은 직사각형 모델이다. 빈 수직선의 사용과 유사하게, 직사각형 모델의 차원들은 비례적으로 정확할 필요가 없다. 이는 답을 측정하기 위한 모델이 아니라 문제들을 해결할 때 학생들의 생각을 돕기 위한 것이다.

학생들이 32 × 3을 피승수를 분해해서 해결한다는 것은 32를 30과 2로 분해한다는 것이다.

30 × 3 = 90

32 × 3 = < > 96

3 × 2 = 6

이 기호법은 직사각형 모델이 도움이 될 수 있다.

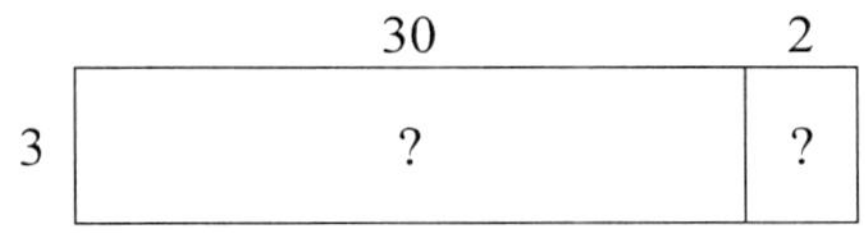

피승수를 분해하는 대신, 14 × 7과 같이 승수를 분해하는 것이 더 적절할 때도 있다. 이는 7을 5와 2로 분해하는 것을 의미한다.

14 × 5 = 70

14 × 7 = < > 98

14 × 2 = 28

이 기호법 또한 직사각형 모델이 도움이 될 수 있다.

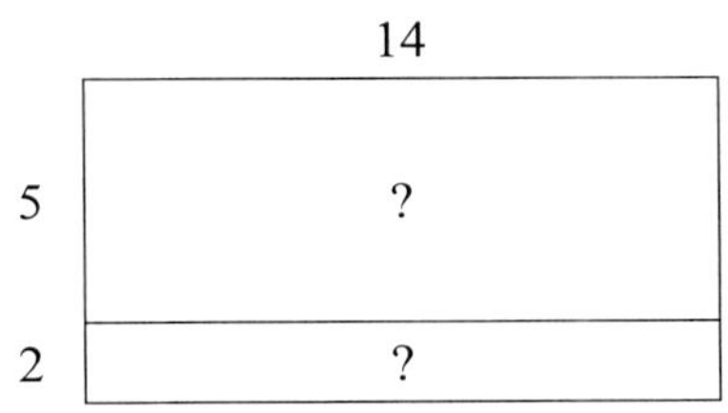

분해 전략은 나눗셈 문제를 해결하는 데도 적용될 수 있지만, 피젯수를 십의 자리와 일의 자리로 분해하는 것은 항상 쉽게 해결될 수 있는 두 개의 나눗셈 문제가 되지는 않는다. 예를 들면, 78 ÷ 6의 경우에 78을 70과 8로 분해하는 것이 도움이 되지 않는다. 제수가 6일 때는 78을 60과 18로 분해하는 것이 더 편하다.

$$60 \div 6 = 10$$

$$78 \div 6 = \qquad\qquad\qquad 13$$

$$18 \div 6 = 3$$

이 기호법은 직사각형 모델이 도움이 될 수 있다.

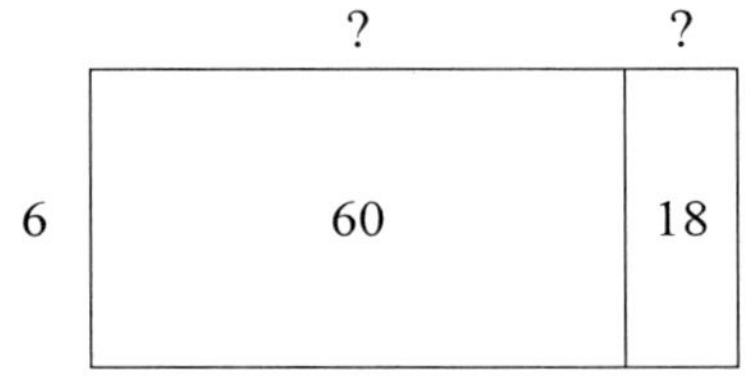

변화 전략

학생들은 곱셈 문제와 나눗셈 문제를 해결할 때 몇 가지의 변화 전략들을 적용할 수 있다.

- 순서 바꾸기(교환 법칙의 적용, 나눗셈에는 적용되지 않음)
- 묶음 바꾸기(결합 법칙의 적용, 나눗셈에는 적용되지 않음)
- 보상하기
- 역 관계 사용하기

다음 표는 변화 전략을 사용한 몇 가지 예를 보여준다.

문제	해결 방법
4 × 15	수들의 순서를 바꾸어 15 × 4로 계산하기
2 × 7 × 5	수들의 묶음을 바꾸어 (2 × 5) × 7이나 10 × 7로 계산하기
19 × 6	보상 전략으로 20 × 6을 계산하고 1 × 6을 빼기
5 × 12	이등분과 두 배하기의 보상전략을 사용하여 10 × 6으로 계산하기
56 ÷ 8	역 관계 7 × 8 = 56을 이용하기

곱셈 구구와 나눗셈 구구

3단계에서는 곱셈 구구표와 나눗셈 구구표의 효율적인 사용이 필수적이며, 학생들은 문제를 해결하기 위한 개념적 아이디어와 좀 더 유연한 전략들을 개발하기 위해 이 구구표들을 연습할 많은 다양한 기회들을 가져야 한다. 학생들이 구구표들을 암기하는 것이 중요하기는 하지만, 단순한 반복 훈련의 문제가 되어서는 안 된다. 반복 훈련은 학생들이 이미 학습한 것을 더 빨리할 수 있도록 하는 절차적 기능에만 도움이 될 것이다. 그러나 여러 가지 아이디어를 반성하거나 새로운 전략들을 시도하는 기회를 제공하지는 못할 것이다.

학생들은 무엇보다도 곱셈 구구표와 나눗셈 구구표에서 규칙성을 탐구해야 한다. 100 수열표가 규칙성을 탐구하는 데 효과적으로 사용될 수 있지만, 학생들은 또한 곱셈과 나눗셈에서 구구표들을 만들고 규칙성을 찾아야 한다.

곱셈 구구표에 대한 지식 구성

학생들은 3단계에 이를 때까지 이미 10까지의 곱셈 구구표에 관련된 많은 곱셈 문제들에 아주 친숙해져 있을 것이다. 학생들은 배수에 관련된 수 세기(2씩, 3씩, 10씩 등 뛰어 세기)를 연습해 왔다. 이는 학생들이 곱셈 구구표에 대해 알 필요가 있거나 알고 있는 곱셈 구구에서 모르는 곱셈 구구를 유도할 필요가 있을 때 유용할 것이다. 학생들에게 알고 있는 곱셈 구구를 모두 적어 보게 하는 것은 좋은 생각이고, 학생들은 자신들이 알고 있는 지식에 놀랄 것이다.

곱셈 구구를 학습하는 순서는 학생들의 속도와 자신감에 따라 차이가 있다. 곱셈 구구 중 일부는 다른 것들보다 더 어렵기 때문에, 알고 있는 곱셈 구구에서 모르는 곱셈 구구로 나아가는 것이 바람직하다.

첫째로, 학생들은 1의 단은 학습할 필요가 없다. $1 \times 1 = 1$, $1 \times 2 = 2$, $1 \times 3 = 3$ 등 1의 단은 노력하지 않고도 쉽게 알 수 있다.

그 다음 10의 단은 $10 \times 1 = 10$, $10 \times 2 = 20$, $10 \times 3 = 30$ 등과 같이 규칙성이 반복되기 때문에 비슷한 방식으로 구성된다.

다음으로 2의 단은 학생들에게 어떤 어려움도 느끼게 하지 않는다. 학생들은 수에 대한 지식과 관련된 활동의 일부로 두 배하기 활동을 해 왔다. 결과적으로 학생들은 '두 배하기'의 결과에 해당하는 곱셈 구구들을 이미 알고 있다.

다음은 5의 단을 학습하는 것이 좋다. 결국, 10은 5의 두 배이고, 학생들은 이미 10의 단으로부터 5의 단에 친숙하다. 또한 학생들은 수에 대한 지식과 관련된 활동에서 5씩 뛰어 세기를 해 왔다. 어떤 이유로든 학생들이 어떤 곱셈 구구가 확실하지 않다면, 그들이 이미 알고 있는 곱셈 구구들을 사용해서 쉽게 구할 수 있다.

예

펄마는 5×8이 얼마인지 모른다. 교사는 '펄마는 5의 단에서 어떤 곱셈 구구를 알고 있지요?'라고 말하면서 펄마를 안내한다.

펄마는 '5 곱하기 1과 5곱하기 2요.'라고 답한다.

교사는 펄마가 말한 5×2에 대한 답을 '$5 \times 2 = 10$'이라고 칠판에 적는다.

그리고 나서 교사는 '무엇을 구하려고 하는 건가요?'라고 질문한다.

펄마는 '5 곱하기 8'이라고 답한다.

'칠판에 적은 것이 답을 구하는 데 어떤 도움이 될까요?'라고 교사는 질문한다.

펄마가 말이 없자, 교사는 계속해서, '네가 답한 것 밑에 5×4를 쓰면, 너는 할 수 있겠니?'라고 질문한다.

'아, 네.'라고 펄마는 답한다. '나는 그것은 알아요. 그것은 20이에요. 왜냐하면 2의 두 배가 4이니까, 5의 묶음들도 두 배하면 20이에요. 오, 나는 다시 두 배를 할 수 있어요. 그러면 그것을 알 수 있어요. 5 곱하기 8은 40이에요.'

교사는 펄마를 안내해서 알고 있는 곱셈 구구에서 모르는 곱셈 구구를 유도하도록 도왔다.

교사들은 학생들이 모르는 것을 구하기 위해 알고 있는 것을 사용하도록 격려하는 것이 중요하다. 학생들은 '막혔다'고 걱정해서는 안 된다. 모르는 구구에 대한 답을 구하는 데 스스로 해결할 수 있는 몇 가지 방법들이 있다.

예를 들면, 9×8에 대한 답을 구하기 위해, 어떤 사람은 '9×8은 10×8보다 1×8 작다. 따라서 답은 $80 - 8 = 72$이다.'라고 생각할 수 있다.

어떤 학생이 7 × 6을 암기하고 있지 못하다면, 그 학생은 순서를 바꾸어서(곱셈은 교환가능) 6 × 7을 구할 수 있다. 6의 묶음들이 7의 묶음들보다 구하기가 더 쉽다. 그러나 그 학생이 6 × 7을 모른다면, 6 × 3 아니면 6 × 2에서 시작할 수 있다.

4의 단은 2의 단의 두 배이기 때문에 학생들이 아주 쉽게 파악할 수 있다. 4의 단을 연습할 때, 교사들이 2의 단과 4의 단 전부 또는 일부를 칠판에 서로 인접하게 적고, 그들이 무엇을 발견했는지를 질문하는 것이 유용하다.

2 ×	4 ×
2 × 3 = 6	4 × 3 = 12
2 × 4 = 8	4 × 4 = 16
2 × 5 = 10	4 × 5 = 20
2 × 6 = 12	4 × 6 = 24

교사는 학생들에게 '무엇을 알 수 있나요? 어떤 규칙성을 알 수 있나요? 다음에는 무엇이 올 것 같은가요? 2 × 13과 4 × 13까지의 답을 채울 수 있나요?'와 같은 질문들을 한다.

4의 단을 도입한 후에, 다음에 다루어야 할 것은 3의 단일 것이다. 학생들은 아마 언젠가 3씩 뛰어 세기를 해 왔을 것이다. 그러나 이 단 안에는 어려움을 유발하는 곱셈 구구가 몇 개 있다. 그것은 3 × 7, 3 × 9, 아마도 3 × 8과 같은 것들이다. 마지막은 3 × 2, 3 × 4를 사용해서 3 × 8을 쉽게 유도할 수 있기는 하다.

8의 단은 4의 단과 연결될 수 있다. 6의 단과 9의 단은 3의 단에 붙일 수 있다.

9의 단을 다룰 때 도움이 되는 방법은 10을 더한 다음 앞의 구구에서 1을 제거하는 것이다. 예를 들면, 9 × 3의 경우에 앞의 곱셈 구구 9 × 2는 18이다. 10을 더하면 28이다. 1을 빼면(보상 전략) 답은 27이다. 따라서 9 × 3은 27이다.

9의 단은 학생들이 탐구할 수 있는 흥미로운 규칙성들을 포함하고 있다.

교사는 9의 단으로부터 다음 수들을 칠판에 적는다.

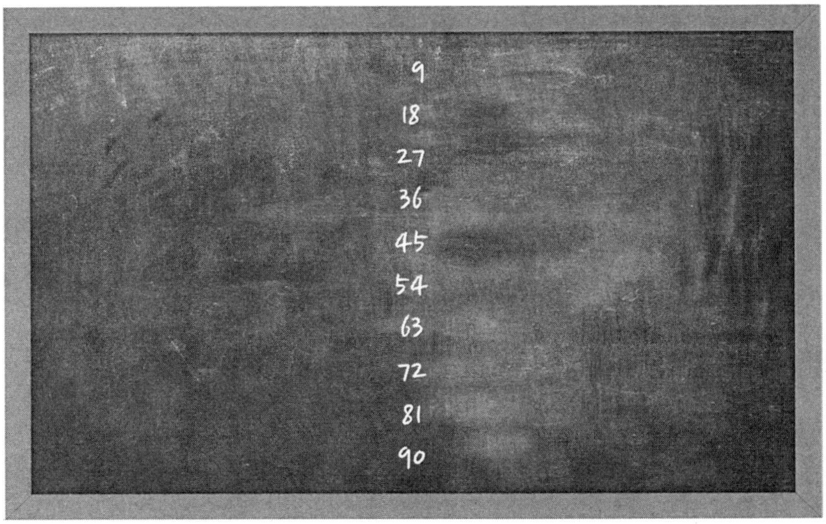

학생들은 곱셈 구구의 9의 단에서 다음 규칙성들을 탐구할 수 있다.

- 일의 자리의 수들이 1씩 줄어든다.
- 십의 자리의 수들은 10씩 늘어난다.
- 각 자리의 수의 합은 9이다.
- 각 자리의 수의 차는 연속된 홀수들이라는 규칙이 있다.
- 9에서 45까지의 수들의 각 자리의 수의 자릿값은 54에서 90까지의 수들의 자릿값과 반대이다.
- 18에서 45까지의 수들 그리고 54에서 81까지의 각 자리의 수들을 곱하면 $1 \times 8 = 8$, $2 \times 7 = 14$, $3 \times 6 = 18$, $4 \times 5 = 20$과 같은 규칙이 있다.

마지막으로 다른 단과는 아무런 연관이 없는 7의 단에 관심을 가질 수 있어야 하지만, 학생들은 이미 1×7, 10×7, 5×7 등과 같이 다른 단에서 7의 단에 속하는 몇 개의 구구를 알고 있다.

다음 다이어그램은 어떤 곱셈 구구에 더 많은 관심을 가져야 할지, 어떤 곱셈 구구가 좀 더 쉽게 기억할 수 있는지를 보여준다. 실제로 암기할 필요가 있는 곱셈 구구는 단지 몇 개뿐이다. 곱셈 구구 중 많은 것들은 이미 알고 있다.

×	1	2	3	4	5	6	7	8	9	10
1	1									
2	2	4								
3	3	6	9							
4	4	8	12	16						
5	5	10	15	20	25					
6	6	12	18	24	30	36				
7	7	14	21	28	35	42	49			
8	8	16	24	32	40	48	56	64		
9	9	18	27	36	45	54	63	72	81	
10	10	20	30	40	50	60	70	80	90	100

1×	
10×	
2×	
4×	
5×	
9×	
제곱수	

첫째, 이 다이어그램의 곱셈 구구의 반은 곱셈의 교환 법칙이 아래 반과 위의 반이 같다는 것을 보장하기 때문에 나머지 반으로부터 알 수 있다. 학생들은 곱셈 구구에서 1의 단은 그 수 자체이기 때문에 이미 1의 단을 알고 있다. 10의 단은 1의 단에 0만 추가하면 된다. 다음으로 2의 단은 단지 두 배이기 때문에 쉽다. 두 배의 두 배 또는 4의 단도 같다. 5의 단은 10의 단의 반임으로 쉽게 계산할 수 있다. 9의 단은 10의 단에서 하나 적은 것을 이용해서 유

도할 수 있다. 다이어그램에서 대각선은 제곱수들($2 \times 2 = 4$, $3 \times 3 = 9$, $4 \times 4 = 16$, $5 \times 5 = 25$ 등)을 나타낸다. 이런 단은 이미 알고 있거나 쉽게 암기할 수 있다.

남은 단들은 많은 관심이 필요하다. 그러나 그것들 중 일부는 알고 있는 구구에서 유도할 수 있다.

- 3×6은 3×5에 3의 묶음 하나를 더해서 구할 수 있다.
- 3×8은 3×4를 두 배해서 구할 수 있다.

이제 마지막 남은 단들은 정말 더 많은 관심이 필요하다. 3×7, 6×7, 6×8, 7×8은 학생들이 반복해서 학습해야 하는 곱셈 구구들이다.

나눗셈 구구표와 곱셈 구구표의 연결

나눗셈 구구는 곱셈 구구와 동시에 학습하는 것이 바람직하다. 예를 들면, 학생들이 4×7에 대한 답을 구한 후에, 교사는 $28 \div 4$와 $28 \div 7$에 대한 답을 구하도록 할 수 있다. 이렇게 함으로써 나눗셈 구구표는 거의 그냥 알 수 있다. 이렇게 되려면, 학생들이 7×4와 4×7에 대해 논의할 때, 이 곱셈이 무엇을 의미하는지를 의식하고 근본이 되는 묶음 구조를 아는 것이 중요하다. 그들은 '28에는 7씩 묶음이 몇 개 있나요?', '28에는 4씩 묶음이 몇 개 있나요?'와 같은 질문에 대해 논의해야 한다. 학생들은 네 개의 구구가 함께 연결되어 있다는 것을 알아야 한다.

관련된 수들이 적혀 있는 플래시 카드를 사용하는 것이 좋은 방법이다. 교사는 다음과 같은 플래시 카드를 보여주고 학생들이 대응되는 수에 대한 문제를 말하게 할 수 있다.

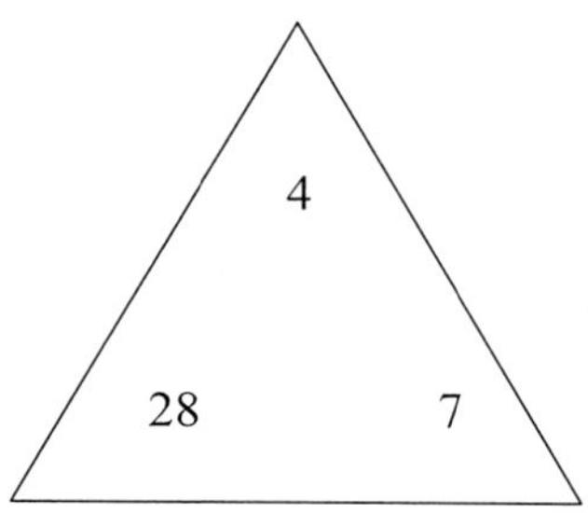

$4 \times 7 = 28$

$7 \times 4 = 28$

$28 \div 4 = 7$

$28 \div 7 = 4$

구구표의 암기

곱셈 구구표와 나눗셈 구구표를 암기하는 것은 암산과 필산을 실행하는 데 보너스가 된다. 학생들이 곱셈 개념과 나눗셈 개념을 이해하자마자, 교사는 학생들이 구구표를 암기하기를 기대해야 한다. 교사는 덧셈과 뺄셈의 결합과 곱셈 구구표와 나눗셈 구구표를 암기하는 것이 얼마나 필요하고 유용한 것인지를 학생들에게 입증할 활동들을 고안하는 것이 필요하다. 이는 수학 게임을 이용해서 할 수 있다. 학생들은 연산 구구들을 더 빨리 상기할 수 있다면 이길 수 있는 기회가 더 많이 생긴다는 것을 이해할 것이다.

구구에 대한 정신적 동화를 촉진하기 위한 연습은 게임이나 재미있는 학급 경쟁 활동을 이용해서 짧은 시간에 하는 것이 가장 효과적이다. 빙고나 스냅과 같은 곱셈과 나눗셈 보드 게임은 이런 연습을 위한 아주 좋은 도구이다.

다른 활동들 사이나 다른 수업들 사이에 잠깐 시간이 있다면 교사 주도의 재미있는 활동을 쉽게 할 수 있다. 교사는 학생들이 대답하도록 일련의 구구들을 큰 소리로 말할 수 있다. 학생들은 큰 소리로 모두 같이 답을 말할 수 있다. 이 소리가 소란스러울 수 있으나 이것이 건설적인 활동이 되는 몇 가지 이유가 있다. 답을 몰라도 아무도 당황하지 않는다. 조용한 학생들은 아마 크게 소리치지 않을 것이고 부진한 학생들은 무엇이라고 말해야 할지 모를 수도 있겠지만, 그들은 수에 대한 문제와 정답을 듣게 되고, 이는 즐거운 방법으로 긍정적인 강화와 반복을 제공한다.

인터넷에서 광범위한 상호작용 게임을 이용할 수 있다. 학생들은 이 게임들을 사용해서 스스로 곱셈 구구를 연습할 수 있다. 즉각적인 피드백이 제공되고 학생들은 자신의 보조에 맞추어 놀이를 할 수 있다. 그러나 교사들이 학생들에게 웹사이트를 소개할 때는 비판적이어야 한다. 교사들은 스스로 게임들을 해 보고, 인터넷 자료가 학생들에게 도움이 되는지를 평가해야 한다.

인터넷에서 이용할 수 있는 게임 외에도, 컴퓨터의 도움 없이 짝끼리 또는 학급 전체가 할 수 있는 게임들이 많이 있다. 교사가 학생들에게 제공할 수 있는 활동들의 몇 가지 예를 보면 다음과 같다.

- 곱셈 구구 문제 내기

- 스냅
- 빙고

'곱셈 구구 문제 내기' 게임은 짝 활동을 위한 것이다. 두 학생이 각각 그들이 알고 있는 10개의 곱셈 구구 목록을 종이 위에 적는다. 그들은 답을 채울 필요가 없다. 두 학생이 목록을 완성하면, 그들은 짝의 종이를 가져와서 답을 적는다. 한 학생이 답을 모르면, 짝에게 답을 말하도록 할 수 있다. 짝에게 물어 보지 않고 제시한 정답에는 1점을 부여한다. 세 번을 한 후에, 점수의 합계를 낸다. 가장 높은 점수를 얻은 학생이 이긴다.

예

3학년 학생인 세실리와 클라우디아는 '곱셈 구구 문제 내기' 게임을 했다. 첫 게임에서 적은 두 학생의 곱셈 구구 목록은 다음과 같다.

세실리	클라우디아
10 × 10 =	2 × 3 =
10 × 40 =	2 × 11 =
2 × 9 =	3 × 3 =
4 × 4 =	2 × 5 =
4 × 20 =	2 × 8 =
4 × 8 =	2 × 6 =
4 × 4 =	2 × 10 =
4 × 5 =	2 × 9 =
4 × 9 =	2 × 12 =
4 × 6 =	2 × 7 =

두 학생이 모두 10×40, 4×20, 2×11, 2×12와 같이 10까지의 구구표를 넘는 곱셈 구구를 포함하고 있다는 점이 의미가 있다. 학생들에게 스스로 문제를 만들 기회를 제공하는 것이 매우 중요하다. 소위 '자신의 산물'이라고 불리는 이런 활동들은 교사들에게 학생들의 지식에 대해 많은 것을 보여준다.

'스냅'은 짝 활동이다. 교사는 카드 두 세트를 준비한다. 한 세트는 문제, 다른 세트에는 답이 적혀 있다. 학생들은 문제 카드를 뒤집어 놓는다. 학생들은 정답 카드들을 똑같이 나누어가지고 서로 보지 못하게 가린다. 놀이 방법은 학생들이 번갈아가며 문제 카드를 뒤집고, 이에 대응되는 정답 카드를 가지고 있으면, 그들은 '스냅'이라고 외치고 두 카드를 옆으로 치운다. 정답 카드를 먼저 다 쓴 학생이 이긴다.

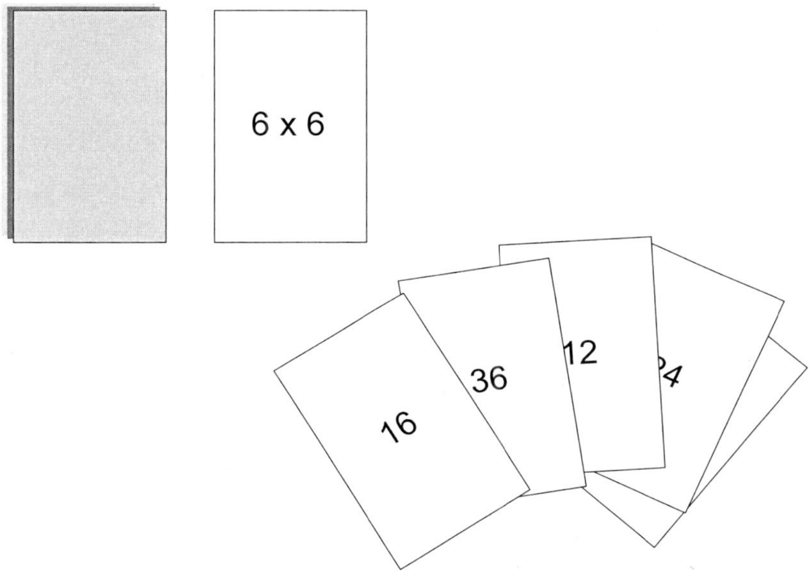

'빙고'는 전체 학급 활동이다. 교사는 다양한 답이 적혀 있는 카드들을 준비한다. 각 학생들에게 카드 한 장씩을 나누어준다. 교사는 9×8, 7×3 등의 곱셈 문제들을 큰 소리로 읽는다. 그 답이 카드에 있으면, 학생들은 그 답에 십자 표시를 해서 지운다(또는 교사가 그 카드를 다시 사용하려면 단추나 원판 등으로 답을 가린다).

16	36	18	24
45	10	21	30
18	18	8	16
49	72	4	0

가장 먼저 카드에 적힌 모든 답을 다 지운 학생이 '빙고'라고 외치면 그 학생이 이긴다.

이 게임은 또한 반대로 카드에 곱셈 문제를 주고 교사가 답을 읽는 방법으로도 할 수 있다.

학생들은 게임을 하는 동안 특정한 평가 규준들의 성취 기준에 분명한 초점을 둔다면 수업에서 수학을 효율적으로 배울 수 있다. 학생들은 게임을 하면서 문제 해결 기능, 논리적이고 창의적인 사고 기능, 뿐만 아니라 듣기, 말하기, 관찰 기능을 발달시킨다. 학생들이 게임을 하면서 학습하도록 하는 교사는 수학의 교수와 학습에 대한 현대적이고 대안적인 태도들을 취해 왔다. 게임들은 수학적 언어의 비형식적 사용을 포함하고, 편안한 환경에서 흥미를 제공함으로써 수학 학습에 대한 두려움을 극복하는 동기를 부여하고, 긍정적인 사회적 행동을 발달시킨다. 게임은 또한 학습 장애를 가진 학생들이 참여할 수 있도록 격려한다.

4 결론

3단계의 수학 교수의 특성은 2단계의 특성과는 다르다. 3단계에서 수학 교수는 좀 더 체계적으로 계획되고 실행된다. 2단계에서는 많은 수학 활동들이 여전히 자발적이고 일상의 교실 생활에서 출현한다(예를 들면, 가위를 나누어 줄 때 '충분한가?' 그리고 모둠 활동을 하기 위해 모둠으로 이동할 때 '네 명씩 모둠을 만들 수 있나?'). 2단계에서 수학 교육은 다른 교과와 통합되는 경우가 자주 있다(예를 들면, 언어 수업에서 교사는 주인공들이 수들을 다루는 그림책을 읽어 준다). 반면, 3단계에서는 좀 더 수학 수업에 초점을 맞추어 교수가 조직된다.

학생들은 2단계와 유사하게, 3단계에서도 문제를 해결하는 다양한 전략들을 탐구한다. 교사와 다른 학생들과 자신들의 전략들을 공유하고 논의하고, 잘 선정된 질문들을 받으면서, 학생들은 일부 전략들이 다른 전략들보다 더 효율적이라는 것을 발견한다.

3단계에서는 수에 대한 지식과 수에 관련된 연산을 할 때 적용할 수 있는 전략들에 대한 강력한 기반을 형성하는 데 연습이 중요한 역할을 한다.

연습은 수 지식, 기능, 통찰과 창의력 등 지식의 여러 가지 측면들을 포함할 수 있다. 연습은 두 가지 형태로 구분할 수 있다.

- 재생산적 연습
- 생산적 연습

재생산적 연습은 이전의 반복 훈련 연습으로 수 지식에 대한 암기와 절차의 자동화에 초점을 맞추는 것이다. 생산적 연습은 문제들과 연결되어 있고 독창성에 초점을 맞추는 것이며, 학생들은 수에 관련된 문제, 퍼즐과 게임을 해결하면서 연습하고 논의한다.

생산적 연습은 학생들에게 10까지의 수 범위와 20까지의 수 범위에서 수에 대한 지식을 적용하고 확장할 기회를 제공하도록 교사가 신중하게 설계한 구조화된 과제가 필요하다. 이런 과제들은 대부분 개방형이고 다양한 응답이 가능하다. 예를 들면, '나는 답이 9인 문제를 생각하고 있습니다. 어떤 문제일까요?'와 같은 것이다.

재생산적 연습은 초등학교 저학년에서는 확고한 위치를 가진다. 학생들은 계산에서 수 지식을 암기할 필요가 있다. 그러나 이런 계산도 특정한 수들에 대한 본드나 표를 계속 반복하는 것만이 아니라 게임, 퍼즐 등과 같이 흥미로운 방법으로 연습되어야 한다.

20까지의 수 범위와 100까지의 수 범위에서 연산을 하는 것과 관련된 수학 언어(지필과 구두)의 발달에도 관심을 가져야 한다. 이는 다음과 같은 것을 포함한다.

- 연산을 말로 표현하기
- 기호를 알기
- 수의 연산을 수식으로 쓰기(기호법)
- 사용된 전략을 설명하고 '왜'라는 질문에 답하기

3단계는 20까지의 수의 연산과 100까지의 수의 연산을 포함한다. 20까지의 수 범위에서 세 가지의 주요 전략은 다음과 같다.

- 수 세기
- 구조화

- 알고 있는 수 지식의 사용

구조화는 10을 만드는 것을 포함한다. 덧셈에서는 10의 보수를 구하는 것($6 + 7 = 6 + 4 + 3 = 10 + 3 = 13$)을 의미하고, 뺄셈에서는 10에서 남은 부분을 제거하는 것($16 - 8 = 16 - 6 - 2 = 10 - 2 = 8$)을 의미한다.

이 세 가지 전략들은 100까지의 수 범위에서 수의 계산을 위해 사용할 세 가지 주요 전략들의 전조가 된다.

- 연속 전략(첫째 수 전체를 그대로 두기)
- 분해 전략(수들을 십의 자리와 일의 자리로 분해하기) 또는 수들의 다른 분할 전략
- 변화 전략(알고 있는 수 지식, 수와 연산의 성질을 사용하기)

연속 전략은 수 세기 전략과 직선 모델의 사용에 관련되어 있다. 분해 전략 또는 분할 전략은 수의 구조화의 사용과 연결되어 있다. 변화 전략은 수 지식의 사용과 관련되어 있다. 앞의 두 전략과는 다르게, 변화 전략은 그렇게 간단하지 않다. 변화 전략은 수에 대한 지식과 연산의 성질에 대한 지식을 유연하게 사용한다.

3단계는 구두 계산 활동을 강조하는 2단계와는 다르게 더 많은 지필 활동을 격려하고 이용해서 수에 대한 문제들을 해결하게 한다. 그러나 이것이 구두 활동과 말로 답하는 것을 막아야 한다는 것을 의미하지는 않는데, 그 이유는 문제에 대한 답을 기술하고 설명하는 기능이 수학교육의 중요한 원리이기 때문이다.

06

4단계 : 고차적 계산

1. 1000과 10000까지(그 이상)의 수에 대한 지식
2. 1000까지(그 이상)의 수의 연산
3. 결론

4단계는 학생들이 *기초 단계*의 후기와 *중간 단계*의 초기에 보통 발달하는 수의 이해와 관련된다. 1단계에서 3단계에 발달되어 온 수에 대한 지식과 이해를 기초로, 학생들은 수 세기와 계산, 수에 기초한 계산에서 좀 더 발전된 계산으로 이행한다. 4단계에서 학생들은 100과 1000까지의 수에 대한 지식을 기반으로 1000과 10000까지(그 이상)의 수 범위를 탐구한다. 더욱이 학생들은 1000까지(그 이상)의 수 범위에서 연산 능력을 확장한다. 이는 학생들이 세 자리의 수와 네 자리의 수의 연산을 학습한다는 것을 의미한다. 4단계의 가장 큰 특징은 서로 다른 계산 형식이 더 분명해진다는 것이다. 암산, 필산, 어림 또는 어림 계산, 계산기를 이용한 계산이 이런 형식에 포함된다. 학생들이 문제 유형과 포함된 수의 종류에 적합한 계산 형식을 선택하는 법을 배우는 것이 아주 중요하다. 4단계의 다른 특징은 학생들이 구체적인 교구와 도움이 되는 모델을 사용하는 것에서 순수한 수에 기초한 계산과 심화된 추론으로 진행함에 따라 학생들의 반성과 추상화 능력의 수준이 높아진다는 점이다.

1 1000과 10000까지(그 이상)의 수에 대한 지식

수에 대한 지식을 구성하는 것은 대부분 초등학교의 저학년과 관련된다. 그러나 수에 대한 지식의 발달이 수학 학습 초기에만 이루어져야 한다는 생각은 잘못된 것이다. 초등학교 전 학년 동안 그리고 심지어는 중등학교 학년 기간 동안에도 수에 대한 지식 구성을 위해 노력하는 것이 중요하다.

가. 수에 대한 여러 가지 접근 방식

학생들은 4단계에서 3단계에서 구성한 수의 맥락화, 수의 위치와, 수의 구조화에 대한 지식을 유지하고 확장한다.

■ 수의 맥락화

수의 맥락화는 학생들이 수를 실생활 상황이나 그들의 흥미 있는 세계와 연결하는 것을 통해 수에 의미를 부여한다. 예를 들면, 학교 대항 운동 경기일에

2000명의 사람들이 모였고, 럭비 경기장은 40000명을 수용할 수 있으며, 새 BMW 4 × 4는 500000란드이다. 3단계에서 수의 맥락화에 대해 기술한 장에 학급에서 논의하고 반성하는 데 사용할 수 있는 유용한 맥락들의 목록이 제시되어 있다.

수의 위치화

수의 위치화는 자연수열의 수들을 직선 모델 위에 옳은 위치나 인정할 만한 위치에 두는 것을 포함한다. 수의 위치화는 이 단계에서 좀 더 추상화된다. 학생들은 지금까지 구슬 줄을 사용해 왔다. 4단계에서 학생들은 더 큰 수를 다루고 구체적인 교구의 도움 없이 수들의 위치를 나타낸다. 따라서 수 세기를 할 가능성은 없다. 대신 학생들은 비례 추론에 의해 수를 수직선 위에 나타내는 것을 학습한다.

예를 들면, 학생들에게 1000까지의 수직선 위에 400이 어디에 있을지를 나타내도록 할 수 있다.

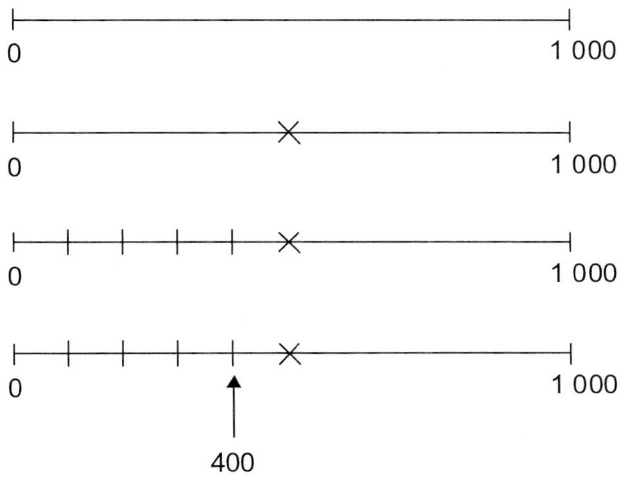

학생들은 수직선의 가운데 있는 500으로 시작해서 왼쪽 반을 정신적으로 다섯 부분으로 나눌 수 있다. 학생들은 400을 찾은 후에 300, 395, 420 등의 위치를 나타낼 수도 있다.

학생들이 1000까지의 수 범위에 더 친숙해지려면 500보다 큰 수를 찾아 1000

까지의 수직선 위에 그 수들의 위치를 표시하는 것과 같은 개방형 문제를 제시하는 것이 아주 도움이 된다.

학생들이 한 가지보다 많은 조건을 생각해야 하는 과제들은 조금 더 어렵다. 예를 들면, 700보다 크고 800보다 작은 하나의 수를 보여주는 것을 생각해 볼 수 있다.

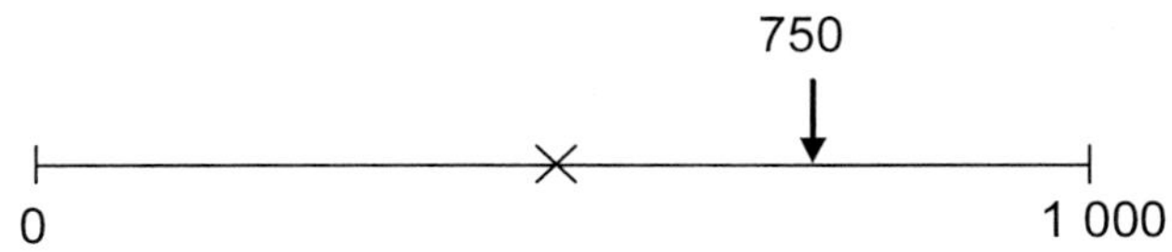

10000까지의 수직선 위에서도 유사한 활동들을 할 수 있다.

학생들은 칠판이나 종이 위에서 수직선을 사용하는 대신 수직선을 정신적으로 시각화할 수 있다. 시각화 활동은 학생들이 빈 수직선 위에서 수들의 위치를 나타내는 것을 돕는다는 점에서 중요하다. 교사나 학생들이 거리를 둔 채 두 손을 들어서 시각적인 수직선을 만들 수 있다.

이것이 0에서 10000까지의 수직선이라고 가정하고, 학생들은, 예를 들면 5000은 어디에 있는지, 6000, 4000, 7500과 2500은 어디에 있는지 나타내야 한다.

학생들은 이런 활동들을 통해서 1000과 10000까지의 수 범위에 대해 '…보다 작은', '…보다 큰', '…보다 많은', '…보다 적은'과 같은 단어를 사용하는 비교 용어들을 확장한다.

100까지의 수직선, 1000까지의 수직선과 10000까지의 수직선 사이의 관계에 특별한 주의를 기울여야 한다. 왜냐하면 이 수직선들 사이의 관계가 학생들에게 축척을 탐구할 기회를 제공하기 때문이다.

예를 들면, 교사가 100까지의 수직선에서 끝의 수를 1000으로 바꾼다면, 화살표가 나타내고 있는 수도 바뀌어야 할 것이다. 학생들은 1000까지의 수직선에서 이 화살표가 어떤 수를 나타내는지 이해할 수 있다.

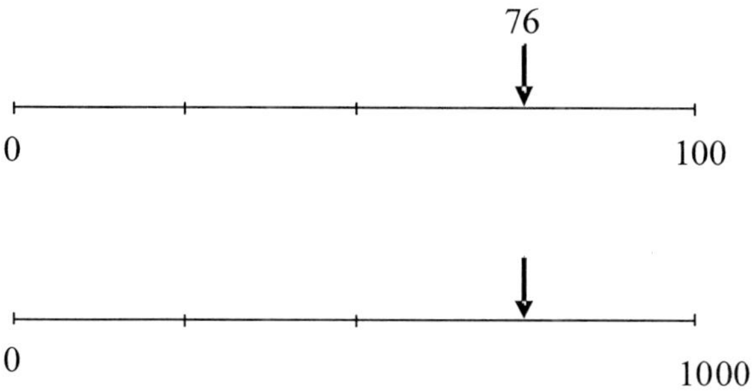

마찬가지로 학생들이 어떤 수를 축척이 다른 수직선들 위에 나타내야 할 때 축척에 대한 감각을 기를 수 있다. 예를 들면, 76을 100까지의 수직선과 1000까지의 수직선 위에 표시할 수 있다.

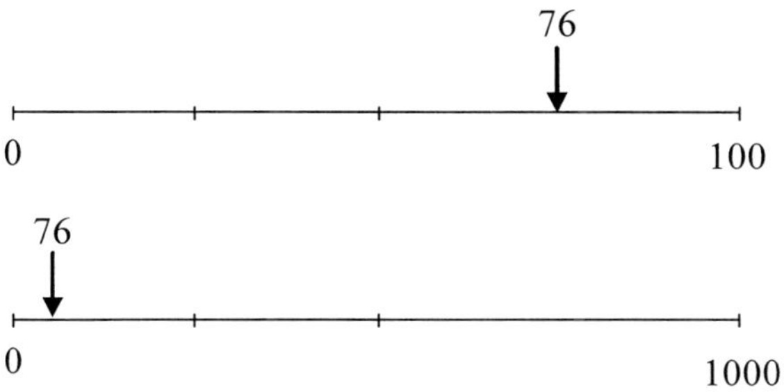

학생들은 수의 위치를 나타내는 것뿐만 아니라 측정값들의 위치를 나타내야 하는 활동을 할 수도 있다. 예를 들면, 다음 그림과 같이 일부 눈금의 측정값이 비어 있는 측정 용기에 있는 빈 칸을 채울 수 있다.

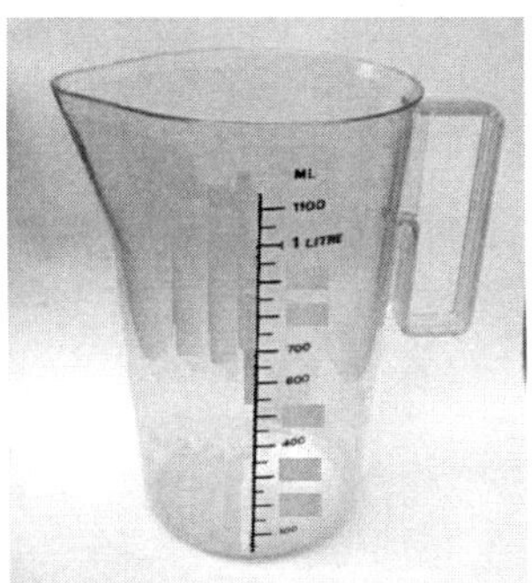

일부 눈금의 측정값이 비어 있는 측정 용기

학생들은 구조화된 수직선과 빈 수직선을 모두 사용할 수 있다. 예를 들면, 1m 직선 위에서 80cm는 어디에 있는지, 1000m 직선 위에서 700m는 어디에 있는지 나타낼 수 있다.

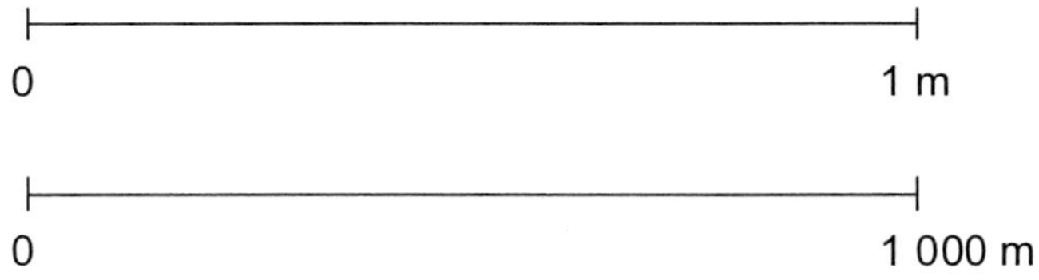

학생들이 두 과제를 모두 완성한 후에, 두 개의 측정값을 한 수직선 위에 나타낼 수 있는지 논의해 보자. 어떤 수직선이 이것에 적합한가?

수직선 위에 수를 나타내는 것은 수를 찾거나 수의 위치를 나타내는 활동만을 의미하지 않는다. 이 활동은 계산도 포함한다. 예를 들면, 다음 과제에서 학생들은 화살표가 나타내는 측정값이 무엇인지 파악해야 한다.

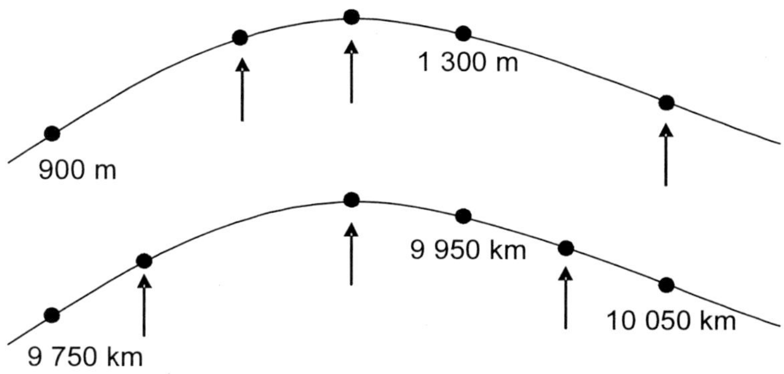

수의 구조화

수의 구조화는 다양한 수의 분해 방법뿐만 아니라 덧셈적인 방법과 곱셈적인 방법을 포함한다.

수를 구조화하는 다양한 방법은 다음과 같다.

- 십진법을 이용한 분해 또는 분할
- 대안적인 분해 방법

- 수 관계의 연결망
- 인수분해
- 10, 100, 1000에 의한 곱셈과 나눗셈

십진법을 이용한 분해 또는 분할

십진법을 이용한 분해는 어떤 수를 수의 십진법 구조, 즉 십의 자리, 백의 자리, 천의 자리를 사용하여 부분들로 분해하는 것을 포함한다. 학생들은 3단계에서 다양한 묶음 모델을 사용하여 두 자리의 수에 대한 십진법을 이용한 분해를 경험하고, 세 자리 수에 대해 탐구하기 시작한다. 4단계에서는 학생들이 세 자리의 수에 더 친숙해지고, 10000까지(그 이상)의 수 범위에 있는 더 큰 수들을 다룬다. 구조화 과정은 더 추상적, 즉 대부분 지필이고, 구체물을 거의 사용하지 않는다. 화폐를 직접 사용하지 않는 화폐 맥락의 문제들이 십진법과 위치적 기수법에 대한 통찰을 향상하는 데 도움이 될 것이다.

예를 들면, 계산대에 632란드가 있을 때, 학생들은 10란드 지폐, 100란드 지폐, 1000란드 지폐가 각각 최대한 몇 장씩 있는지 파악할 수 있다.

대안적인 분해 방법

분해 과정에서 10, 100, 1000을 사용하여 분할하는 것 외에, 5씩, 20씩, 25씩, 40씩, 75씩, 150씩, 500씩 묶음을 사용할 수 있다. 이런 단위들은 고정된 것이 아니라 학생들이 활동하면서 그 수에 가장 적합한 묶음으로 바꿀 수 있다.

예를 들면, 164와 같은 수는 다음과 같이 몇 가지 방법으로 분해할 수 있다.

- $(100 \times 1) + (10 \times 6) + 2 + 2$
- $100 + (25 \times 2) + 14$
- $(40 \times 4) + 6$

화폐는 또 대안적인 분해 방법을 경험하는 데 좋은 맥락이다. 어떤 사람이 250란드인 컴퓨터 게임을 구입한다면, 학생들은 이 금액을 지불할 수 있는 지폐와 동전의 많은 조합들을 생각할 수 있다.

수 관계의 연결망

수의 구조화는 어떤 특정한 수에 대한 수 관계의 연결망을 인식하는 것을 포함한다. 학생들은 수를 분석하기 위해 이미 알고 있는 수에 대한 지식의 여러 측면들을 결합한다. 이런 구조화 기능은 학생들이 1000까지(그 이상)의 수 범위에서의 계산을 쉽게 할 수 있는 능력을 제공한다.

예를 들면, 학생들은 다음과 같은 것들을 만들 수 있다.

- 1000의 '합성과 분해'(999와 1, 123과 877, 625와 375와 같이 10이나 100의 배수가 아닌 수들)
- 2500의 '합성과 분해'(2250과 250, 1300과 1200 등)
- 1000이 결과가 되는 다양한 계산(990 + 10, 10000 ÷ 10, 4 × 250, 40 × 25, 100000 − 99000 등)
- '두 배의 두 배'(125, 250, 500; 175, 350, 700; 250, 500, 1000; 450, 900, 1800 등)

인수분해

수의 인수분해는 수를 곱셈적 방법으로 분해하고 어떤 수의 인수들을 알아내는 것을 의미한다.

반복 이등분은 인수분해 방법 중 하나이다.

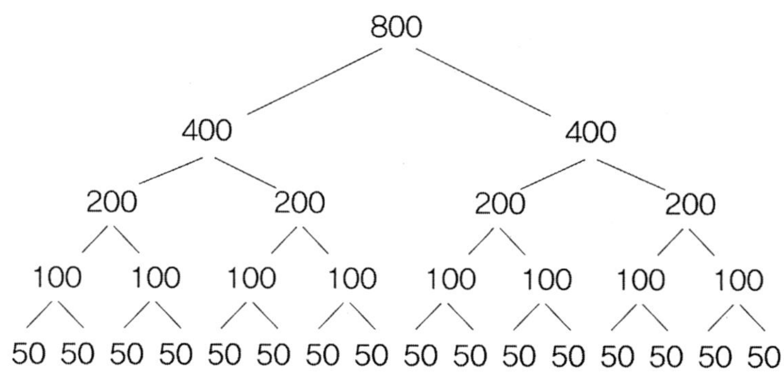

수의 인수분해는 어떤 수의 배수를 알아내는 것뿐만 아니라 어떤 수의 인수를 알아내는 것이다. 예를 들면, 800은 50과 16의 배수이고, 50과 16은

800의 인수들이다.

학생들은 수의 구조화를 통해 특정한 수들의 특성을 알게 된다. 예를 들면, 학생들은 배수와 인수에 관심을 가지게 되면서, 홀수와 짝수를 인식하고, 어떤 수가 3의 배수에 속하는지 알고, 2400과 2300은 비슷해 보이지만 인수분해와 관련해서는 아주 다르다(2400이 2300보다 더 많은 인수들을 가진다)는 것을 깨닫는다.

10, 100, 1000에 의한 곱셈과 나눗셈

4단계의 학생들은 반복 덧셈(뛰어 세기와 묶음)과 배열 구조를 통해 발달된 곱셈의 기본 구조를 이해한다. 학생들은 곱셈표를 암기했을 것이다.

지금쯤은 이미 10을 곱하거나 10으로 나눌 때 0의 규칙을 잘 알고 있을 것이다.

예를 들면, 학생들은 다음 식에서 10의 배수들을 알고 있다.

$10 \times 23 = 230$

$20 \times 223 = 460$

$100 \times 13 = 1300$

$300 \times 13 = 3900$

$1000 \times 71 = 71000$

$2000 \times 71 = 142000$

학생들은 또한 10, 100, 1000, 10000의 거듭제곱을 알고 있다.

이런 모든 지식과 기능이 강화되어서 학생들이 계산 과정을 적는 동안 암산할 때나 생각할 때 이런 것들을 포함할 수 있도록 해야 한다.

10의 거듭제곱(10^1, 10^2, 10^3, …)에 의한 곱셈과 나눗셈은 특별한 범주에 속한다. 학생들은 이것을 소위 '0의 계산'이라고 부르는 것을 좋아한다. 왜냐하면 하나 이상의 0을 덧붙이기만 하면 되기 때문이다. 예를 들면, 40×6을 계산할 때, 4×6를 계산한 다음에 0을 붙일 수 있다. 비록 학생들이 이것은 왜 이렇게 되는지를 이해해야 하지만, 이런 '요령'을 적용하는 것은 받아들일 수 있다.

화폐 맥락은 학생들이 이런 '요령'을 이해하는 데 도움이 된다. 40 × 6은 10란드 지폐 4장이 6묶음이고, 이는 10란드 지폐가 24장이라는 것을 알 수 있다. 10란드 지폐 20장은 모두 200란드이고, 10란드 지폐 4장은 40란드이다.

10을 곱하면 0을 한 개 붙이고, 100을 곱하면 0을 두 개 붙이는 것 등은 십진법 또는 10을 밑으로 하는 수 체계의 결과이다. 어떤 수를 왼쪽으로 한 자리 이동하는 것은 그 수를 10배 크게 하고, 어떤 수를 왼쪽으로 두 자리 이동하는 것은 그 수를 100배 크게 하는 것도 십진법 체계 때문에 가능하다.

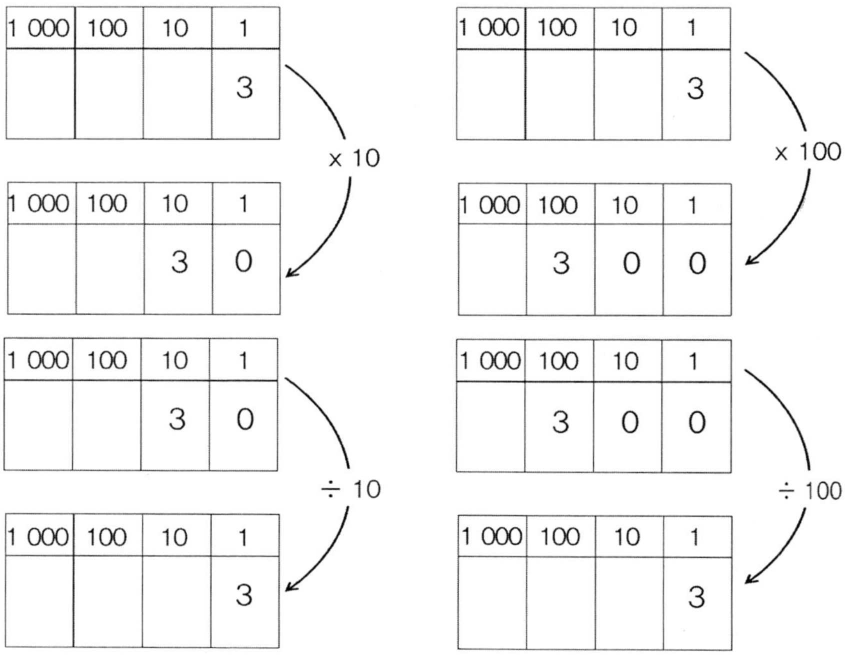

교사가 곱셈과 나눗셈을 가르칠 때 0의 규칙을 포함하는 것이 중요하다. 교사는 학생들에게 곱셈과 나눗셈에서 그 규칙을 깨달을 수 있는 활동들을 제공해야 한다.

나. 수에 관련된 능력

계열화

둘, 넷, 여섯, …
200, 400, 600, …

학생들은 4단계에서 말로 수 세기를 계속할 것이다. 1000까지의 수 범위에서 지필로 수열을 확장하고 완성한다. 수 범위는 점차 10000까지로 확장된다. 이 단계의 초점은 지필 수열 과제이지만, 말로 수 세기 활동도 소홀히 해서는 안 된다. 이전 단계처럼, 학생들은 다음과 같이 배수들을 포함한 수열을 완성하는 연습을 해야 한다.

30, 60, 90, …, …, …, 210
40, 80, 120, 160, 200, …, …, …
…, …, …, 240, 300, 360, 420, …, …, …
25, 50, 75, 100, 125, 150, 175, 200, 225, …
125, 250, …, 500, 625, …

학생들은 확장된 수 범위에서 임의의 수를 시작으로 제시된 수까지 1씩, 10씩, 100씩, 1000씩 앞으로 수 세기와 거꾸로 수 세기를 할 기회를 가져야 한다. 예를 들면, 학생들은 257에서 시작하여 357, 457, … 과 같이 100씩 앞으로 수 세기를 하거나 5785에서 시작해서 4785, 3785, … 와 같이 1000씩 거꾸로 수 세기를 할 수 있다.

다음의 100, 1000, 10000까지 확장해서 구두와 지필 모두 1씩, 2씩, 5씩, 10씩, 25씩 등으로 계열화하는 데 특별한 관심을 기울여야 한다. 예를 들면, 497에서 시작해서 498, 499, 500, 501, 502, … 와 같이 1씩 뛰어 셀 수 있다.

학생들은 몇 십에서 몇 백까지 또는 몇 백에서 몇 천까지 수를 계열화할 수 있다. 예를 들면, 9970에서 시작해서 9975, 9980, 9985, 9990, 9995, 10000, 10005, 10010, … 과 같이 5씩 뛰어 셀 수 있다.

수 세기 활동은 학생들이 큰 수에 대한 감각뿐만 아니라 수의 십진법 구조에 대한 감각을 기르는 데 도움이 된다.

1씩, 10씩, 100씩, 1000씩 뛰어 세기를 통해 만들어지는 자연수열 사이의 차이점과 유사점을 비교하는 것은 학생들의 수 체계에 대한 이해를 심화한다.

학생들은 큰 수들을 말로 표현할 수 있는 많은 기회를 가져야 한다. 계산기를 사용해서 앞으로 수 세기와 거꾸로 수 세기를 하는 것은 유용한 활동이다. 예를 들면, 학생들은 13850 + 50을 입력하고 '=' 키를 반복해서 누를 수 있다. 그러나 키를 누르기 직전에, 어떤 수가 나타날지를 말해야 한다.

화폐는 큰 수들의 계열화 활동에도 사용할 수 있다. 학생들은 이 활동을 위해서 자신들의 지폐를 준비할 수 있다. 빈 종이들을 지폐 크기로 잘라서 20란드와 200란드라고 쓴 조각들을 사용할 수 있다. 지폐 묶음을 가지고 있을 때, 20란드, 40란드, 60란드, 80란드 등 또는 200란드, 400란드, 600란드, 800란드 등과 같이 지폐들을 셀 수 있다. 학생들은 지폐를 사용하지 않고 특정한 금액에서부터 셀 수도 있다. 예를 들면, 16란드에서 시작해서 36란드, 56란드, 76란드, 96란드, … 와 같이 20씩 계속 세거나 125란드에서 시작해서 325란드, 525란드, 725란드, 925란드, … 와 같이 200씩 계속 셀 수 있다.

수열표를 계열화에 사용할 수 있지만, 이 단계에서는 예를 들면 다음에서 보는 바와 같이 801에서 900까지 수 범위를 증가시킴으로써 수열표를 확장할 수 있다.

801	802	803	804	805	806	807	808	809	810
811	812	813	814	815	816	817	818	819	820
821	822	823	824	825	826	827	828	829	830
831	832	833	834	835	836	837	838	839	840
841	842	843	844	845	846	847	848	849	850
851	852	853	854	855	856	857	858	859	860
861	862	863	864	865	866	867	868	869	870
871	872	873	874	875	876	877	878	879	880
881	882	883	884	885	886	887	888	889	890
891	892	893	894	895	896	897	898	899	900

학생들이 수열표에서 출발하는 수를 선택해서 10씩 증가하는 수들, 9씩 증가하는 수들, 11씩 감소하는 수들을 보이도록 할 수 있다.

4단계의 학생들은 수열에 대한 지식을 측정에 적용해야 한다. 예를 들면,

거리들의 순서를 계열화하거나 축척, 측정 용기, 측정 테이프에 있는 수들을 계열화할 수 있다.

수의 규칙 탐구

학생들은 4단계에서도 '증가' 규칙을 다루는 능력을 발달시킨다. 그들은 한 단계씩 진행하며 이 규칙을 탐구하고, 확장하며, 법칙을 알아낸다. 수의 규칙을 탐구하는 것은 학생들이 수 관계에 대한 깊은 이해를 개발하는 데 도움이 된다. 또한 학생들은 수의 규칙을 다루면서 고학년의 함수와 대수에서 필요한 지식을 형성한다.

학생들이 증가 규칙 탐구에 능동적으로 참여하기 위해서는 증가 규칙의 구체적인 예들을 만드는 것이 도움이 된다. 예를 들면, 구슬 공예가는 목걸이를 만들 때, 구슬들을 사용해서 다양한 장식들을 만든다. 아래에 구슬 공예가가 만든 규칙성 있는 장식들이 있다.

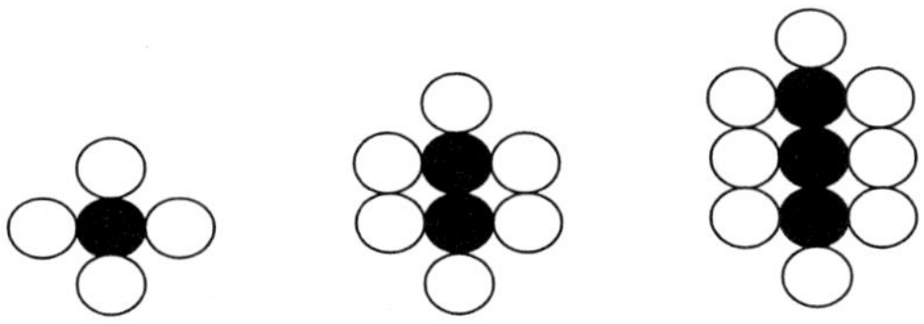

장식 1　　장식 2　　장식 3

학생들에게 이 수열에서 다음에 올 두 개의 장식을 만들어 보게 한다.

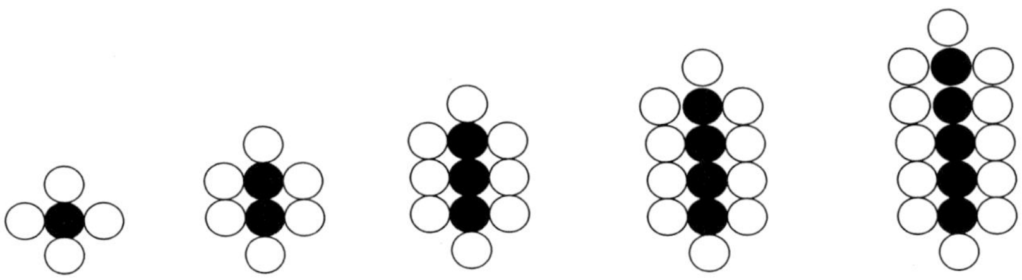

그런 다음 학생들에게 검정 구슬과 흰 구슬 사이의 관계를 설명해 보도록 한다. 이 과제의 장점은 이 질문에 대해 다양한 방식으로 답할 수 있다는 점이다.

학생들은 그 관계를 다양한 방식으로 기술한다.

- 말로 기술하기

  검정 구슬 1개에 흰 구슬 4개를 사용하고, 검정 구슬 2개에 흰 구슬 6개를 사용하며, 검정 구슬 3개에 흰 구슬 8개를 사용한다 등등.

- 표로 기술하기

검정 구슬	1	2	3	4	5	6	7	8	…
흰 구슬	4	6	8	10	12	14	16	18	…

- 흐름도로 기술하기(검정 구슬의 수에 따른 흰 구슬의 수를 말하기)

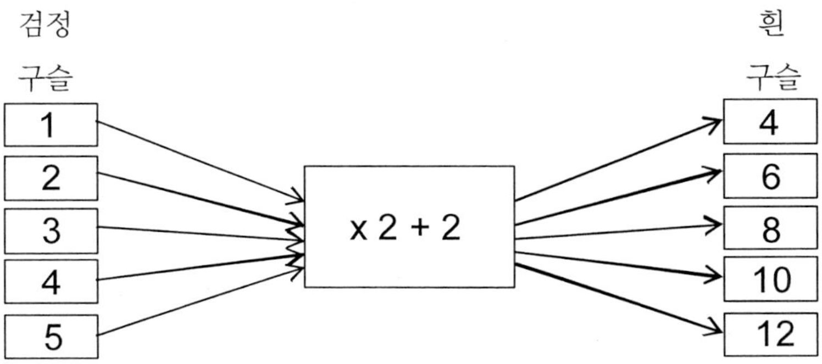

학생들에게 또한 각 장식에 구슬이 모두 몇 개인지 질문할 수도 있다. 이 질문에 답하려면 학생들은 다시 표를 사용할 수 있다.

검정 구슬	1	2	3	4	5	6	7	8	…
흰 구슬	4	6	8	10	12	14	16	18	…
전체 구슬	5	8	11	14	17	20	23	26	…

다음 단계는 전체 구슬의 수에 대한 규칙을 찾는 것이다. 특별한 장식을 예로 사용하는 것이 도움이 된다.

열째 장식을 생각해 보자. 또한 이 장식의 전체 구슬의 수를 구하는 몇 가지 방법들이 있다.

- 학생들은 표를 사용하고 구슬의 수가 새로운 장식이 만들어질 때마다 어떻게 증가하는지 관찰한다. 첫째 장식은 구슬이 5개이고, 다음의 새로운 장식이 생길 때마다 구슬의 수가 3씩 증가한다. 따라서 열째 장식은 구슬 5개에

구슬 3개를 아홉 번 더하면 될 것이고 이는 전체 구슬이 32개임을 알려 준다.

단계	1	2	3	4	5	6	7	8	
검정 구슬	1	2	3	4	5	6	7	8	…
흰 구슬	4	6	8	10	12	14	16	18	…
전체 구슬	5	8	11	14	17	20	23	26	…

→ +3 → +3 → +3 → +3 → +3 → +3 → +3 → +3

구슬 3개가 증가한 것은 장식 그림에서도 볼 수 있다.

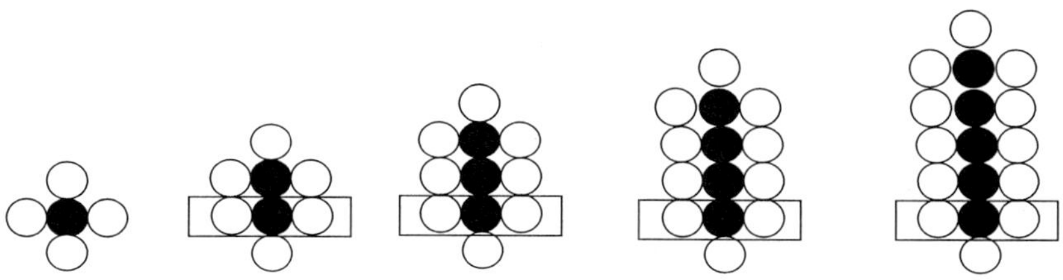

- 학생들은 흐름도를 사용해서 열째 장식에 검정 구슬이 몇 개인지, 흰 구슬이 몇 개인지 구한 다음 그것들을 더할 수 있다.

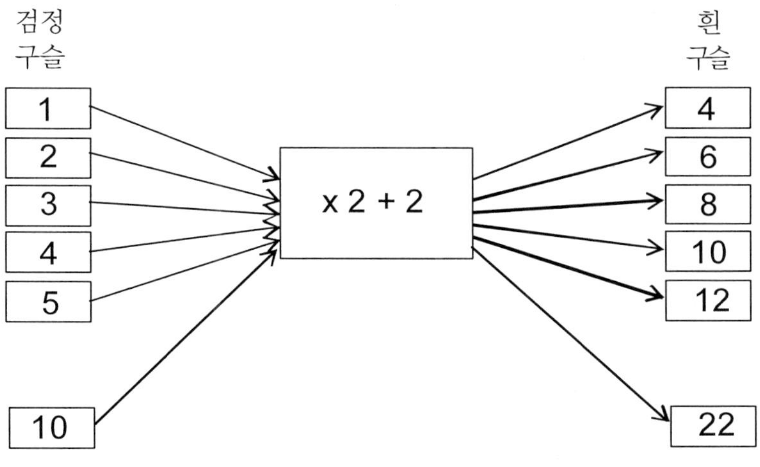

마지막으로 학생들은 모든 장식의 전체 구슬의 수를 수식으로 나타내는 데 도전한다. 수식으로 나타내려면, 학생들은 우선 말로 표현하도록 하는 것이 좋다.

열째 장식에는 검정 구슬 10개(10 × 1) 더하기 흰 구슬 2개 곱하기 10 그리고 양쪽 끝에 놓인 나머지 흰 구슬 2개(2 × 10 + 2)가 있다. 이 과제는 다음과 같은 수식으로 나타낼 수 있다.

$$(1 \times 10) + (2 \times 10 + 2) = 10 + 22 = 32$$

전체 구슬의 수를 수식으로 나타내는 더 쉬운 방법은 구슬에만 초점을 맞추고 두 가지 색이라는 것을 무시하는 것이다. 그러면 단지 각 행에는 구슬이 3개가 있고 끝에 구슬이 2개가 있다고 말할 수 있다. 첫째 장식은 행이 한 개, 둘째 장식은 행이 2개, 셋째 장식은 행이 3개 등등 있다. 따라서 열째 장식은 구슬이 3 × 10 + 2 = 32개 있다.

이제 각 장식에 대한 전체 구슬의 수는 쉽게 알 수 있다.

$3 \times 1 + 2 = 5$

$3 \times 2 + 2 = 8$

$3 \times 3 + 2 = 11$

$3 \times 4 + 2 = 14$

…

$3 \times 100 + 2 = 302$

이런 수식은 일반적인 공식 $3 \times n + 2$(3에 어떤 수를 곱하고 2를 더하기)로도 표현할 수 있다.

규칙성 안에서 규칙을 찾는 것은 학생들이 규칙성의 어떤 특별한 단계에 있는 대상들의 수, 즉 처음 열 네 단계를 그리거나 표에서 처음 열 네 개의 칸을 채우지 않고 열다섯째 단계에 있는 대상들의 수를 구할 수 있다는 것을 의미한다. 학생들은 관찰한 규칙성을 탐구하고 기술하며 그것의 기초가 되는 규칙을 정당화하도록 격려해야 한다.

어떤 규칙성은 특별한 수들을 만든다. 교사는 학생들에게 산출된 수들의 특성들을 탐구하고 살펴볼 기회를 제공할 수 있다.

1에서 시작해서 매번 2를 더하면 홀수들을 계속 얻을 수 있다.

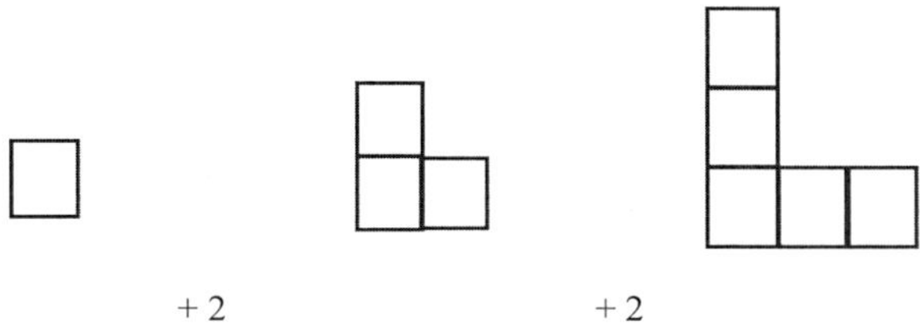

1에서 시작해서 3, 5, 7 등을 더하면, 제곱수들을 계속 얻을 수 있다.

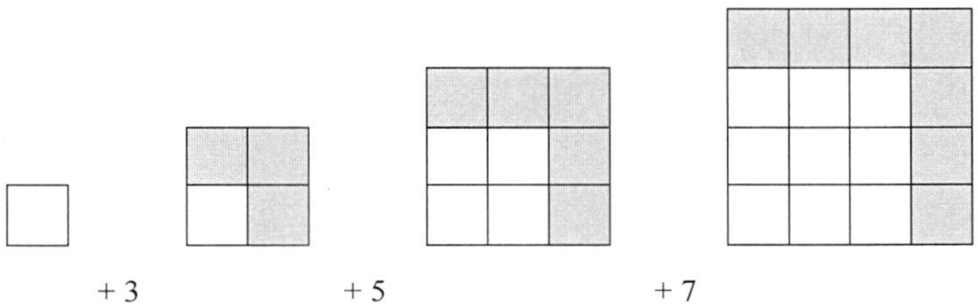

3에서 시작해서 3, 4, 5 등을 더하면, 삼각수들을 계속 얻을 수 있다.

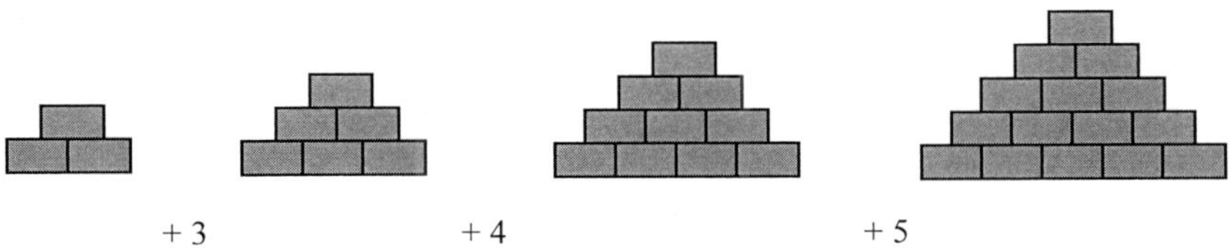

이런 경험을 한 후에 교사들은 학생들에게 '4는 왜 삼각수가 아닌가요?', '10은 왜 제곱수가 아닌가요?'와 같은 질문들을 할 수 있다.

어떤 수의 규칙성은 앞의 예에서 본 바와 같이 기하적인 모양과 밀접한 관련이 있다. 이는 수학에서의 서로 다른 학습 성취 기준들 사이의 자연스런 통합을 보여준다.

수와 기하의 학습 성취 기준들의 관계가 다음과 같은 것에서 중요하다.

모든 자연수는 *직사각형 수*인데, 왜냐하면 직사각형으로 표현할 수 있기 때문이다.

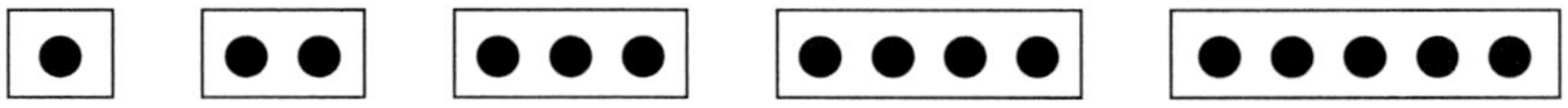

1 × 1 2 × 1 3 × 1 4 × 1 5 × 1

직사각형 수의 일부는 제곱수로도 나타낼 수 있다.

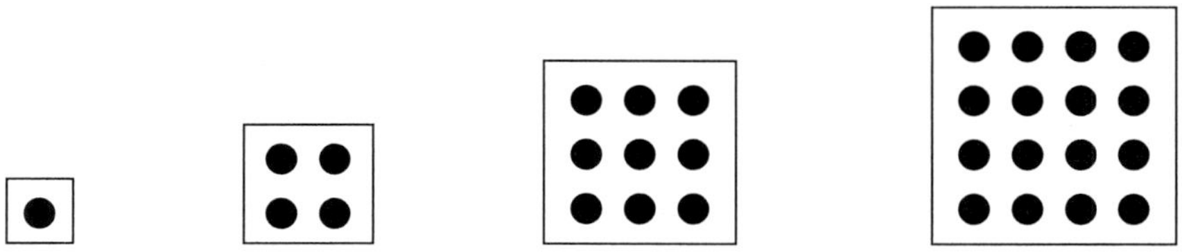

1 × 1 2 × 2 3 × 3 4 × 4

삼각수는 삼각형으로 나타낼 수 있는 수들이다.

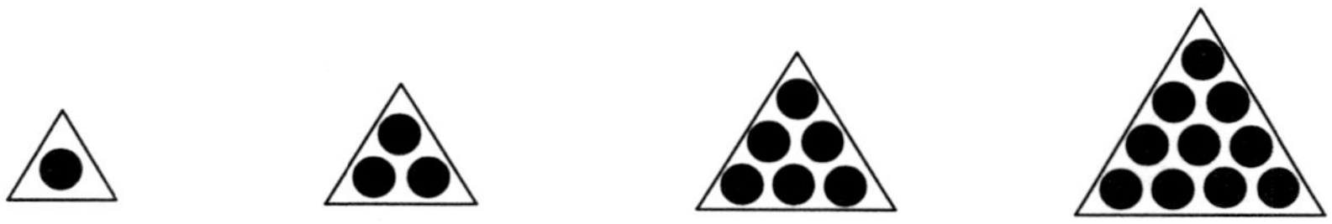

수의 규칙성의 특성에 대한 탐구와 발견에 참여하는 것은 수의 아름다움, 능력, 감각, 경이로움과 매력을 경험하고 깨닫게 하는 데 도움이 된다.

개수 세기

학생들은 집합의 기수를 효과적으로 알아내기 위해서 구조화와 묶어 세기를 사용한다. 이런 기능들은 1단계에서부터 3단계까지 발달되어 왔다. 4단계는 이런 기능들을 기반으로 하지만, 구체적 모델과 표현으로부터 점점 초점이 이동한다. 학생들에게 간단하게 정신적 표현과 추론을 사용하도록 격려한다. '빠른' 개수 세기를 적용하는 것은 학생들이 수와 연산의 성질에 대한 지식을 사용하는 '빠른' 계산을 위한 좋은 준비가 된다. 따라서 교사는 '빠른' 개수 세기에 대한 학생들의 지식을 구성할 수 있는 활동들을 제공해야 한다.

예를 들면, 학생들에게 이 카운터의 수가 게임에서 딴 것이고 각각이 25점이라면, 이 게임에서 딴 점수는 몇 점인지 빨리 파악하도록 할 수 있다.

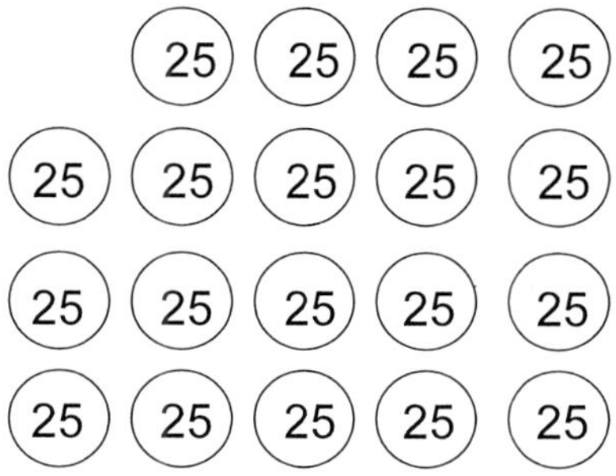

학생들에게 자신들의 전략을 논의하고 설명할 기회를 주는 것이 중요하다. 학생들은 '음, 25점짜리 토큰 5개는 125에요. 그래서 이것의 두 배를 두 번하면 500이라는 것을 알 수 있지요. 그런 다음 25를 빼면 이제 475가 되요.'와 같이 말할 수 있다.

때때로 대상들을 세기 쉬운 모양으로 배열할 수 있다. 예를 들면, 학생들은 직사각형의 빈 공간에 정신적으로 카운터 3개를 놓음으로써 왼쪽 아래에 있는 카운터의 전체 개수를 구할 수 있다.

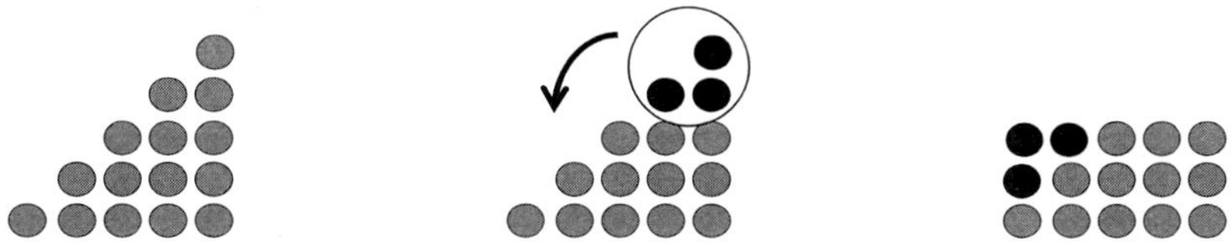

학생들은 카운터들을 재배열한 후에 전체 개수가 5 × 3이고, 이는 15임을 알 수 있다. 이 방법이 카운터를 하나씩 세는 것보다 빠르다.

때때로 수를 재배열하는 것이 몇 개가 있는지를 빨리 계산하는 데 도움이 된다. 예를 들면, 주사위에 있는 점이 모두 몇 개인지 구하는 문제를 생각해 볼 수 있다.

학생들은 1 + 2 + 3 + 4 + 5 + 6을 계산하는 대신 합이 7이 되는 수의 쌍들을 만들 수 있다.

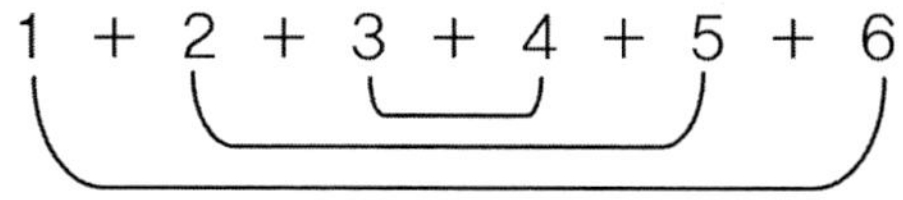

주사위에 있는 점들의 전체 개수는 7 × 3이고, 이는 21이다. 이와 같이 수열에서 수들의 쌍을 구하는 것을 유명한 수학자의 이름을 따서 가우스 방법이라고 부른다.

홀수 개의 연속된 수들이 있을 때도 관련된 전략을 적용할 수 있다. 수 1, 2, 3, 4, 5는 (3 − 2), (3 − 1), (3), (3 + 1), (3 + 2)로 생각할 수 있다. 따라서 1 + 2 + 3 + 4 + 5는 3 곱하기 5와 같다. 248, 249, 250, 251, 252와 같이 더 큰 연속된 수들이 관련되면, 이 전략이 그 수들을 하나씩 더하는 것보다 더 효과적이다. 학생들은 "250씩 다섯 묶음이 있는 것을 알 수 있어요. 이것은 모두 1250이에요."라고 말할 수 있다.

이런 보상 전략을 사용하면서, 학생들은 다음과 같은 것을 알 수 있다.

- 248은 250보다 2가 더 적고, 252는 250보다 2가 더 많다.
- 249는 250보다 1이 더 적고, 251은 250보다 1이 더 많다.

따라서 이것들이 서로를 상쇄하고, 학생들은 250씩 다섯 묶음을 갖게 된다.

교사는 문제해결의 예와 비정형적인 절차와 추론 기능이 필요한 탐구 유형의 상황들을 제공해야 한다. 이는 학생들이 중요한 대수적 기능을 발달시키고 기본적인 수에 대한 지식을 유지하는 데 도움이 된다.

어림과 반올림 

어림은 실생활에서 자주 사용된다. 이는 좋은 수 감각이 필요한 기능이다. 학생의 수 감각이 좋을수록 어림 능력이 좋다. 어림 능력은 이전 단계들을 거쳐 점차 형성된다. 학생들은 1단계에서 두 집합 중 어느 것의 대상들이 더 많은지를 어림하는 전략들을 개발한다. 2단계에서는 이런 능력을 확장해서 어떤 특정한 집합의 대상들이 대략 몇 개인지를 구할 수 있다. 3단계에서는 효율적인 수 세기 전략들과 표본을 선택하는 기술 등을 사용해서 어림할 수 있다. 학생들은 이 세 단계를 거치면서 어림에 대한 비형식적인 용어들을 학습하는데, 이는 4단계에서 사용하는 더 형식적인 수학적 언어를 위한 준비가 된다.

학생들은 어림이 아무렇게나 하는 추측이 아니라는 것을 이해해야 한다. 어림은 이전의 경험과 지식을 기반으로 하는 충분한 근거에 따른 결정이다. 학생들은 정보에 근거해서 판단해야 하고 그 어림값에 어떻게 도달했는지 설명할 수 있어야 한다. 좋은 어림 기능은 학생들이 문제해결 과정에서 무엇이 잘못되었는지, 잘못된 방향으로 가고 있는지를 아는 데 도움이 된다. 또한 해결 방법의 합리성을 점검할 수 있다.

학생들은 모든 발달 수준에서 어림 기능을 연습할 많은 기회를 가져야 한다. 4단계에서는 학생들에게, 예를 들면 사탕, 콩 또는 과자 통에 담긴 대상들의 수를 어림하게 하는 것이 여전히 적절하다. 일단 어림값을 구하고 나면, 실제 대상들의 수를 계산하고 그 어림값이 얼마나 가까운지를 결정한다. 이런 결과들을 구조화된 수직선 위에 점으로 나타낼 수 있다. 학생들은 수직선 위의 점들을 보며 어림한 양과 실제 양 사이의 차이를 알 수 있다.

학생들은 어림값을 계산기로 점검할 수도 있다. 이 활동은 짝끼리 할 수 있다. 한 학생이 어림을 하고 다른 학생은 계산기를 사용해서 답을 점검한다. 어림값을 구한 학생들은 암산으로 짝이 계산기를 사용해서 구한 답을 평가한다.

어림은 종종 정확한 계산이 뒤따르는 초반의 활동일 수 있으나, 정확한 양을 계산할 필요가 없는 실생활 상황도 셀 수 없을 만큼 많다.

학생들은 어떤 경우에는 정확한 계산이 필요 없고, 대략적인 계산을 하는 것이 더 현명하다는 것을 알아야 한다. 언제 어림을 하는 것이 적절하고, 언제 정확한 답이 필요한지를 알아내는 것이 중요하다.

예를 들어, 샐리는 49.95란드인 티셔츠, 한 켤레에 9.95란드인 양말, 39.95란드인 치마를 사고 싶어 한다. 학생들에게 이 물건들을 사는 데 100란드가 충분하다고 생각하는지 질문한다. 학생들은 많은 계산 활동이 필요한 수들을 계산하는 대신, 수들을 반올림하여 '간단한' 수들을 사용해서 50 + 10 + 40은 100이라고 어림한다. 수정이는 모든 가격을 좀 더 크게 해서 간단한 수들을 구했기 때문에, 100을 넘지 않는다는 것을 안다. 따라서 이 물건들을 사는 데 100란드는 충분하다.

그러나 수정이가 100란드를 내고 거스름돈을 얼마나 받을지 알고 싶다면, 정확한 값을 계산해야 한다. 이 경우에도 그녀는 100란드에서 5센트에 곱하기 3을 한 값을 빼서 99.85를 구하는 것과 같이 어림을 사용할 수 있다.

계산에서 효과적인 어림 기능을 적용하기 위해서는 어떤 특정한 수에 가장 가깝게 반올림한 수가 무엇인지 알 필요가 있다. 2단계와 3단계에서 화폐, 측정, 다른 실생활 맥락의 활동에서 반올림 기능을 도입했다. 예를 들면, 학생들에게 물건들을 개별적으로 지불해야 할 때 어떤 지폐를 사용하는 것이 가장 최선인지를 질문했다.

가격	8.99란드	17.99란드	47.49란드	86.99란드	…
지폐	10란드	20란드	50란드	100란드	…

4단계 초반에는 학생들이 확장된 수의 범위에 해당하는 맥락 문제들을 다루면서 반올림 기능을 사용한다. 그러나 점차 비 맥락적인 순수한 수에 반올림을 적용한다.

4단계에 있는 학생들은 처음에는 수를 반올림하는 규칙을 배우지 않는다. '대략 얼마인지', '대략 몇 개인지'와 같은 아이디어를 사용한다. '대략', '약', '약간 더 많은', '쯤'과 같은 단어들이 또한 반올림할 때의 적절한 단어들이다.

반올림 기능은 수의 위치화 개념과 밀접한 관련이 있다. 화폐 맥락을 사용하는 것 외에 구조화된 수직선과 비 구조화된 수직선도 이 기능을 발달시키는 데 유용하다.

1246의 경우에, 어떤 반올림한 수(100의 자리에서 반올림)가 이 수에 가장 가까운지 아는 것은 쉽다.

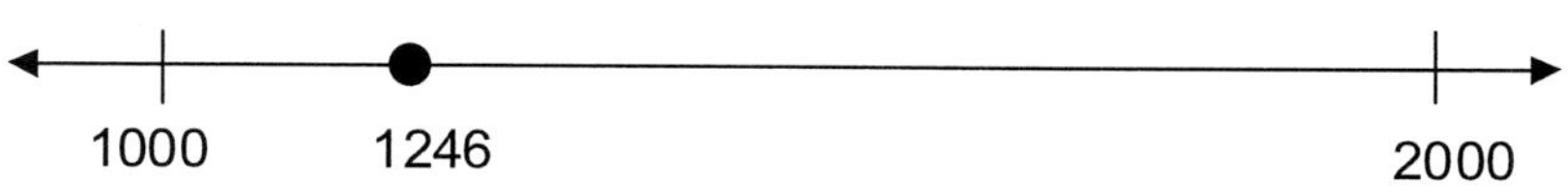

어떤 반올림한 수(십의 자리에서 반올림)가 449에 가장 가까운지를 결정하는 것은 좀 더 시간이 걸린다.

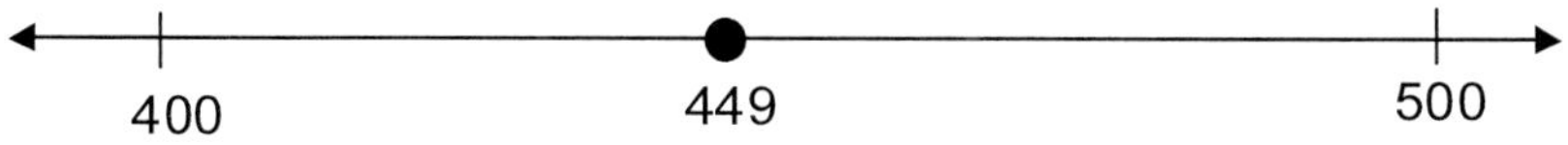

이와 같은 문제에서 학생들은 규칙을 생각해낼 수 있고, 50, 500 또는 5000을 반올림한 수로 택할 수 있다.

반올림한 수에서 원래의 수를 찾는 반대의 경험을 하도록 하는 것도 학생들에게 도움이 될 수 있다. 예를 들면, 학생들에게 반올림해서 500이 되는 수는 어떤 수들인지 질문할 수 있다.

4단계에서 학생들의 어림 능력과 반올림하는 능력을 돕기 위해서는, 학생들이 단지 어떤 것이 충분한지, 계산한 답이 더 큰지 작은지를 말하도록 하는 과제를 제시하는 것이 중요하다. 또한 학교생활에서 학생들에게 반올림한 수가 어디에 사용되는지를 보여주는 기회들을 찾아보는 것도 중요하다. 이는 학생들이 어림과 반올림의 필요성을 인식하는 데 도움이 될 것이다.

수의 표현과 기호화

학생들이 계산을 위한 수 범위를 1000과 10000까지(그 이상)의 수로 확장하면서, 추상적인 수 기호로 활동하기 시작하고, 이전에 사용했던 구체적인 모델들은 덜 중요해진다. 교사들은 학생들에게 백만이나 심지어는 십억과 같이 실제적으로 큰 수들을 접하게 하는 것이 필수적이다. 이런 큰 수들이 맥락으로 제시되는 것이 또한 중요하다. 이런 맥락의 예는 가격, 여론조사, 나라별 인구수, 로또 등과 관련해서 신문이나 잡지, 광고에서 찾아볼 수 있다.

복권 당첨자 2백만 란드를 잃을 위험에 처하다

한 복권 당첨자가 2백만 란드 이상의 복권에 당첨되었으나, 한 달 이내에 당첨자가 나타나지 않으면 쓸모없는 휴지 조각이 될 운명이다.

학생들은 큰 수들을 표준적인 방법으로 읽고 쓰는 것을 학습해야 하지만, 이런 수들을 나타내는 몇 가지 다른 방법들이 있다는 것도 알아야 한다. 복권 당첨자의 예에서, 교사는 2백만 란드의 상금이 무엇을 의미하는지, 당첨자가 시간 안에 나타나지 않으면 그 당첨자는 얼마를 잃게 되는지 질문할 수 있다. 이런 논의 후에 교사는 금액을 나타내는 다양한 방법들을 보여줄 수 있다(이백만, 2백만, 2,000,000). 기호, 언어, 그림을 사용한 다른 표현들도 가능하다.

학생들은 큰 수들을 사용하면서, 점점 더 큰 수들이 항상 존재한다는 것을 알게 될 것이다. 그러면 학생들은 우리의 수 체계의 반복 규칙에 익숙해질 것이다.

수를 기호로 나타낼 때, 자릿값에 대한 확고한 이해가 필수적이다. 이에 대해서는 다음 정에서 좀 더 상세하게 다룰 것이다.

수의 합성과 분해

4단계에서 수의 합성과 분해 기능은 1000과 10000까지(그 이상)의 수 범위까지 확장된다. 수의 분할이나 십진법을 이용한 분해에 초점이 맞추어지는데, 이는 수를 천, 백, 십, 일로 분해하는 것을 의미한다. 그러나 다양한 수의 분해 방법을 강화하는 것이 중요하다. 이전 단계에서 수의 합성과 분해에 관련된 활동들은 구조화된 구체물들을 사용하였다. 4단계에서는 학생들의 사고를 돕는 시각적 이미지를 형성하는 보조 역할로 이런 구조화된 구체물을 여전히 사용할 수 있다.

십진법을 이용한 합성과 분해

수 카드 전개의 사용

수 카드 전개의 사용과 만, 천, 백, 십, 일의 이름을 알게 되면서 막대, 블록 등의 필요성이 감소한다. 수 카드 전개 활동은 3단계의 활동과 유사하지만, 이제는 큰 수들을 사용한다. 예를 들면, 학생들은 3247을 몇 천, 몇 백, 몇 십, 몇으로 분해하고, 삼천 이백 사십칠이라고 말한다.

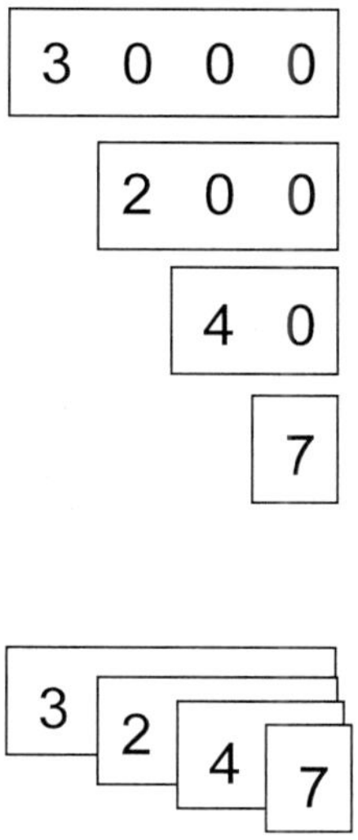

학생들이 더 큰 수들을 이해하기 위해서는 자릿값에 대한 아주 발달된 감각이 필요하다.

이 단계의 목표는 학생들이 각 숫자의 값을 의식하는 것이다. 이런 의식성을 알아보는 방법은 수가 3247이고, 화폐에 관한 것이라면 3과 7중에 어떤 것을 선택할 것인지 그리고 그 이유는 무엇인지를 질문하는 것이다. 여기서 학생들은 각 숫자보다는 그 값을 생각해야 한다. 숫자 7은 숫자 3보다 크지만, 3247에서 3의 값은 3000이다.

학생들이 수 카드 전개를 이용해서 수를 합성할 때, 수를 분해할 때 했던 것의 역을 행한다.

교사들은 학생들에게 칠백, 삼, 오천, 이십으로 이루어진 수를 생각해 보도록 할 수 있다. 학생들은 이것이 어떤 수인지 말해야 한다. 수 카드 전개를 생각하는 것이 도움이 될 수 있다.

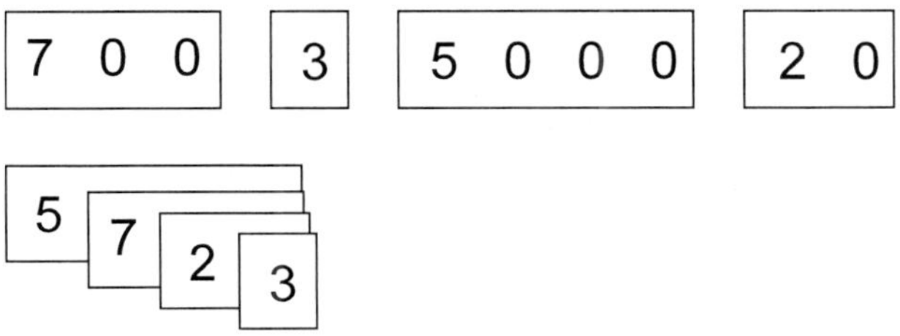

학생들은 또한 몇 천, 몇 백, 몇 십, 또는 몇 씩 작게 하거나 크게 해서 수들을 변화시키는 활동들을 할 수 있다. 5723의 경우, 교사는 학생들이 이 수를 1000 크게, 50 크게, 200 크게, 2000 작게, 500 작게 만들도록 할 수 있다.

처음에는 몇 십, 몇 백, 몇 천 이상을 넘어가지 않게 한다. 나중에는, 예를 들면 5723을 400 더 크게 만들 수도 있다. 몇 십, 몇 백, 몇 천을 넘어가는 변화는 십진법에 기초한 자릿값 체계의 묶음 개념을 강화한다. 10이 10이면 100이 되고, 100이 10이면 1000이 되고, 1000이 10이면 10000이 된다. 이 예에서 700은 300을 더하자마자 1000이 되고, 5(5000)는 6(6000)이 된다. 5723에 400이 커지면 5723 + 300 + 100 = 6023 + 100 = 6723이다.

화폐 사용

화폐에 대한 문제는 십진법을 이용한 분해 개념을 강화하고 학생들의 자릿값 체계에 대한 이해를 증대시키는 유용한 연습을 제공한다.

학생들이 10란드 지폐와 1란드 동전만 가지고 있을 때 748란드를 지불해야 하는 문제는 748란드가 십이 74, 일이 8이 될 수 있다는 것을 이해하게 한다. 이는 수 체계에 대한 지식을 확장한다.

학생들이 작은 수에 관련된 자릿값 유형의 문제들을 해결할 수 있는 기회들을 가져왔고 수 체계의 규칙을 인식해 왔다면, 교사는 더 큰 수들에 대한 문제들을 제공할 수 있다. 예를 들면, 어떤 장난감 공장에 장난감 휴대폰이 39627개 있는데, 이 휴대폰들을 한 상자에 100개씩 포장해야 한다. 학생들이 해결해야 하는 문제는 이 휴대폰들을 포장하려면 상자가 몇 개가 필요한지 하는 것이다. 학생들은 상자가 396개 필요하고 장난감 휴대폰 27개가 남는다는 것을 구해야 한다. 학생들이 수 체계를 잘 이해한다면, 답을 아주 빨리 구할 수 있다. 사실, 수 체계를 이해한다면, 답을 볼 수 있다.

만	천	백	십	일
3	**9**	**6**	**2**	**7**

백 이	백 이	백	십	일
100	10			
3	**9**	**6**	**2**	**7**

수직선 사용

교사는 또한 직선 모델을 사용해서 수의 합성과 분해를 할 수 있다. '뛰어 세기' 게임은 3단계에서 기술한 바와 같이 학생들이 가능한 적게 1씩, 10씩, 100씩 뛰어 세기를 해서 특정한 수까지 도달해야 하는 것으로, 이 단계에서는 더 큰 수들을 포함하는 것으로 확장된다. 예를 들면, 학생들에게 3750까지 가장 적은 수의 뛰어 세기를 하도록 할 수 있다. 학생들은 이 문제를 뛰어 세기 11번으로 할 수 있다. 즉, 1000씩 4번, 100씩 2번, 10씩 5번이다.

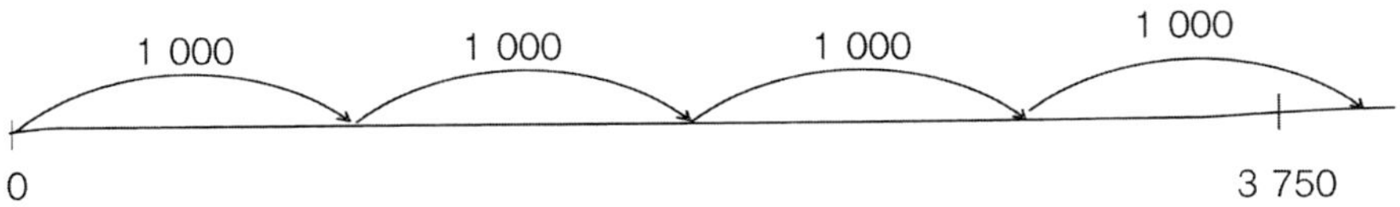

1000씩 4번 뛰어 세기는 4000에 도달하게 하고, 그런 다음 7번 거꾸로 뛰어 세기(100씩 2번과 10씩 5번)를 할 필요가 있다. 마지막 뛰어 세기 부분을 확대한 그림이 필요하다.

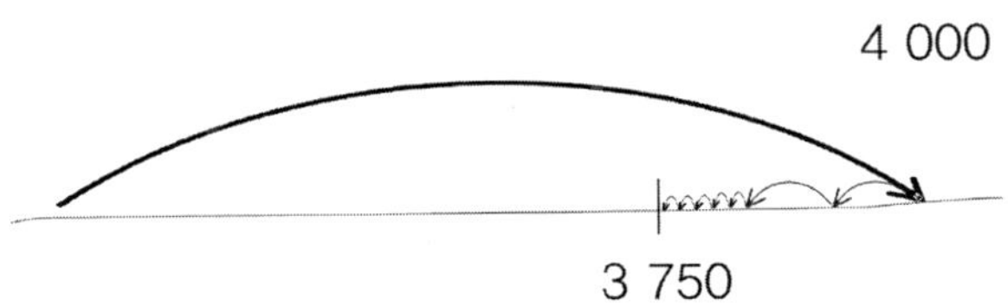

자릿값 게임

자릿값 게임은 학생들의 자릿값 개념을 강화하는 데 도움이 될 수 있다. 이 게임은 학생 4명 또는 6명의 모둠으로 진행한다. 각 학생은 약 10개의 콩을

천, 백, 십, 일의 이름이 적힌 정사각형 4개로 분할된 판에 던진다. 각 정사각형에 떨어진 콩의 수가 학생들이 만들어야 하는 수의 자릿값을 나타낸다.

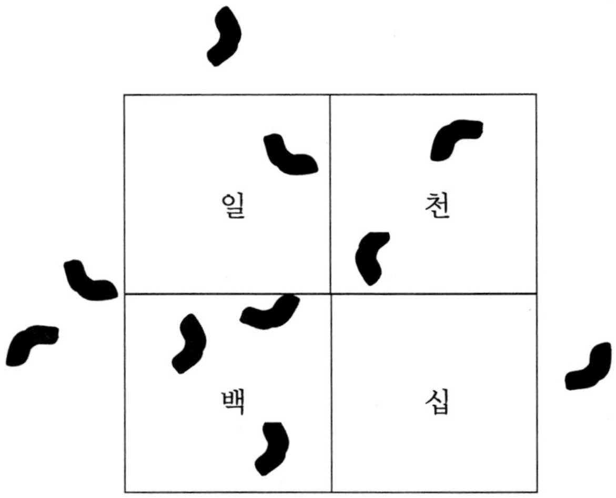

학생들은 던진 후에 자신이 이해하는 방법으로 자릿값을 기록한다. 각 학생은 네 번씩 던질 수 있다. 네 번째 던진 후에 전체수가 얼마인지 파악한다. 예를 들면, 천이 4, 백이 11, 십이 7, 일이 2면 4000 + 1100 + 70 + 2 = 5172이다. 가장 큰 수를 얻는 학생이 이긴다.

대안적인 수의 분해와 합성 방법

학생들은 십진법을 이용한 분해 활동 외에도 1000과 10000까지(그 이상)의 수 범위에서 합성과 분해에 대한 다른 경험들을 가져야 한다. 학생들은 네 자리의 수와 다섯 자리의 수를 만, 천, 백, 십, 일 외의 다른 묶음으로 분해하는 방법을 알 필요가 있다.

2652는 천이 2, 백이 6, 십이 5, 일이 2이다. 2652는 500씩 5묶음, 25씩 6묶음과 2이다.

15254는 만이 1, 천이 5, 백이 2, 십이 5, 일이 4이다. 15254는 5000씩 3묶음, 50씩 5묶음과 4이다.

4단계에서는 학생들이 배수, 두 배, 이등분뿐만 아니라 100, 1000, 10000의 인수들에 대한 지식을 강화하고 발달시키는 것이 필수적이다. 이런 수에 대한 지식은 학생들이 더 큰 수의 범위에서 계산을 쉽게 할 수 있게 한다. 따라서 교사가 다음과 같은 활동들을 제공하는 것이 중요하다.

- 10000의 합성과 분해를 가능한 한 많이 하기(예를 들면, 250과 9750, 9900과 100 등)
- 다양한 연산을 사용해서 결과가 1000이 되는 계산을 다양하게 만들기(예를 들면, 990 + 10, 10000 ÷ 10, 250 × 4, 10000-9000 등)
- 10이나 100의 배수가 아닌 수들로 1000의 합성과 분해하기(예를 들면, 999와 1, 123과 877, 625와 375 등)
- 두 배하기(예를 들면, 125, 175, 250, 450 그리고 다른 수들을 두 배하기)
- 어떤 정해진 수에서 시작하여 100씩, 1000씩 수 세기(예를 들면, 332에서 100씩 세면, 432, 532, 632, 732, 832, 932, 1032, 1132 등)

2 1000까지(그 이상)의 연산

고차적인 계산은 1000까지 그리고 이상의 수 범위에서의 연산을 말한다. 4단계의 주요 특징은 다양한 계산 형식이 출현한다는 점이다. 이전 단계에서는 암산과 필산 같은 계산 형식이 명확하게 구분되지 않았다.

가. 고차적인 수의 연산 방법

계산 형식은 학생들이 제시된 계산을 하기 위해 사용하는 방법을 말한다. 몇 가지 형식이 가능하다. 즉, 암산, 필산(전체수에 기초한 계산과 각 자리 숫자에 기초한 계산을 포함), 어림 계산(어림), 계산기를 이용한 계산이다. 학생들이 수에 대한 문제를 해결할 때 선택하는 형식은 관련된 수의 크기와 특성에 달려 있다. 예를 들면, 47 × 58과 같은 문제는 종이 위에 알고리즘 절차를 적용해서 더 잘 해결할 수 있다. 4.99란드 × 5는 암산(5 × 5 − 0.01 × 5)으로 가장 빨리 해결할 수 있다. 또한 60 × 24 × 365와 같은 문제(1년을 분으로 나타낸 수)에서는 계산기의 사용이 바람직하다. 학생들의 능력 수준도 계산 형식의 선택에 영향을 미칠 수 있다. 결과적으로 학생들은 적절한 계산 형식, 즉 학생 개인과 문제 모두에 적합한 계산 형식을 선택할 수 있어야 한다.

암산

상식적으로 이해하고 있는 '암산'의 의미는 거의 표준적인 방법으로 '머릿속에서(in your head)' 가능한 한 빨리 계산하는 것이다. 그러나 암산은 또한 알고 있는 수 관계와 연산의 성질들에 기초한 능숙하고 유연한 계산을 할 수 있는 능력이다. 이런 의미에서 암산은 '머리를 써서(with your head)' 계산하는 것을 의미한다. 암산은 넓은 의미에서 부분적으로는 머릿속에서, 부분적으로는 종이 위에 생각하는 동안 중간 단계들을 적으면서 할 수 있다.

학생들이 이 때까지 알게 된 수에 대한 지식은 암산을 유연하게 하는 능력을 제공한다. 이는 학생들이 제시된 문제에 적합한 전략을 사용해서 문제를 해결할 것이라는 것을 의미한다. 결국 선택한 전략은 수에 대한 지식과 그것을 적용하는 능력에 달려 있다.

일반적으로 암산에서 적용될 수 있는 세 가지의 주요 전략들은 다음과 같다.

- 연속 전략
- 변화 전략
- 분해 전략(십진법을 이용한 분해 전략)

학생들은 3단계에서 광범위하게 다루었기 때문에 이 전략들에 친숙하다. 4단계에서는 구체적인 활동 방법에서 추상적인 방법으로의 더 발전된 이행에 초점을 둔다. 우선 덧셈과 뺄셈을, 그 다음으로 곱셈과 나눗셈을 논의할 것이다. 그러나 연산들은 따로따로 가르쳐서는 안 된다. 연산들은 밀접하게 관련되어 있다.

덧셈과 뺄셈

연속 전략

연속 전략이 적용되는 암산에서는 첫째 수는 전체를 그대로 두고, 둘째 수는 부분으로 나눈다. 이 전략에서는 빈 수직선이 주요 모델로 사용된다. 이전 단계에서 학생들은 이미 종이 위에 그려진 수직선을 사용하여 계산을 해 왔다. 자신들의 방법들을 기술할 수 있는 수학적 언어들도 개발해 왔다. 학생들은 암산에서 연속 전략을 사용할 때, 보조적으로 머릿속에 있는 수직선을 보거나 종이 위에 그림을 그릴 수 있다.

예

3학년 학급의 한 교사는 학생들에게 다음과 같은 문제를 제시했다.

에스메는 휴일에 가족들과 함께 엘리자베스 항구에 가려고 합니다. 거의 다 왔을 때, 에스메는 차의 계기판이 오늘 달린 거리가 356km임을 나타내고 있는 것을 봅니다. 표지판을 보니 그날 밤 캠핑할 작은 도시에 도착하려면 48km를 더 가야 합니다. 에스메 가족은 이 날 전체 몇 km를 달렸을까요?

몇 명의 학생들이 손을 들었다.

낸디는 404km라고 대답했다.

교사는 낸디에게 어떻게 이 답을 구했는지 질문했다.

낸디는 "나는 40만큼 뛰어 세기를 했어요. 그러면 396이고, 그런 다음 4만큼 뛰어 세기를 하고 다시 4만큼 뛰어 세기를 했어요."라고 대답했다.

교사는 낸디가 설명한 대로 칠판 위에 수직선을 그렸다.

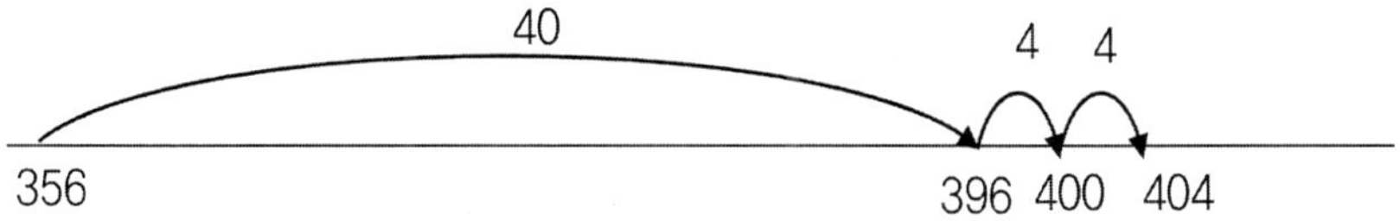

교사는 또한 뛰어 세기 전략에 대한 화살표 기호를 제시했다.

$$356 \xrightarrow{+40} 396 \xrightarrow{+4} 400 \xrightarrow{+4} 404$$

그러나 교사는 암산은 그 자체가 목표라는 것을 강조했다. 계산을 꼭 적을 필요는 없다. 화살표 기호법은 단지 수직선을 그리지 않고 전략의 과정을 의 사소통하기 위한 것이다.

교사는 모든 학생들이 낸디만큼 능숙하지 않다는 것을 알고 있었기에, 더 많은 중간 단계들이 있는 방법에 대해 논의했다.

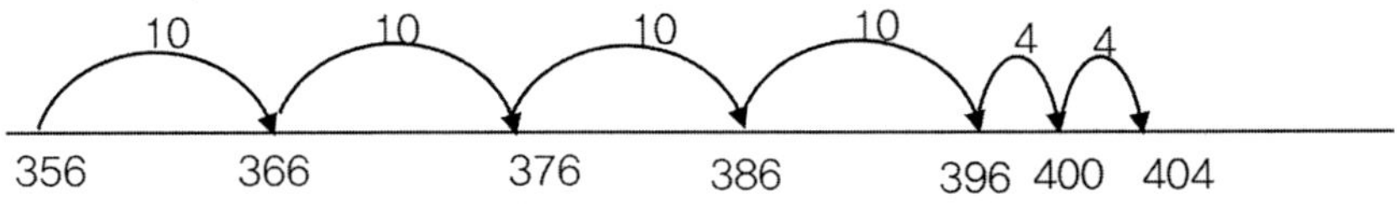

알리는 그 때 다른 방법이 생각났다. "356에 4를 더하면 360이고, 40을 더하면 400, 그런 다음 4를 더 더하면, 전체 404가 되요." 알리의 공헌에 대한 상으로 교사는 칠판 위에 뛰어 세기를 나타낸 수직선을 그리라고 하였다.

그런 다음 교사는 뺄셈 문제 325－49를 제시했다.

학생들은 몇 가지 연속 전략을 자신들의 기호법으로 보여주었다.

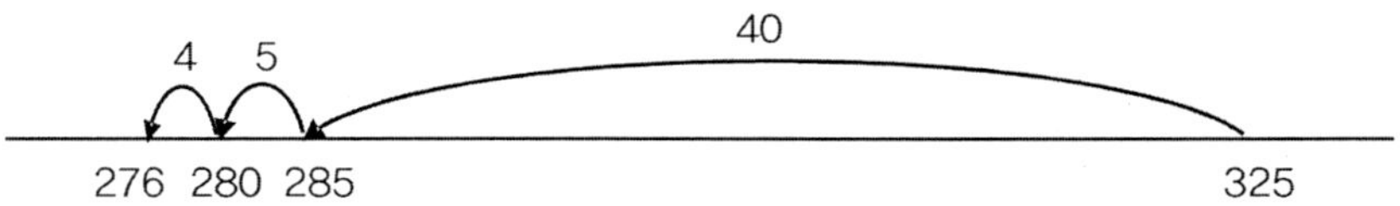

$$325 \xrightarrow{40} 285 \xrightarrow{5} 280 \xrightarrow{4} 276$$

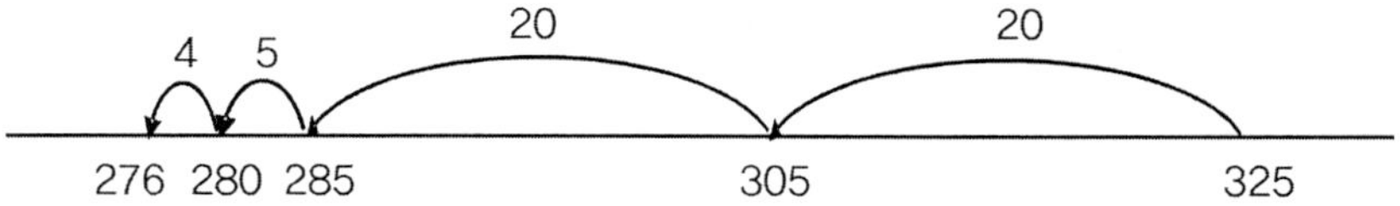

$$325 \xrightarrow{20} 305 \xrightarrow{20} 285 \xrightarrow{5} 280 \xrightarrow{4} 276$$

3단계에서는 100까지의 계산에 초점이 맞추어져 있다. 4단계에서는 학생들이 1000까지(그 이상)의 연산을 한다. 학생들은 이 범위에서의 계산이 100까지의 계산과 정말 다르지 않다는 사실을 의식하게 된다. 그러나 백과 천에서의 받아 올림이나 받아 내림은 새롭다. 어떤 수에서 10씩, 100씩 앞으로 뛰어 세기나 거꾸로 뛰어 세기는 학생들이 받아 올림이나 받아 내림에 친숙해지고 연속 전략들을 시행하는 데 도움을 준다.

변화 전략

학생들이 연속 전략에 더 자신감을 갖게 되면, 교사들은 변화 전략에 더 주의를 기울여야 한다. 학생들이 어떤 경우에는 표준적인 뛰어 세기 전략이 불필요할 정도로 복잡하고 답을 구할 수 있는 더 빠른 방법들이 있다는 것을 깨닫게 하는 것이 목표이다. 교사들은 학생들이 이런 방법들을 찾도록 격려해야 한다.

학생들이 3단계에서 사용한 동일한 네 가지 변화 전략들이 덧셈 문제와 뺄셈 문제를 암산으로 해결할 때 적용될 수 있다. 그 전략들은 다음과 같다.

- 순서 바꾸기(교환 법칙의 적용, 뺄셈에는 적용되지 않음)
- 묶음 바꾸기(결합 법칙의 적용, 뺄셈에는 적용되지 않음)
- 보상하기
- 역 관계 사용하기

변화 전략을 적용할 수 있도록 학생들은 유연한 수에 대한 지식과 연산의 성질에 대한 이해를 가질 필요가 있다. 다음 예는 포함된 수의 특성 때문에 변화 전략이 탁월한 선택이 되는 몇 문제를 보여준다.

예

교사는 문제 302－297을 제시했다.

교사는 우선 이 수들의 차가 큰지 작은지를 생각해 보도록 했다. 대부분의 학생들은 “작아요.”라고 소리쳤다.

교사는 계속해서 “차가 얼마인지 아는 사람?”이라고 말했다.

자네트는 “저는 알아요. 5에요.”라고 대답했다.

교사는 이해하지 못한 척 하면서, “너는 어떻게 이 어려운 문제에 대한 답을 그렇게 빨리 구할 수 있었니?”라고 말했다.

자네트는 “297에서 300까지는 3이고, 그런 다음 302에 도달하려면 2가 더 필요해요.”라고 설명했다. 자네트는 머릿속에 수직선에 대한 상을 가지고 있었고 두 수 사이의 차를 ‘연결’해 주었다.

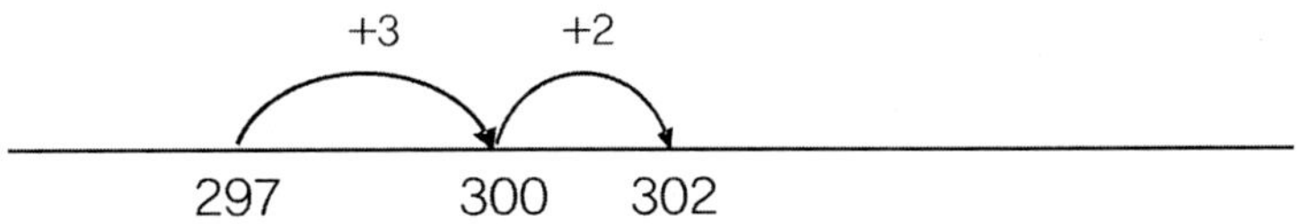

사실, 자네트는 297 + 5 = 302이기 때문에 302 − 297 = 5라는 역관계를 사용했다.

자네트가 자신의 방법을 설명한 후에, 교사는 302 − 297과 같은 어려운 문제를 해결할 때는 수들을 변화시켜서 더 쉬운 문제로 바꾸어 볼 수 있다는 것을 반 학생들에게 설명했다. 교사는 빨리 다음 말을 덧붙였다. "물론 뺄셈 문제에서 수들을 바꾸는 것은 예를 들면 두 수 모두 3을 더하는 것과 같이 그 차가 같을 때만 할 수 있어요. 그러면 이 문제는 305 − 300으로 바꿀 수 있죠. 네, 이것은 쉬운 문제죠. 답은 5이고, 차를 같게 했기 때문에 이것은 302 − 297에 대한 답도 되지요. 수직선을 보세요. 여러분은 그 차를 오른쪽으로 이동해서 305 − 300에 도달하게 할 수 있어요."

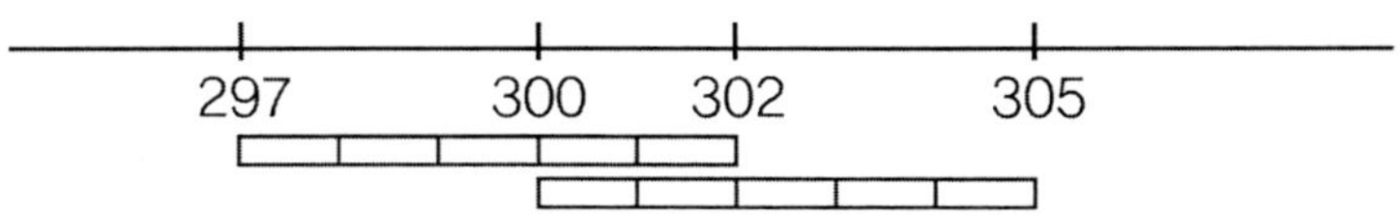

교사는 학생들에게 변화 전략을 사용하는 다른 경험을 할 수 있도록 새로운 문제 325 − 249를 제시했다. 이 문제도 받아 내림이 있는 문제로, 학생들은 이런 유형의 문제를 계산할 수 있는 쉬운 방법들이 있음을 보여주었다.

잉코시는 답을 구하는 아주 빠른 방법을 알고 있다고 말했다. "나는 우선 200을 뺐어요. 그러면 125가 되요. 이제 49를 빼는 것이 어려우니까 대신 50을 뺐어요. 그러면 75에요. 그런 다음 너무 많이 뺐으니까 1을 다시 돌려주어야 해요."

교사는 잉코시가 방금 말한 것을 칠판에 적었다.

$$325 - 200 \rightarrow 125 - 50 \rightarrow 75 + 1 \rightarrow 76$$

잉코시는 보상 전략을 사용했다. 그녀는 49를 50으로 바꾼 후에 1을 더

했다.

교사는 자네트의 연결 방법(297에서 302까지 뛰어 세기를 했다)을 이 문제에 어떻게 사용할 수 있는지 아는 사람이 있는지 질문했다.

조지는 자신이 안다고 말했다. “249에서 시작해서 300까지 세요. 우선 1을 하면 250, 그 다음은 50. 그러면 합해서 51이에요. 이제 25만 더하면 325가 되요. 따라서 1 + 50 + 25를 연속해서 더해요. 그러면 76이에요.”

교사는 칠판에 수직선을 그리고 조지가 설명한 방법을 수직선 위에 나타내었다.

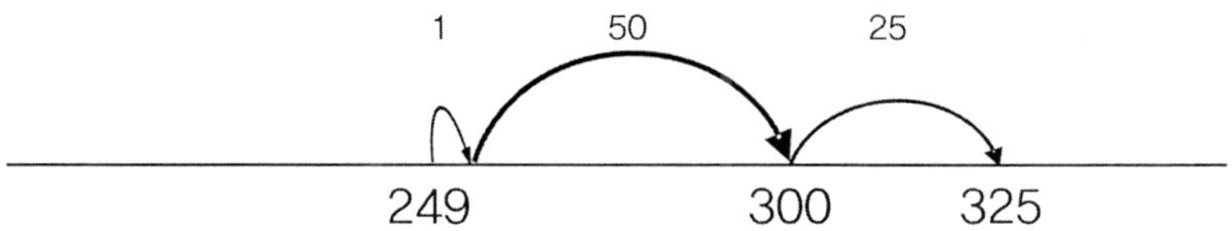

다음으로 교사는 조지가 이 문제를 해결하기 위해 계속 더하거나 또는 역관계를 사용했다는 것을 언급했다.

수를 유연하게 다루고 변화 전략을 사용하는 다른 유용한 방법은 수들의 순서를 바꾸는 것이다. 이는 교환법칙을 의미한다(뺄셈에는 적용되지 않는다).

예

3학년 학생들에게 다음 문제를 제시했다.

타보는 우표 수집을 시작했습니다. 그는 우표 17장을 모았습니다. 그의 할아버지는 타보가 얼마나 신이 나 있는지 보시고 타보에게 그가 어렸을 때 수집했던 우표들을 주시기로 했습니다. 이제 타보는 그가 모은 것에 우표 245장을 보태야 합니다. 타보가 가진 우표는 모두 몇 장인가요?

이 이야기에서 알 수 있는 수학적 문제는 17 + 245이다. 학생들은 즉시 수들의 순서를 바꾸고 더 큰 수에서 시작하였다. 그들은 245 + 10 → 255 + 7 → 262로 계산하였다. 타보는 실제로는 우표 17장에서 시작했는데, 이 문제를 왜 그렇게 해결했는지 질문했을 때, 학생들은 그것이 더 쉽다고 말했다.

학생들은 17에 245를 더하는 것보다 245에 17을 더하는 것이 더 이해하기 쉽다는 것을 알 수 있었다. 덧셈의 교환법칙은 포함된 수들이 필요로 할 때 사용할 수 있는 실제적인 변화 전략이다.

분해 전략

분해는 분할의 특별한 유형이다. 이는 수들을 백의 자리, 십의 자리, 일의 자리로 십진법을 이용하여 합성하고 분해하는 것을 의미한다. 분해 전략을 사용하여 덧셈 문제와 뺄셈 문제를 해결할 때는 두 수 모두 십진법을 이용하여 분해한다. 그런 다음 백의 자리끼리, 십의 자리끼리, 일의 자리끼리 따로 따로 더하거나 뺀다. 화폐 또는 수 모형과 같은 구조화된 구체물에 기초한 묶음 모델을 사용하는 것이 분해 전략에 도움이 될 수 있다.

이 전략을 적용할 수 있으려면, 학생들은 수 체계의 십진법에 대한 특성과 자릿값 구조를 이해할 필요가 있다. 1000까지의 수들은 100까지의 수들을 확장한 것이고 더 많은 확장이 뒤따를 수 있다는 것을 알 수 있어야 한다.

예

3학년 교실에서 한 교사가 학생들과 함께 다음 활동을 했다. 교사는 칠판에 덧셈 문제 348 + 137을 썼다. 4단계의 학생들은 이 문제를 암산으로 해결할 수 있어야 하지만, 교사는 가끔 학생들이 구체물 활동을 통해 수 체계에 대한 이해를 유지할 수 있도록 했다.

학생들은 짝끼리 앉아있고 책상 위에는 수 모형들이 놓여 있었다. 교사는 학생들에게 수 모형을 사용하여 이 수들을 표현하게 했다. 학생은 각자 수 하나를 수 모형으로 표현했다.

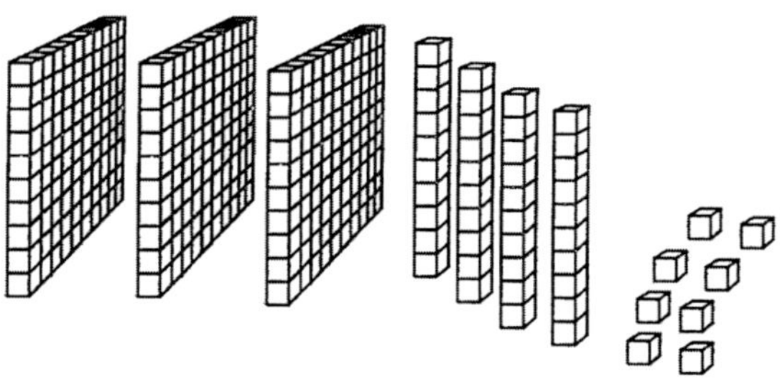

348

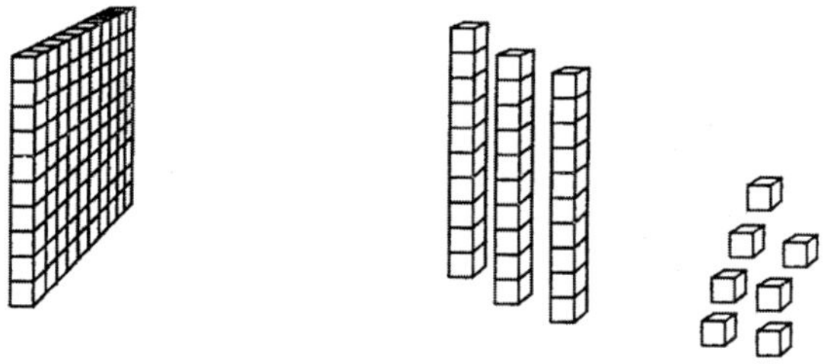

137

그런 다음 학생들은 자신들이 만든 수들을 결합해서 머릿속에서 전체를 구했다.

교사는 해당되는 수식을 지필 표기법으로 칠판에 적었다.

348 + 137 =

300 + 100 = 400

40 + 30 = 70

8 + 7 = 15

400 + 70 + 15 = 485

그 다음 교사는 뺄셈 문제 688 − 243을 제시했다.

(교사가 의도적으로 받아 내림이 없는 문제를 선택했다는 점을 주목해야 한다. 받아 내림이 있는 문제들은 일반적으로 필산으로 하는 것이 더 나을 수 있다. 예외인 것들은 688 − 299와 같은 문제들로 이는 688 − 300 + 1의 변화 전략을 사용해서 암산으로 할 수 있다.)

학생들은 문제 688 − 243을 암산으로 백의 자리, 십의 자리, 일의 자리로 각각 분할해서 해결한 다음 그것들을 합했다. 학생들은 사고 과정을 기억하기 위해서, 400, 40, 5의 중간 결과들을 적었다.

교사는 학생들에게 답 445를 구하는 과정의 모든 단계들에 대한 명확한 개관을 제시하기 위해 대응되는 모든 수식을 칠판에 적었다.

688 − 243 =
600 − 200 = 400
80 − 40 = 40
8 − 3 = 5
400 + 40 + 5 = 445

교사가 학생들에게 설명하고 좀 더 연습을 한 후에, 학생들은 이런 유형의 문제들을 구체물을 사용하지 않고 또한 대응되는 수식을 모두 적지 않고 암산으로 해결할 수 있을 것이다.

학생들이 암산에 숙달하려면, 수에 대한 지식을 깊이 탐구하는 것이 필요하다. 즉, 학생들은 연속 전략, 변화 전략, 분해 전략을 사용할 수 있도록 안내하는 여러 가지 방법으로 수들을 탐구해야 한다. 첫째, 교사들은 학생들이 암산으로 연속 전략을 사용하도록 돕는 활동들을 개발할 필요가 있다. 학생들이 연속 전략에 숙달되면 암산 활동은 변화 전략으로 확장할 수 있다. 분해 전략도 암산에 적합한데, 특히 십의 자리, 백의 자리 그리고 마지막으로 천의 자리에서 받아 올림이나 받아 내림이 없는 문제들에 적합하다. 그러나 분해 전략은 일의 자리, 십의 자리, 백의 자리 그리고 마지막으로 천의 자리가 따로따로 처리되는 필산에 좀 더 적합한 전략이다. 교사들이 학생들에게 이 모든 전략들을 개발할 수 있는 많은 기회들을 제공하는 활동들을 설계하는 것이 중요하다.

곱셈과 나눗셈

학생들이 4단계에 이를 때까지는 곱셈과 나눗셈 개념을 이해하고 곱셈구구표를 빨리 기억해낼 수 있다. 곱셈구구표 연습을 위한 다양한 아이디어가 3단계에 대해 기술한 장에 포함되어 있다.

4단계에서는 학생들이 곱셈 문제와 나눗셈 문제를 수 지식을 이용한 암산으로 해결한다. 학생들은 이 문제들을 덧셈과 뺄셈의 암산에 적용했던 세 가지 전략들, 연속 전략, 변화 전략, 분해 전략을 사용하여 해결한다.

교사들은 두 자리 수의 문제들을 제시하고 더 큰 수들이 포함된 문제들을 도입하는 방향으로 나아가야 한다. 학생들에게 연속 전략, 변화 전략, 분해 전략들을 탐구하고 사용하는 것을 촉진하는 문제들을 제공해야 한다.

연속 전략

연속 전략을 24 × 6과 같은 곱셈 문제에 적용할 때는, 첫째 수(피승수)는 전체를 그대로 두고, 이를 반복해서 더한다. 피승수를 몇 번 더해야 하는지는 둘째 수(승수)에 달려 있다. 24 × 6과 같은 문제에서 24는 여섯 번 더한다.

마찬가지로 연속 전략은 69 ÷ 16과 같은 나눗셈 문제에 적용할 수 있다. 이 경우에는 둘째 수(제수)를 첫째 수(피제수)에서 아무것도 남지 않거나 충분히 남지 않을 때까지 반복해서 뺀다.

예

3학년 교사가 학급에 연속 전략을 사용하도록 다음 문제를 제시하였다.

가게 주인은 가게에 있는 설탕 상자들을 선반에 쌓고 있습니다. 그는 선반 6개 각각에 설탕 상자 24개씩 쌓고 있습니다. 가게에 있는 설탕 상자는 몇 개인가요?

학생들은 24 × 6을 해결하는 다양한 방법들을 생각해 내었다. 많은 방법들이 연속 전략을 포함하고 있었다. 수직선에 24씩 뛰어 세기(머릿속에서)를 하거나 24의 두 배의 세 배와 같이 더 큰 단계씩 뛰어 세기를 하였다.

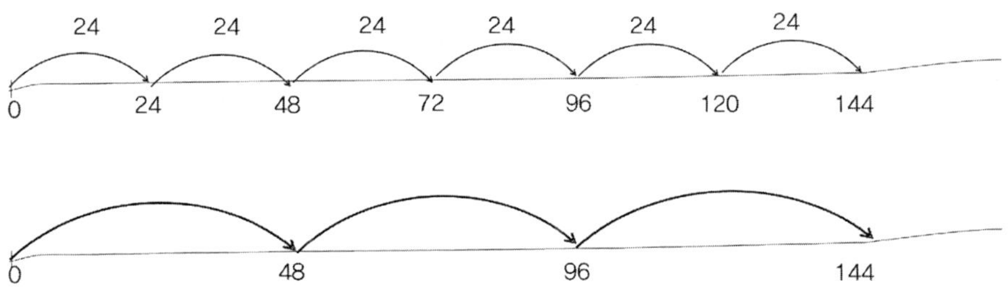

학생들은 다른 표기법을 사용해서 그들이 머릿속에서 생각한 것을 설명하였다.

피터

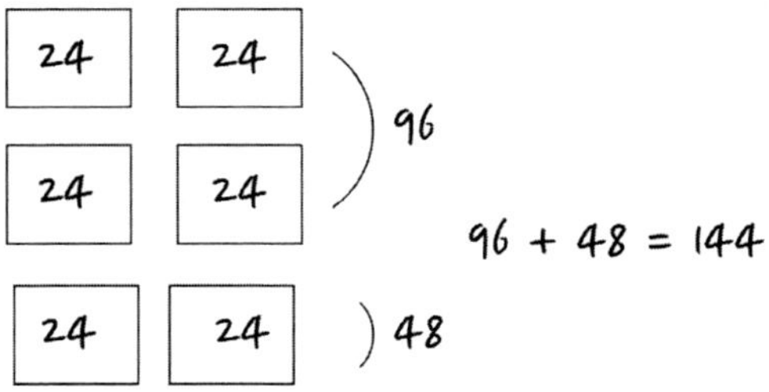

페데엘라

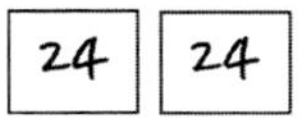

$48 + 48 = 96$

$96 + 24 = 120$

$120 + 24 = 144$

메건

$24 \times 2 = 48$

$24 \times 3 = 72$

$24 \times 6 = 144$

피터의 설명은 연속 전략의 하나인 반복 덧셈 전략을 보여준다. 피승수는 전체를 유지하고 이를 여러 번 더한다. 학생들은 페데엘라가 한 것처럼 두 배 전략을 포함하여 자주 반복 덧셈을 사용한다. 교사는 페데엘라에게 답을 어떻게 구했는지 질문했다. 페데엘라는 교사에게 '두 배와 두 배를 더한 다음 24를 더하고 24를 한 번 더 더했다. 그런 다음 선반에 있는 전체 수에 도달했기 때문에 멈추었다.'고 말했다.

메건의 설명은 페데엘라의 방법을 사용해서 더 빨리 계산하는 방법을 보여준다. 메건은 '그가 선반 6개에 쌓고 있다는 것을 알았고, 그래서 한 번에 두 개를 세고, 그런 다음 한 번에 세 개를 셀 수 있다고 생각했다. 그런 다음 세 배한 것을 두 배하여 선반 6개에 있는 것을 구하였다.'고 말했다. 메건의 설명이 혼란스럽기는 하지만, 옳은 설명이다. 실제 그녀는 '나는 그가 선반 6개에 쌓고 있다는 것을 알았고, 그래서 처음에 선반 2개를 택했고, 그 다음 선반 3개, 그런 다음 선반 3개에 해당하는 것을 두 배해서 선반 6개에 대해 구했다.'고 말했다.

학생들은 항상 표준적인 형식화를 하지는 않는다. 교사들은 학생들이 제시한 '빈약한' 형식화 이면에는 자주 개념에 대한 충분한 이해가 놓여 있을 수도 있다는 점을 의식해야 한다. 메건은 자신이 무엇을 하고 있는지에 대해 잘 파악하고 있다. 그녀는 자신의 계산 단계들을 적으면서 좀 더 빨리 할 수 있었음을 깨닫고, 그녀의 전략을 수정했다.

24 × 6에 대해 논의한 후에, 교사는 '가게 주인이 물품보관 창고에 있는 선반 12개 각각에 설탕 상자 24개씩 채워야 한다면 어떤가요?'라는 새로운 문제를 제시했다.

메건은 즉시 '144를 두 배하면 … 288이에요.'라고 말했다.

교사는 '사실, 그건 아주 명확하죠. 여러분은 24 × 12를 이렇게 할 수 있어요. 왜냐하면 여러분은 이미 24 × 6이 144라는 것을 알고 있기 때문이죠. 24 × 6을 아직 모른다면, 24를 10배해서 크게 뛰어 세기를 하고 그런 다음 24씩 두 번 뛰어 세기 하는 것을 생각할 수 있어요.'라고 말했다.

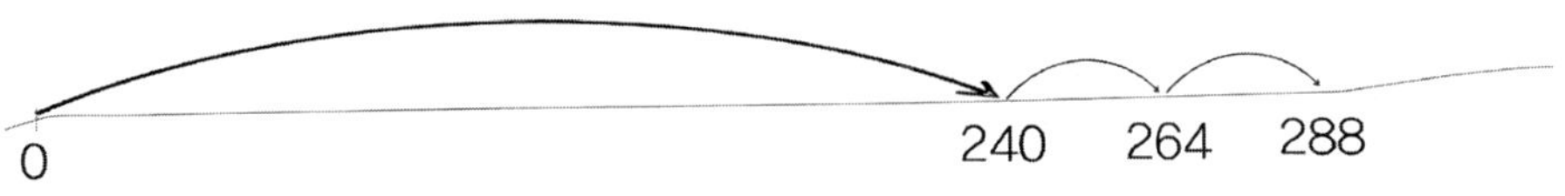

이후에 교사는 학생들이 나눗셈을 다루도록 다음 문제를 제시하였다.

각각 40권씩 들어가는 선반에 책 600권을 넣어야 합니다. 필요한 선반은 몇 개인가요?

학생들은 600 ÷ 40을 해결하기 위한 다양한 방법들을 생각해 내었다. 그 중 많은 방법들이 연속 전략을 나타낸다. 수직선 위에서 40씩 또는 40의 배수만큼씩 거꾸로 뛰어 세기(머릿속에서)를 했다.

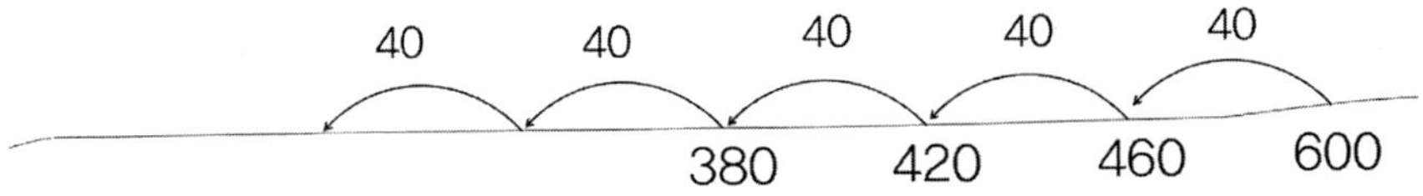

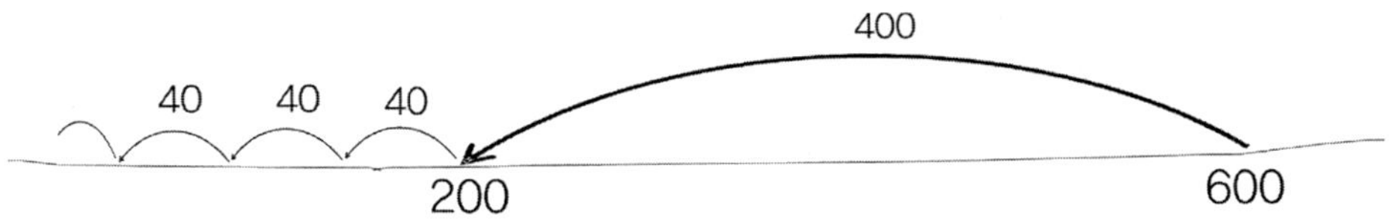

후자의 연속 전략은 다음과 같이 적을 수 있다.

$$400 \div 40 = 10$$
$$200 \div 40 = 5$$
$$10 + 5 = 15$$

스테이시, 튤라니, 게리는 다른 표기법을 사용해서 그들이 머릿속에서 한 것을 설명했다.

스테이시는 피젯수에서 제수를 반복해서 뺐다.

$$600 - 40 = 460$$
$$460 - 40 = 420$$
$$420 - 40 = 380$$

등등

15번

튤라니는 피젯수에 도달할 때까지 제수를 반복해서 더했다.

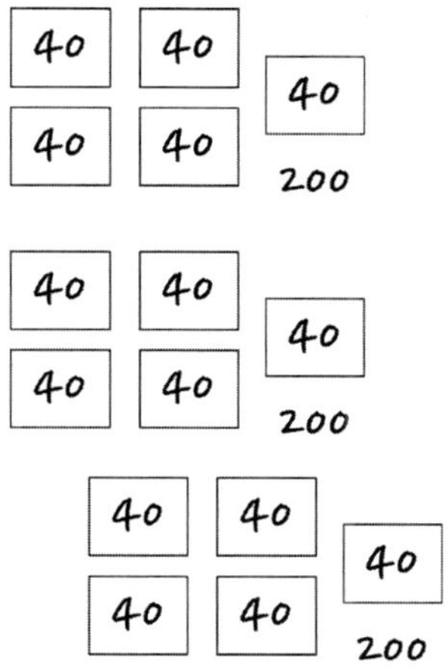

선반 15개

게리는 유사한 접근을 선택했으나 덧셈 대신 곱셈을 사용했다. 이 방법은 '계속 곱하기'라고 부른다. 개리는 600에 도달할 때까지 계속 곱했다.

$$
\begin{aligned}
40 \times 10 &= 400 \\
40 \times 5 &= \underline{200} \\
& \quad\ \ 600 \\
\text{따라서} & \quad \times 15
\end{aligned}
$$

학생들은 나눗셈은 항상 정확히 나누어떨어지지는 않는다는 점을 의식해야 한다. 나눗셈 문제는 때로는 나머지가 있다. 그러면 제수보다 작은 양이 남는다. 학생들이 이런 문제들을 다룰 수 있어야 한다는 것이 중요하다. 따라서 교사는 학생들에게 '각각 40권씩 들어가는 선반에 책 250권을 넣으려면 필요한 선반은 몇 개인가요?'라는 새로운 문제를 제시했다.

학생들은 다음과 같이 생각했다.

250 − 40 → 210 − 40 → 170 − 40 → 130 − 40 → 90 − 40 → 50 − 40 → 10

변화 전략

학생들이 일단 간단한 연속 전략에 친숙해지면, 덧셈과 뺄셈처럼 반복 두 배 전략과 보상 전략과 같은 변화 전략들을 탐구할 수 있다. 몇 몇 변화 전략들은 연속 전략과 더불어 이미 출현했을 수도 있다.

학생들은 75×8을 다음과 같이 해결할 수 있다.

$75 \times 2 = 150$

$75 \times 4 = 300$

$75 \times 8 = 600$

학생들은 다음과 같은 추론을 통해 99×6을 해결할 수 있다.

$100 \times 6 = 600$, 이것은 1×6이 많으므로 뺄셈을 해야 하고, $600 - 6 = 594$이다.

예

한 3학년 교사는 학생들에게 다음과 같은 문제를 제시하였다.

> 사이포는 사진 96장을 가지고 있습니다. 그는 한 쪽에 6장씩 앨범에 사진을 붙입니다. 몇 쪽을 채우게 되나요?

메건은 공책에 다음과 같이 적었다.

96 = 24 + 24 + 24 + 24
24 = 4쪽
48 = 8쪽
96 = 16쪽

교사는 메건이 이 나눗셈 문제를 변화 전략을 적용해서 해결했다는 것을 명백하게 알 수 있었다. 메건의 방법은 그녀가 나눗셈과 곱셈 사이에는 역 관계가 성립한다는 점을 알고 있었다는 것을 보여준다. 또한 그녀는 알고 있는 수에 대한 지식으로부터 96은 24의 네 배라는 것을 알았다. 아마도 그녀는 이것을 구하기 위해 이등분하고 또 이등분 했을 것이다. 사진 24장을 붙이는 데는 4쪽이 필요하다. 다시 두 배하고 두 배해서 그녀는 전체 쪽수를 구했다.

예

다른 3학년 교사도 한 학생에 대한 아주 좋은 경험이 있었다.
그녀는 학생들에게 다음 나눗셈 문제를 제시했다.

학생 90명이 카누를 타러 갑니다. 카누 한 대에는 학생 4명이 탈 수 있습니다. 학생들은 카누 몇 대를 빌려야 하나요?

교사는 학생들의 답을 구하기 위한 접근 방식이 영리하다는 것을 발견했다. 다니엘은 이 문제를 나눗셈으로 해결하는 대신 90에 도달할 때까지 또는 90에 가능한 한 가까워질 때까지 곱셈을 계속했다.

다니엘은 다음과 같이 적었다.

$4 \times 10 = 40$
$4 \times 20 = 80$
$4 \times 2 = 8$
$4 \times 22 = 88$
그리고 한 카누에
2명이 남는다.

다니엘은 처음에 어림을 했다. 그는 4씩 10묶음을 '시행착오'로 해 보고 얼마나 얻을 수 있는지, 즉 학생들 몇 명을 태울 수 있는지를 알아보았다. 그는 목표에서 많이 벗어나 있다는 것을 알았을 때, 즉시 카누의 수를 두 배해서 가능한 한 많은 학생들을 위한 카누를 구할 수 있었다. 즉, 그는 어떻게 가능한 한 전체에 가깝게 도달할 수 있는지를 어림했다.

분해 전략

곱셈과 나눗셈 문제에 포함된 수들이 점점 커지면, 학생들은 그 문제를 둘 이상의 작은 문제들로 분해할 수 있다는 것을 곧 알게 된다. 그들은 분해 전략을 적용한다. 곱셈 문제를 분해 전략으로 해결할 때, 피승수는 더 이상 전체로 보지 않고, 십의 자리와 일의 자리로 분해된다. 나눗셈 문제를 분해 전략으로 해결할 때, 피젯수는 십의 자리와 일의 자리로 분해되거나 다른 방법으로 분해된다.

$59 \times 6 = 354$	$96 \div 3 = 32$	$72 \div 6 = 12$
$50 \times 6 = 300$	$90 \div 3 = 30$	$60 \div 6 = 10$
$9 \times 6 = 54$	$6 \div 3 = 2$	$12 \div 6 = 2$

새로운 두 문제들의 답의 합이 원래 문제의 답이 된다.

화폐 맥락은 학생들에게 분해 전략을 도입하는 유용한 방법이다. 사실 학생들의 이전 경험으로 인해 학생들은 때때로 이것을 스스로 깨닫는다.

예

학생들에게는 화폐와 관련된 다음 문제를 제시하였다.

> 6명이 저녁을 먹으러 피자 레스토랑에 갑니다. 음식값은 각각 48란드입니다. 전부 얼마를 지불해야 하나요?

학생들은 우선 피자가 40란드이면 얼마를 지불해야 하는지 계산했다. 나즈리야가 '응, 나는 4 × 6을 생각한 다음 0을 붙였어요.'라고 말했다. 쉐나는 이에 대한 확신이 없었다. 그녀는 '40, 80, 160, …', 그러다가 그녀는 '그래 네가 맞아.'라고 말했다.

그러자 교사는 '피자 하나가 41란드이면 어떤가요?'라고 질문했다. 모든 학생들이 '이백 사십 육란드요.'라고 소리쳤다.

교사는 '다음 질문, 피자 하나가 42란드이면?'이라고 질문했다. 학생들은 좀 시간이 걸렸고 자신 없이 '이백 오십이 란드'라는 답이 나왔다.

그런 다음 교사는 '48란드이면 어떻게 되나요? 6명이 모두 얼마를 지불해야 하는지 이미 알고 있는 사람 있나요?'라고 질문했다.

답은 빨리 나왔다. 그런 다음 교사는 칠판에 다음과 같이 적었다.

$$40 \times 6 = 240$$
$$8 \times 6 = 48$$
$$240 + 48 = 288$$

배열 구조는 학생들이 분해 전략에 대한 이해를 개발하는 데 도움이 될 수 있다. 예를 들면, 교사는 타일 48개가 여섯 줄 붙여진 복도를 이용해서 48 × 6을 40 × 6과 8 × 6으로 분할하는 것을 설명할 수 있다.

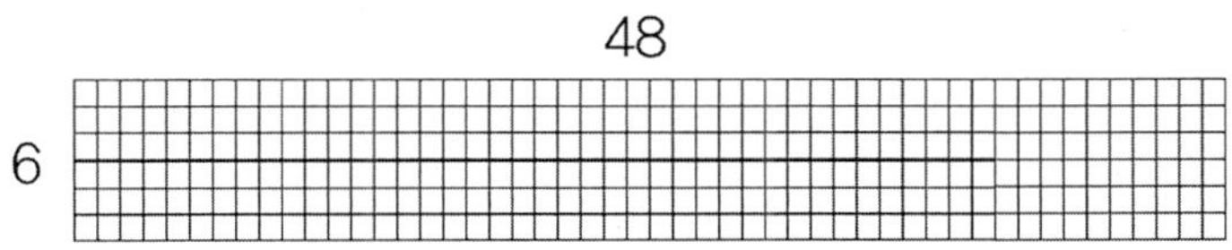

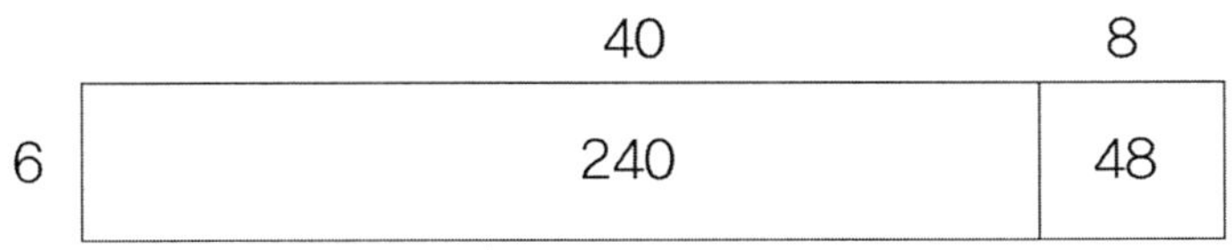

이 전략을 위해서 학생들은 10이나 100 등의 배수들의 곱셈에 대한 준비된 지식이 필요하다. 학생들은 또한 10이나 100 등의 배수들을 10이나 100 등으로 나누는 것에 친숙해야 한다. '0의 계산'이라고 불리는 이 법칙이 학생들에게는 이미 자동적인 절차가 되었어야 하고, 교사는 학생들에게 이런 지식에 대한 기억을 새롭게 할 기회를 제공해야 한다. 예를 들면, 4 × 6, 40 × 6, 400 × 6, 4000 × 6, 40 × 60, 400 × 600 등과 같은 문제 세트를 빨리 제시할 수 있는 전체 학급 활동을 조직할 수 있다. 학생들은 즉시 함께 큰 소리로 대답하면 된다.

암산에 적절한 문제

학생들은 어떤 문제들이 암산으로 해결하기에 적합한지 결정하는 것을 학습해야 한다. 학생들이 수에 대한 지식과 연산의 성질에 대해 많이 알고 있는 것이 도움이 된다. 이런 지식은 학생들에게 암산에 필요한 자신감을 준다. 학생들은 또한 왜 어떤 문제들이 암산에 적합한지 알 필요가 있다. 이를 알면 이미 답을 반은 구한 것이다. 따라서 학생들에게 암산으로 답을 구하는 다양한 기회들을 제공하는 여러 가지 문제 유형들을 제시하는 것이 필요하다. 이런 다양한 문제들을 경험하고 문제들이 요구하는 조건들을 반성해 봄으로써 학생들은 암산을 위한 도전에 더 잘 준비할 수 있다.

아래에 있는 도식은 세 가지 범주의 암산 문제들과 각 범주에 속하는 세 가지 예들을 보여준다.

범주 1 암기하고 있는 지식을 사용하여 빨리 해결하는 문제	범주 2 암산으로 빨리 해결하는 문제	범주 3 몇 몇 단계들을 적으면서 암산으로 합리적으로 빨리 해결하는 문제
$26+70=$ $52-30=$	$27+58=$ $81-75=$	$247+378=$ $234-153=$
$520-9=$ $667+7=$	$450+180=$ $720-270=$	$78\times 7=$ $247\times 6=$
$14000+8000=$ $22000-4000=$	$356+356=$ $602-535=$	$1827\div 9=$ $3600\div 25=$
$56\times 10=$ $1000\times 74=$	$8000-2=$ $10000-70=$	$1970+470=$ $3870-370=$
$5500\div 55=$ $47000\div 1000=$	$50\times 11=$ $15\times 500=$	$175\div 5=$ $450\div 15=$
$6\times 900=$ $5400\div 6=$	$700\div 5=$ $27000\div 30=$	$10000=40\times\cdots$ $10000=20\times\cdots$
$\cdots\times 20=100$ $400\div\cdots=50$	$5\times 9\times 4=$ $50\times 18\times 2=$	$50\times 35=$ $25\times 20=$
	$145+145+145+145=$ $640-36-64=$	$15\times 8=$ $25\times 12=$

첫째 범주는 (거의) 모든 학생들이 많이 생각하지 않고도 알 수 있는 문제들을 포함하고 있다. 26 + 70의 경우 학생들은 20과 70을 보고 즉시 90임을 알며, 그리고 6이 있으므로 96이다. 둘째 범주는 계산이 필요한 문제들을 포함한다. 그러나 많은 처리가 필요하지는 않기 때문에 대부분의 학생들은 이 단계에서 암산으로 할 수 있다. 27 + 58의 경우 학생들은 70을 생각할 수 있고 7과 8이면 15이므로, 85가 된다. 다른 방법은 '30에서 3을 빼기' 그리고

'60에서 2를 빼기'는 '90에서 5를 빼기'가 되고, 이는 85임을 아는 것이다. 마지막으로 셋째 범주의 문제들은 여전히 암산에 적합하지만, 학생들은 완전한 과정을 기억하는 것이 필요하다고 생각할 지도 모른다. 학생들은 이 문제들을 해결할 때 '단계들' 또는 '중간 결과들'을 적을 수 있다. 247 + 378의 경우 학생들은 500, 610, 그러면 625와 같이 적을 수 있다.

물론 암산의 이런 분류는 모든 학생에게 타당한 고정적이고 절대적인 목록으로 간주되어서는 안 된다. 학생이 중간 결과들을 적을 필요가 있는지 없는지는 주로 그 학생의 수에 대한 지식과 단기 기억 기능에 달려 있다는 것은 자명하다. 다른 두 범주에 대해서도 마찬가지이다. 모든 학생들이 암산으로 수들을 처리하는 능력이 같지도 않고, 모든 학생들이 기억하고 있는 지식이 같지도 않다.

암산은 그 자체가 목표이기도 하고, 결과적으로 각 자리의 숫자에 기초한 계산인 필산을 위한 중요한 기초이기도 하다.

필산

앞의 단계에서 했던 것과 같이 계산 과정을 적는 것(대부분 수평 형태)은 계산 형식으로서의 필산을 사용하는 것과 같지는 않다. 필산에서는 대부분 계산을 수직으로 적고, 수들을 적는 동안 수들을 처리한다. 계산 형식으로서의 필산은 암산과 거의 반대이다. 필산과 암산이 다른 계산 형식이기는 하지만, 두 형식의 결합도 가능하다. 일부는 종이 위에서 계산을 수행하고 일부는 암산으로 한다.

필산에는 전체수에 기초한 계산(whole-number based calculation)과 각 자리의 숫자에 기초한 계산(digit-based calculation)의 두 가지 주요 형식이 있다. 후자는 '알고리즘' 계산이라고 부른다. 알고리즘이라는 용어는 계산을 위한 '요리법'을 뜻한다. 알고리즘은 계산을 실행하는 방법을 처방한다. 잘 알려진 계산 알고리즘의 예는 '세로 나눗셈'이라고 부르는 것이다.

169	20에는 12가 몇 번 들어가나요?
12⟌2028	1번 들어가요. 12 곱하기 1은 12에요.
12	20 빼기 12는 8이에요. 2를 내려 적어요. 82에는 12가 몇 번 들어가나요?
82	6번 들어가요. 12곱하기 6은 72에요.
72	82 빼기 72는 10이에요. 8을 내려 적어요. 108에는 12가 몇 번 들어가나요?
108	9번 들어가요. 12 곱하기 9는 108이에요.
108	108 빼기 108은 0이에요.
0	

알고리즘 계산은 1000까지의 수들과 같은 큰 수들이 포함되고, 이 수들이 암산으로 처리하기에는 너무 복잡할 때 유용한 방법이다.

그러나 각 자리 숫자에 기초한 알고리즘 계산을 도입하기 전에 학생들은 좀 더 명시적인 필산 방법인 전체수에 기초한 계산에 대한 경험을 쌓아야 한다.

전체수에 기초한 지필 나눗셈		→	각 자리 숫자에 기초한 지필 나눗셈
2028 ÷ 12 = 169			169
2028			12⟌2028
-1200	100		12
828			82
- 720	60		72
108			108
- 108	9		108
0			0

전체수에 기초한 필산에서 각 자리 숫자에 기초한 필산으로의 이행

전체수에 기초한 계산은 학생들이 2단계와 3단계에서 사용한 비형식적 전략들로부터의 자연스러운 진행이다. 학생들이 일단 전체수에 기초한 계산에 친숙해지면, 각 자리 숫자에 기초한 알고리즘을 학습할 수 있고, 명시적인 전체수에 기초한 전략에서 비명시적인 알고리즘 계산으로 점진적으로 이행할 수 있다.

이 절은 필산에 대해 전체수에 기초한 계산과 알고리즘 계산을 모두 다루고 있다. 이는 한 방법에서 다른 방법으로의 이행을 보여주고, 학생들이 단지 이해하지 못하는 기계적인 과정이 되지 않도록 알고리즘을 이해할 수 있는 방법을 설명한다.

전체수에 기초한 계산

암산으로 처리하기에는 수들이 너무 복잡한 문제들을 해결해야 할 때, 학생들은 필산으로 이행할 수 있다. 이런 새로운 계산 형식의 첫째 접근 방법은 전체수에 기초한 계산이다. 실제 이 형식은 완전히 새로운 것은 아니다. 이미 3단계에서 학생들은 이미 100과 그 이상의 수에 대한 계산을 해결해야 할 때 그들의 사고 과정을 적어 왔다. 전체수에 기초한 필산과의 차이점은 계산 과정을 수평이 아닌 수직으로 적는다는 점이다.

전체수에 기초한 필산은 전 알고리즘 계산으로 생각할 수 있다. 이는 학생들이 알고리즘 계산보다 전체수에 기초한 필산 과정을 더 자유롭게 적을 수 있다는 것을 의미한다. 또한 학생들은 덧셈, 뺄셈, 곱셈, 나눗셈에 대한 표준 알고리즘을 실행할 때 하는 것처럼 엄격한 절차를 따를 필요가 없다. 전체수에 기초한 필산에서는 계산 과정을 표현하는 다양한 방법들이 있다. 예를 들면, 학생들의 수에 대한 지식과 암기 능력에 따라 일부 중간 결과들을 적을 수 있다. 학생들은 어떤 범위 내에서 비형식적인 수학적 기호법을 사용한 자기 자신의 기호법들을 개발할 수 있다. 그러나 학생들은 체계적이고 순서적인 방법으로 해결하는 것이 중요하다.

다음 절은 사칙연산에 대해 논의한다. 주로 분해 전략에 의존한다는 점에서 이 연산들의 여러 가지 측면들이 유사하기는 하지만 몇 가지 차이점들이 있다.

덧셈

3단계에서 학생들은 두 자리의 수의 덧셈 문제와 아마도 세 자리의 수의 덧셈 문제를 해결할 때 분해 전략을 사용한다. 학생들은 다음과 같이 수평으로 적는 방법을 사용한다.

$463 + 382 =$

$400 + 300 = 700$

$60 + 80 = 140$

$3 + 2 = 5$

$700 + 140 + 5 = 845$

4단계에서 학생들은 덧셈에서 전체수에 기초한 필산을 사용한다. 이 접근 방법은 3단계의 방법과 유사하지만, 이제는 수평으로 적는 형식 대신 수직으로 적는 형식을 사용한다. 말풍선은 학생들이 전체수에 기초한 필산을 할 때 말하거나 생각하는 것을 보여준다.

```
  463
+ 382
  700   (400+300)
  140   (60+80)
    5   (3+2)
  845
```

처음에 학생들은 필요하다면 중간 계산들을 적어 두려고 할 것이다.

```
  463
+ 382
  400 + 300 = 700
   60 +  80 = 140
    2 +   3 =   5
              845
```

일의 자리에서 시작해야 하는 각 자리 숫자에 기초한 필산과는 달리, 전체수에 기초한 계산에서는 학생들이 백의 자리에서 시작한다. 이는 이런 계산들은 '왼쪽에서 오른쪽'으로 한다는 것을 의미한다. 처음에 400과 300을 더하고, 그 다음 60과 80을 더하고, 그런 다음 3과 2를 더한다, 마지막으로 이 결과들을 합한다.

뺄셈

3단계에서 학생들은 두 자리 수의 뺄셈 문제와 아마도 세 자리 수의 뺄셈 문제를 해결할 때 분할 전략을 사용한다. 학생들은 다음과 같이 수평으로 적는 방법을 사용한다.

$678 - 243 =$
$600 - 200 = 400$
$70 - 40 = 30$
$8 - 3 = 5$
$400 + 30 + 5 = 435$

4단계에서 학생들은 뺄셈 문제에 전체수에 기초한 필산을 사용한다. 이 접근 방법은 3단계의 방법과 유사하지만, 이제는 수평으로 적는 형식 대신 수직으로 적는 형식을 사용한다. 말풍선은 학생들이 전체수에 기초한 필산을 할 때 말하거나 생각하는 것을 보여준다.

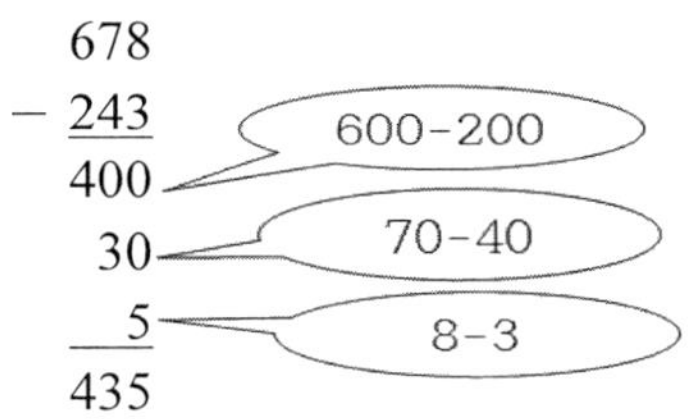

이 예에서 전체수에 기초한 지필 뺄셈은 전체수에 기초한 지필 덧셈과 유사하다. 이는 '받아 내림'이 있는 뺄셈 문제가 관련되면 달라진다. '받아 내림'이 있는 문제에서는 둘째 수(감수)에 있는 십의 자리의 수와 일의 자리의 수를 직접 빼기에는 첫째 수(피감수)에 십의 자리나 일의 자리의 수가 충분하지 않다. 받아 내림이 필요한 뺄셈 문제들은 화폐 맥락을 통해 잘 도입할 수 있다.

파울라는 845란드를 저금했습니다. 그녀는 중고 자전거를 사는 데 362란드를 사용했습니다. 파울라에게 남은 돈은 얼마인가요?

받아 내림 없는 뺄셈 문제들을 해결하는 것과 유사하게, 학생들은 왼쪽에서부터 시작하여 백의 자리를 처리한다. 800란드 빼기 300란드는 500란드이다. 그런 다음 십의 자리들을 계산한다. 여기서 학생들은 부족한 상황에 접하게 된다. 40란드 빼기 60란드는 20란드가 부족하다. 학생들은 -20이라고 적음으로써 부족하다는 것을 나타낼 수 있다. 그러나 다음에 논의되는 바와 같

이 다른 기호법도 가능하다.

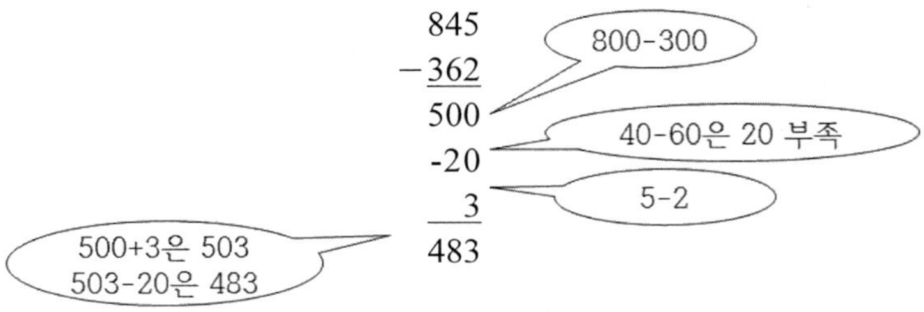

그런 다음 일의 자리들을 처리한다. 5란드 빼기 2란드는 3이다. 전체 결과는 두 가지 방법으로 구할 수 있다.

- 500과 3을 더한 다음 20을 빼기
- 500에서 20을 빼고 3을 더하기

물론 학생들은 중간 계산들을 적을 수도 있다.

$$\begin{array}{l} 845 \\ \underline{-362} \\ 800-300=500 \\ \;\;40-\;\;60=\text{-}20 \\ \underline{\;\;\;\;5-\;\;\;2=\;\;\;\;3} \\ \qquad\qquad 500+3-20=483 \end{array}$$

나중에 학생들은 상세한 기록은 생략하고 중간 계산들은 암산으로 할 수 있다.

이런 받아 내림이 있는 뺄셈 문제들의 어려움은 부족에 대한 기호법이다. 음의 기호(-20)를 사용하는 것은 표준적인 수학적 기호법이다. 그러나 학생들이 이런 기호법이 있는 문제들을 다루면서 수의 값을 나타내는 이 기호와 뺄셈 기호를 혼동한다면, 학생들은 그 수에 동그라미를 그려서 20란드가 부족하다는 것을 분명하게 나타낼 수 있다.

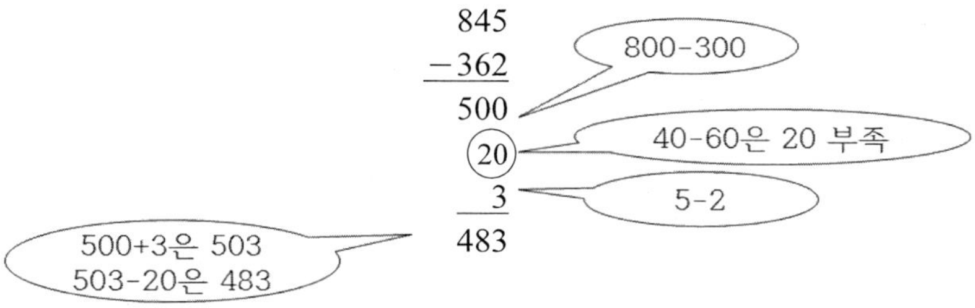

곱셈

3단계에서 학생들은 두 자리 수의 곱셈 문제와 아마도 세 자리 수의 곱셈 문제를 해결할 때 분할 전략을 사용한다. 학생들은 다음과 같이 수평으로 적는 방법을 사용한다.

$$148 \times 6 =$$
$$100 \times 6 = 600$$
$$40 \times 6 = 240$$
$$8 \times 6 = 48$$
$$600 + 240 + 48 = 888$$

4단계에서 학생들은 곱셈 문제에 전체수에 기초한 필산을 사용한다. 이 접근 방법은 3단계의 방법과 유사하지만, 이제는 수평으로 적는 형식 대신 수직으로 적는 형식을 사용한다. 학생들은 중간 계산들을 적거나 적지 않고 전체수에 기초한 필산을 사용할 수 있다.

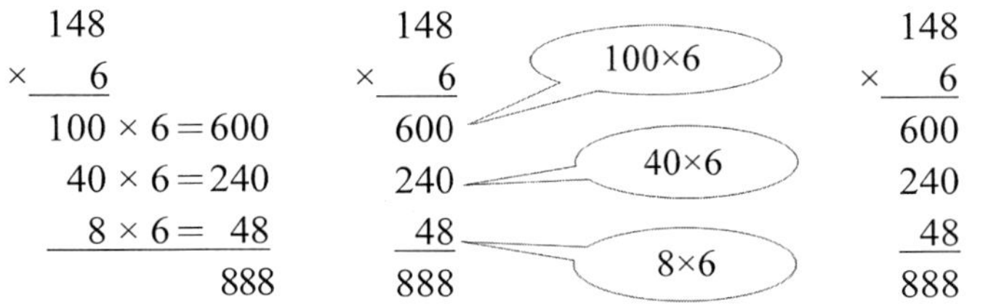

중간 결과들을 더할 때 1, 10 또는 100이 10이거나 10이상일 때는 어려움이 발생한다. 그러면 학생들은 1이 10이면 10으로, 10이 10이면 100으로, 100이 10이면 1000으로 변환해야 한다.

$$
\begin{array}{l}
169 \\
\times \underline{6} \\
100 \times 6 = 600 \\
60 \times 6 = 360 \\
\underline{9 \times 6 = 54} \\
\qquad\qquad 600 + 360 = 960 \\
\qquad\qquad 960 + 54 = 1014
\end{array}
$$

960+40은 1000
1000+14는 1014

물론 학생들은 계산을 더 짧게 적는 방법을 선택할 수도 있다.

$$
\begin{array}{r}
169 \\
\times \underline{6} \\
600 \\
360 \\
\underline{54} \\
1014
\end{array}
$$

600+360은 960
+40은 100
+14는 1014

이와 같은 계산에 유능해지려면, 학생들은 다음 기능들을 획득해야 한다.

- 수를 분할하기(십진법에 의한 분해 : 169는 100 + 60 + 9)
- 곱셈구구표를 기억하기(6 × 1, 6 × 6, 6 × 9)
- 0 규칙을 적용하기(6 × 100, 6 × 60)
- 10, 100, 1000의 합성과 분해에 대한 지식을 적용하기(60과 40은 100, 900과 100은 1000 등)

전체수에 기초한 지필 곱셈은 더 큰 수에 적용할 수 있다. 예를 들면, 네 자리의 수나 그 이상의 자리의 수에 일의 자리의 수를 곱하는 경우를 생각해 볼 수 있다.

```
  2579
×    6
 12000
  3000
   420
    54
 15474
```

그러나 승수가 두 자리의 수 또는 그 이상의 자리의 수일 때(예를 들면, 148 × 37), 전체수에 기초한 필산은 매우 힘들다. 일반적으로 전체수에 기초한 지필 곱셈은 앞의 예들처럼 승수가 일의 자리의 수인 경우로 제한하는 것이 더 좋다. 승수가 두 자리의 수 이상이면, 각 자리 숫자에 기초한 필산이 더 적합하다. 이것에 대해서는 이 장의 뒷부분에서 언급할 것이다.

전체수에 기초한 지필 곱셈	각 자리 숫자에 기초한 지필 곱셈
148 × 37 700 280 56 3000 1200 240 5476	148 × 37 1036 4440 5476

그러나 한 가지 예외가 있다. 승수가 10이나 100의 배수인 경우에는, 전체수에 기초한 계산이 유용한 방법이다. 이런 곱셈에 대한 경험은 학생들에게 각 자리 숫자에 기초한 필산을 도입할 때 도움이 된다.

```
 148
× 60
6000   ← 100×60
2400   ← 40×60
 480   ← 8×60
8880
```

나눗셈

전체수에 기초한 나눗셈은 모두 분해 전략에서 발달된 전체수에 기초한 덧셈, 뺄셈, 곱셈에서 약간 벗어나 있다. 대조적으로 전체수에 기초한 나눗셈은 반복 뺄셈에 기초한 연속 전략에서 유도된다.

3단계에서는 학생들이 60 ÷ 12와 같은 나눗셈 문제를 해결할 때 이 과정을 다음과 같이 화살표를 사용하거나 수식으로 수평으로 적는 방법을 사용한다.

$$60-12 \rightarrow 48-12 \rightarrow 36-12 \rightarrow 24-12 \rightarrow 12-12 \rightarrow 0$$

$$60-12-12-12-12-12=0$$

4단계에서는 학생들이 나눗셈 문제를 해결할 때 전체수에 기초한 지필 나눗셈을 사용한다. 이 접근 방법은 3단계의 방법과 유사하지만, 이제는 수평으로 적는 형식 대신 수직으로 적는 형식을 사용한다. 학생들은 이 계산을 할 때 중간 계산들을 적을 수도 있고 적지 않을 수도 있다.

204 ÷ 12 = 17		204 ÷ 12 = 17	
204		204	
− 120	12 × 10	− 120	10
84		84	
− 24	12 × 2	− 24	2
60		60	
− 60	12 × 5	− 60	5
0	12 × 17	0	

이런 반복 뺄셈에서는 학생들이 아무 것도 남지 않거나 한 번을 더 갖기에는 너무 적게 남을 때까지 전체에서 조금씩 가져야 한다. 학생들은 더 많이씩 가져가도록, 특히 10과 100의 배수들을 사용하도록 격려해야 한다.

학생들이 몇 번 가져갈 수 있는지를 파악하는 것을 어렵게 생각할 때는, 계산이 적힌 곱셈구구표가 학생들이 적절한 회수를 찾고, 체계적으로 진행해서 매번 가능한 가장 큰 횟수를 가져가도록 하는 데 도움이 될 수 있다.

2028 ÷ 12 = 169	
2028	
− 240	20
1788	
−1200	100
588	
− 480	40
108	
− 60	5
48	
− 48	4
0	

2028 ÷ 12 = 169	
2028	
−1200	100
828	
− 720	60
108	
− 108	9
0	

	12
1	12
2	24
3	36
4	48
5	60
6	72
7	84
8	96
9	108
10	120

물론 학생들은 나머지가 없는 나눗셈뿐만 아니라 350 ÷ 45와 같이 나머지가 있는 나눗셈도 전체수에 기초한 나눗셈으로 해결할 수 있어야 한다.

350 ÷ 45 = 7 나머지 35	
350	
− 90	2
260	
−180	4
80	
− 45	1
35	

맥락 문제에서 학생들은 이 나머지를 해석해야 한다.

다음 문제들을 보면, 계산은 같지만 맥락에 따라 답이 다르게 해석된다.

버스 한 대에는 학생들이 45명씩 탈 수 있습니다. 학생 350명을 태우려면 버스 몇 대가 필요한가요?	이 문제의 답은 버스 8대이다.
전체 줄의 길이가 350cm일 때 45cm 줄은 몇 조각을 만들 수 있나요?	이 문제의 답은 7조각이다.

각 자리 숫자에 기초한 계산

수의 크기가 증가하고 더 복잡해지면, 전체수에 기초한 계산은 더 이상 가장 효율적인 계산 방법이 아니다. 이런 경우에는 각 자리 숫자에 기초한 지필 계산을 사용하는 것이 더 바람직하다.

각 자리 숫자에 기초한 지필 계산은 큰 수 계산을 위한 빠른 방법으로 사용된다. 이런 계산 방법은 전체수 대신 각 자리 숫자로 계산한다. 각 자리 숫자에 기초한 계산을 할 때, 학생들은 엄격한 '요리법'을 따라야 한다. 이런 이유로 이 계산을 '알고리즘'이라고 부른다. 전체수에 기초한 계산에서 학생들은 계산하는 방법과 그 과정을 적는 방법에 더 많은 자유가 있다.

두 필산 방법 사이의 다른 차이점은 각 자리 숫자에 기초한 계산은 전체수에 기초한 계산보다 덜 명시적이라는 점이다. 후자는 그 수에서 각 자리 숫자의 값을 계속 볼 수 있다. 이는 학생들이 각 자리 숫자로 계산하고 그 값을 볼 수 없는 알고리즘 계산과 대조적이다. 이런 명시성의 부족으로 인해 부진한 학생들은 항상 알고리즘 계산에 숙달하기가 어려울 것이다. 그들이 이것을 이해하게 될 때까지, 전체수에 기초한 계산이 좋은 대안이다. 그들은 필요한 한 이 방법을 계속 사용할 수 있다. 학생들이 이해하지 못하는 방법에 고착되는 것보다 그들이 구하는 답을 제공할 수 있는 방법을 사용하는 것이 바람직하다.

남아프리카 공화국의 학교에서는 3학년에 그리고 때로는 심지어 2학년에 알고리즘 계산을 가르치는 것이 전통이 되어 왔다. 그러나 교사들은 알고리즘 계산을 너무 일찍 도입하는 것은 학생들의 수의 발달에 치명적일 수 있다는 것을 인식해야 한다. 특히 유연한 암산과 어림의 발달을 방해할 수 있다.

국가 교육과정 문서에 이 절에서 논한 덧셈, 뺄셈, 곱셈과 나눗셈을 위한 각 자리 숫자에 기초한 알고리즘은 5학년에 처음으로 나타난다.

그러나 *수의 학습 경로*에서는 각 자리 숫자에 기초한 필산은 3학년과 4학년에 해당하는 4단계에 포함된다. 이는 3학년과 4학년 교사들에게 전체수에 기초한 필산이 어디에 이르게 되는지를 미리 보여주기 위한 것이다. 교사들은 수의 학습 경로가 그들에게 나중에 다룰 각 자리 숫자에 기초한 알고리즘에 대해 학생들이 예측하고 준비하도록 할 기회를 제공한다는 것을 알 필요가 있다.

전체수에 기초한 계산에서 각 자리 숫자에 기초한 알고리즘 계산으로의 이행은 점진적이고 분명해야 한다. 자릿값 체계에 대한 깊은 통찰이 필요하다. 학생들은 전체수에 기초한 계산을 이해할 때만 각 자리 숫자에 기초한 알고리즘 방법을 적용해야 한다.

덧셈

각 자리 숫자에 기초한 덧셈 알고리즘은 더 큰 수들의 계산에 유용한 방법이다. 이 방법은 전체수에 기초한 덧셈에서 유도된다.

다음 예들은 전체수에 기초한 계산에서 각 자리 숫자에 기초한 계산으로의 점진적인 이행을 보여준다.

a	b	c
476	476	11
+ 378	+ 378	476
700	14	+ 378
140	140	854
14	700	
854	854	
전체수에 기초한 지필 덧셈	전체수에 기초한 지필 덧셈	각 자리 숫자에 기초한 지필 덧셈

방법 a는 다음과 같이 이루어진다.

- 큰 수에서 작은 수로 전체수의 값들을 계산하기
- 중간 결과들을 더하기(700, 840, 854)

방법 b는 다음과 같이 이루어진다.

- 작은 수에서 큰 수로 전체수의 값들을 계산하기
- 중간 결과들을 더하기(14, 154, 854)

방법 c에 예시된 표준 알고리즘은 각 자리 숫자에 기초한 지필 덧셈이다. 이는 높은 수준의 추상화와 축약을 보여준다. 방법 c에서는 오른쪽에서 왼쪽으로 각 자리 숫자만 사용하여 세로로 한 줄씩 계산이 이루어진다.

```
   11
   476
+  378
   854
```

6+8은 14
4를 내려 적고
십의 자리에 1을
받아 올리기

1+4는 5
5+3은 8
8을 내려 적기

1+7은 8
8+7은 15
5를 내려 적고
1을 100의 자리로
받아 올리기

방법 b는 방법 a와 방법 c의 유용한 중간 단계이다. 이런 이행 단계는 학생들이 오른쪽에서 왼쪽으로 계산하는 데 도움이 된다.

전체수에 기초한 지필 덧셈을 충분히 연습한 후에 알고리즘 계산을 도입하면, 학생들은 알고리즘 계산을 이해하기 더 간단하고 쉬운 것으로 생각한다.

뺄셈

각 자리 숫자에 기초한 뺄셈 알고리즘은 더 큰 수들의 계산에 유용한 방법이다. 다음의 예들은 전체수에 기초한 계산에서 각 자리 숫자에 기초한 계산으로의 점진적인 이행을 보여준다.

a	b	c
845	845	7 14
−362	−362	~~8~~ ~~4~~ 5
500	3	−3 6 2
-20	-20	4 8 3
3	500	
483	483	
전체수에 기초한 지필 뺄셈	전체수에 기초한 지필 뺄셈	각 자리 숫자에 기초한 지필 뺄셈

방법 a는 다음과 같이 이루어진다.

- 큰 수에서 작은 수로 전체수의 값들을 계산하기(왼쪽에서 오른쪽으로 계산하기)

- 중간 결과들을 처리하기(500, 503, 483 또는 500, 480, 483)

방법 b는 다음과 같이 이루어진다.

- 작은 수에서 큰 수로 전체수의 값들을 계산하기(오른쪽에서 왼쪽으로 계산하기)
- 중간 결과들을 처리하기(3, 503, 483 또는 500, 503, 483 또는 500, 480, 483)

방법 c에 예시된 표준 알고리즘은 각 자리 숫자에 기초한 지필 뺄셈이다. 여기서는 오른쪽에서 왼쪽으로 각 자리 숫자만 사용하여 세로로 한 줄씩 계산이 이루어진다.

전체수에 기초한 뺄셈과 각 자리 숫자에 기초한 뺄셈의 차이점은 전자의 경우에는 중간 결과들이 먼저 계산된다는 점이다. 중간 결과들의 목록에서, 부족액을 분명히 볼 수 있다. 각 자리 숫자에 기초한 뺄셈에서는 중간 결과의 부족액은 나타나지 않는다. 그 이유는 너무 작은 숫자(4)는 그 왼쪽에 있는 숫자(8)에서 받아 내림을 해서 커지기 때문이다. 이런 방법으로 부족액이 직접 처리된다.

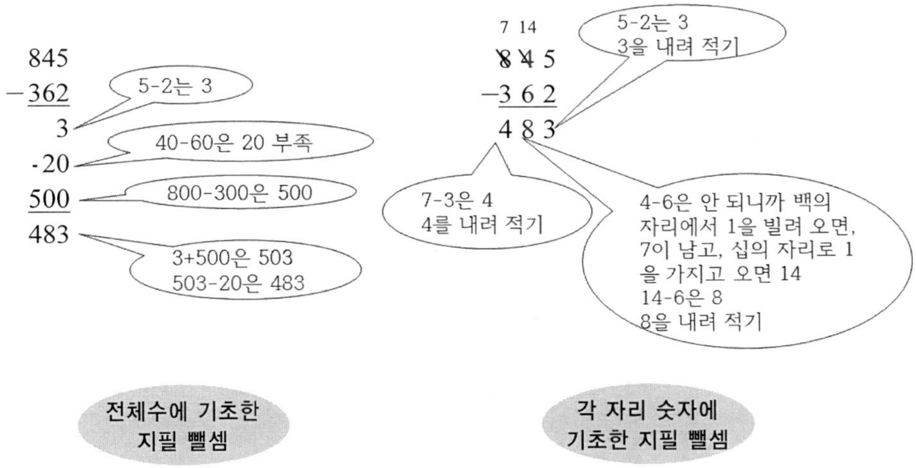

학생들은 처음에는 더 작은 수들의 계산에서 점점 더 큰 수들의 계산으로 이행하면서 뺄셈 알고리즘을 연습할 수 있다.

곱셈

각 자리 숫자에 기초한 곱셈 알고리즘은 더 큰 수들의 계산에 유용한 방법이다. 다음의 예들은 전체수에 기초한 계산에서 각 자리 숫자에 기초한 계산으로의 점진적인 이행을 보여준다.

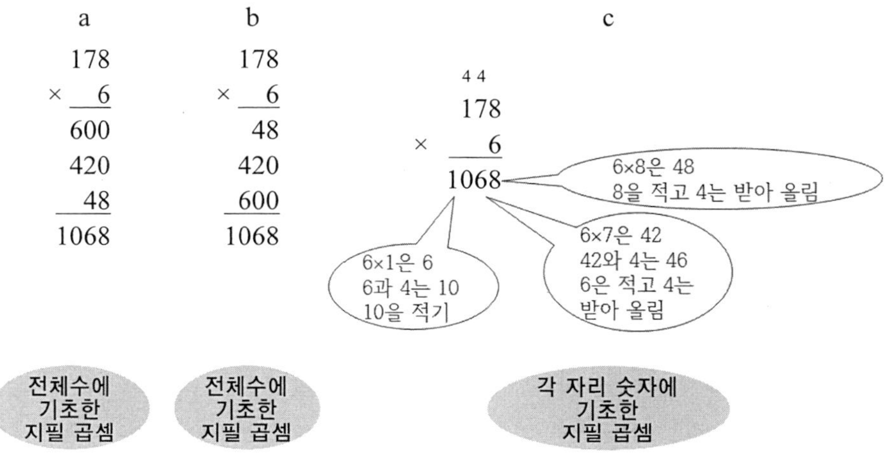

방법 a는 다음과 같이 이루어진다.

- 큰 수에서 작은 수로 전체수의 값들을 계산하기(왼쪽에서 오른쪽으로 계산하기)
- 중간 결과들을 처리하기(600, 1020, 1068)

방법 b는 다음과 같이 이루어진다.

- 작은 수에서 큰 수로 전체수의 값들을 계산하기(오른쪽에서 왼쪽으로 계산하기)
- 중간 결과들을 처리하기(48, 468, 1068)

방법 c에 예시된 표준 알고리즘은 각 자리 숫자에 기초한 지필 곱셈이다. 여기서는 오른쪽에서 왼쪽으로 각 자리 숫자만 사용하여 세로로 한 줄씩 계산이 이루어진다.

4단계의 일부 학생들은 승수가 두 자리의 수인 곱셈 알고리즘을 탐구하고 연습할 수도 있다. 처음에는 10의 배수들로 시작함으로써 이런 계산이 향상될 수 있다.

a	b	c	
178	178	178	178
× 6	× 60	× 66	× 63
1068	10680	1068	534
		10680	10680
		11748	11214

4단계 학생들은 아주 쉬운 문제는 알고리즘을 사용하지 않도록 격려해야 한다. 예를 들면, 20 × 14, 3 × 17, 5 × 45 등과 같은 문제들은 각 자리 숫자에 기초한 지필 계산으로 해결할 필요가 없다. 학생들은 암산을 사용해서 이 문제들을 해결할 수 있을 것이다.

나눗셈

각 자리 숫자에 기초한 나눗셈 알고리즘은 더 큰 수들의 계산에 유용한 방법이다. 다음의 예들은 전체수에 기초한 계산에서 각 자리 숫자에 기초한 계산으로의 점진적인 이행을 보여준다.

단계가 많은 전체수에 기초한 나눗셈

2028 ÷ 12 = 169

2028	
−240	20
1788	
−1200	100
588	
−480	40
108	
−60	5
48	
−48	4
0	

단계가 적은 효율적인 전체수에 기초한 나눗셈

2028 ÷ 12 = 169

2028	
−1200	100
828	
−720	60
108	
−108	9
0	

12	
1	12
2	24
3	36
4	48
5	60
6	72
7	84
8	96
9	108
10	120

각 자리 숫자에 기초한 나눗셈

```
      169
12 ) 2028
     12
      82
      72
      108
      108
        0
```

얼핏 보기에는 각 자리 숫자에 기초한 지필 계산이 전체수에 기초한 계산과 아주 다른 것처럼 보이지만, 그 차이는 그렇게 크지 않다. 단 하나의 차이점은 자릿값 계산으로부터 각 자리의 숫자 계산에 이르는 과정의 단축이다.

이러한 '지름길'로 인해 각 자리 숫자에 기초한 지필 계산이 전체수에 기초한 계산보다 명시적이지 않다. 전체수에 기초한 계산에서는 수들의 값을 계속 볼 수 있다. 이것이 각 자리 숫자가 나타내는 수들의 값을 볼 수 없는 각 자리 숫자에 기초한 계산과 대조적이다. 예를 들면, 각 자리 숫자에 기초한 나눗셈 b에서 학생들은 20을 12로 나누지만 실제로는 2000을 12로 나누고 있는 것이며, 이를 전체수에 기초한 나눗셈 a에서는 볼 수 있다.

a

2028 ÷ 12 = 169

2028	
−**1200**	100
828	
720	60
108	
108	9
0	

→

b

```
      169
12 ) 2028
     12
      82
      72
     108
     108
       0
```

각 자리 숫자에 기초한 알고리즘 계산의 명시성의 부족으로 인해 부진한 학생들은 이 계산 방식에 쉽게 숙달하지 못할 것이다. 그들이 알고리즘 계산을 이해할 때까지는 전체수에 기초한 지필 계산이 좋은 대안이다. 그들은 필요한 한, 이 방법을 계속 사용할 수 있다. 학생들이 이해하지 못하는 방법에 고착되는 것보다 그들이 구하는 답을 제공할 수 있는 방법을 사용하는 것이 바람직하다.

어림 계산 ≈

교육과정의 수 영역에서는 정확한 계산을 자주 강조하지만, 교사들은 어림에도 주의를 기울여야 함을 잊어서는 안 된다. 몇 가지 이유로 정확한 계산만을 강조하는 것은 의미가 없다.

- 정확한 계산이 항상 필요한 것은 아니다.

예를 들면, 빵 한 개에 4.95란드인 빵 네 개를 사는 데 20란드 지폐 하나로 충분한지를 말하려면, 전체 가격을 정확히 계산할 필요가 없다.

- 정확한 계산이 항상 가능한 것은 아니다.
  예를 들면, 가격이 443란드인 스케이트보드를 사려면 매주 얼마를 저금해야 하는지를 묻는 질문은 매주 20란드씩을 저금할 것인지가 확실하지 않기 때문에 정확히 답할 수 없다.
- 정확한 계산이 항상 의미가 있는 것은 아니다.
  예를 들면, 차의 평균 휘발유 소비량은 아주 많은 다양한 요인들에 달려 있기 때문에 방학 기간 동안 차의 휘발유 사용량을 기초로 한 정확한 계산은 아무 의미가 없다.

위에서 제시한 모든 예들은 근사적인 계산에 의한 어림으로 충분하고 훨씬 더 적합하다.

교육과정의 수 영역에서 연산을 정확한 계산에 한정하는 것은 학생들이 살아가는 데 충분한 수학적 도구들을 제공하지 못한다. 어림 계산은 학생들이 수와 관련된 현실의 상황들을 빨리 파악할 수 있게 한다. 반올림해서 더 쉬운 수들로 계산하는 것은 학생들에게 이 상황들에 쉽게 접근할 수 있게 한다. 이는 모든 학습자에게 사실이지만, 특히 산술에 부진한 학생들에게 해당한다.

어림 계산은 또한 학생들이 수의 세계를 더 잘 이해하게 한다. 개략적인 방법으로 계산함으로써 수들 사이의 연결이 잘 보이고 수와 계산 체계에 대한 더 중요한 통찰을 제공한다. 결과적으로 어림 계산은 수리적 사고 능력(numeracy)이라는 일반 목표에 도달하는 데 중요한 공헌을 한다. 어림 계산과 어림에 의해 학생들은 일상생활과 순수 수학적 맥락에서 수와 수치적 자료를 의미 있는 방법으로 다루는 능력을 개발한다. 학생들은 다양한 계산 형식 중 적절한 선택을 할 수도 있고 어림 계산이 때로는 정확한 계산보다 더 좋다는 것을 이해할 수 있다.

어림 계산은 그 자체가 중요한 목표이지만 정확히 계산하는 것을 학습하기 위한 교수학적 기능도 가지고 있다. 사전에 어림해 보는 것은 적합한 계산 전략을 유도할 수 있다.

예를 들면, 195 × 4를 생각해 볼 수 있다. 어떤 학생에게 우선 어림하게 하면, 그 학생은 200 × 4는 800이라는 계산을 할 것이다. 그런 다음, 그 학생은 이 어림 방법을 사용해서 정확한 답에 이를 것이다. 즉 195 대신 200을 계산하는 것이 5가 네 번 많으므로, 정확한 답은 200 − 20이고 이것은 180이다. 이는 그 학생이 분배법칙을 사용해서 195 × 4를 (200 × 4) − (5 × 4)를 변환했다는 것을 의미한다.

어림 계산의 다른 중요한 교수학적 기능은 학생들에게 정확한 계산 이후에 답을 점검할 기회를 제공하는 것이다. 예를 들면, 416 × 15와 같은 문제를 계산기에 입력했는데 624가 표시창에 나타난다면, 어림을 통해 이 답이 옳지 않다는 것을 빨리 깨달을 수 있다. 답에서 일의 자리의 수가 옳지 않다(0이어야 한다)는 사실 외에도 대략적인 계산(400 × 10)은 답이 6000보다는 커야 한다는 것을 명백하게 보여준다.

어림 계산 유형

수의 학습 경로에서는 어림 계산을 두 가지 유형으로 구분한다.

- 정확한 수가 제시된 문제에 대한 개략적인 답을 구하기 위해 반올림한 수들을 계산하기
- 정확한 수가 제시되지 않은 문제에 대한 개략적인 답을 구하기 위해 어림값들을 계산하기

반올림한 수들의 계산은 처음 보기에는 보통의 정확한 계산과 매우 유사한 것 같다. 차이점은 더 쉬운 수들로 계산할 수 있다는 점이다. 조금 전에 언급한 빵, 스케이트보드, 차의 휘발유 소비량에 대한 문제들이 이 범주에 속한다. 약 1000 정도 되는 498 + 465와 같은 수와 관련된 비 맥락 문제들도 여기에 해당한다. 이 문제를 적을 때, '약'이라는 말을 사용하는 대신 498 + 465 ≈1000과 같이 수학적 기호 ≈를 사용할 수 있다.

반올림한 수들의 계산은 우선 수치적 자료를 반올림한 수로 바꾸는 것이 필요하다. 반올림은 보통 십의 자리, 백의 자리, 천의 자리 등으로 반올림하는 것을 의미한다. 그러나 25나 25의 배수처럼 다른 쉬운 수들을 계산하는 것도 가능하다. 어림 계산의 기본 원리는 정확한 수들을 쉽게 계산할 수 있는 수들로 바꾸는 것이다. 어떤 수를 사용하는지는 학생들의 수와 수 관계에 대한 지식에 달려 있다.

어림값들의 계산은 정확한 수들이 제시되지 않은 문제들을 말한다. 예를 들면, '나무로 만든 장식용 글자 하나의 가격이 11란드입니다. 그 가격은 란드에 가장 가까운 수로 반올림한 것입니다. 장식용 글자 7개의 가격은 얼마인가요?'와 같은 문제를 생각해 볼 수 있다.

이 문제를 해결하기 위해서는 수 체계에 대한 좋은 통찰력이 필요하다. 이 가격의 상한과 하한을 이해해야 한다. 사실 정확한 답의 범위는 73.50란드(10.50란드 × 7)에서 80.43란드(11.49란드 × 7)까지일 수 있다. 어림값들의 계산은 또한 측정값과 준거 자료에 대한 지식이 필요한 문제들을 포함한다. 예를 들면, 이 아파트에 살고 있는 사람은 몇 명인지와 같은 문제를 생각해 볼 수 있다.

이 문제를 해결하기 위해서 학생들은 먼저 이런 유형의 아파트 한 가구에 보통 몇 명이 살고 있는지에 대한 가정을 해야 한다.

두 가지 유형의 어림 계산이 모두 중요하지만, 수의 학습 경로에서는 반올림한 수들의 계산에 초점을 맞춘다. 어림값들의 계산은 실제 측정 영역에 속함으로 여기서는 더 이상 상세히 다루지 않는다.

수의 반올림 계산 단계

수의 학습 경로에서는 반올림한 수들의 계산 학습 과정을 다음의 세 단계로 구분한다.

- 비형식적 단계 : 학생들은 표준 반올림 규칙을 사용하지 않고 개략적으로 답을 구할 수 있다.
- 규칙 지향적 단계 : 학생들은 어림 계산에서 표준 반올림 규칙을 사용할 수 있다.
- 유연한 단계 : 학생들은 어림 계산에서 유연하게 수들을 반올림할 수 있다.

이런 단계 구분은 교사들이 학생들에게 난이도 수준이 증가하도록 수업 계열을 설계하는 데 도움이 될 수 있다. 그러나 이런 구분을 절대적이고 너무 엄격하게 생각해서는 안 된다. 많은 경우 반올림한 수들로 계산하는 다양한 방법들 사이의 점진적인 이행이 이루어진다.

여러 가지 반올림 방법

세 단계를 결정하는 특징은 수를 반올림하는 방법이다.

비형식적 단계에서는 학생들이 규칙을 생각하지 않는다. 단지 가장 가까운 어림수로 인식한 것을 선택한다. 예를 들면, 복권이 1003개 팔렸다면, '복권이 거의 1000개 팔렸다.'라고 말하는 것은 아주 분명한 것 같다. 마찬가지로 어떤 물건의 가격이 489란드라면, 이것은 규칙을 적용하지 않아도 쉽게 '거의 500란드'로 볼 수 있다.

교사는 처음에는 학생들이 어림 계산을 쉽게 생각하도록 학생들에게 반올림이 명백한 수들을 포함하는 문제들을 제공해야 한다. 예를 들면, 397이 357보다는 반올림하기 쉽다.

학생들은 가장 가까운 어림수가 무엇인지에 대해 동의하지 못하는 상황들 속에서 반올림 규칙 지향적 단계에 이를 수 있다. 예를 들면, 3500을 어떻게 반올림할 것인가를 생각할 수 있다.

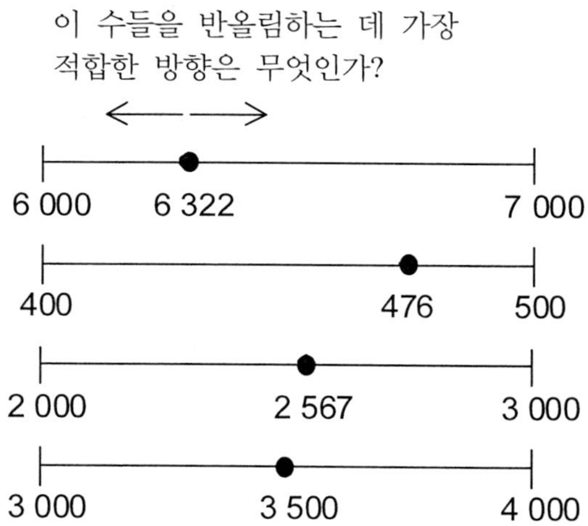

교사는 3500을 어떻게 반올림할지 결정할 수 있도록 반올림 규칙을 도입한다. 이 규칙이 의미하는 것은 포함된 수들의 크기에 달려 있다. 학생들이 가장 가까운 십의 자리로 반올림하려면, 이 규칙은 수가 '5이상'이면 올림을 하고, '4이하'이면 내림을 하는 것이다. 가장 가까운 천의 자리로 반올림하려면,

이 규칙은 '500이상'의 수에 대해서는 올림을 하고, '499'이하의 수에 대해서는 버림을 하는 것이다.

학생들은 제시된 어림수로 올림이나 버림에 대한 충분한 경험(단지 규칙을 적용해서)을 쌓은 후에, 문제에 포함된 수와 맥락에 어느 정도의 정확성이 적합한지를 스스로 결정해야 하는 다음 단계로 진입할 수 있다. 예를 들면, '가장 최선의 방법을 선택해서 다음 수들 788, 192192, 5188을 반올림하세요.'와 같은 문제를 생각할 수 있다.

이 문제에서 수의 크기가 반올림하는 방식에 중요한 역할을 한다는 것이 분명하다. 학생들은 788에 대해 그 다음 백의 자리로 반올림하는 것을 선택할 수 있는 반면, 5188의 경우는 그 이전의 천의 자리로 반올림하는 것이 더 적절할 것이다. 192192의 경우 학생들은 그 다음 십만 자리로 반올림하는 것에 대해 생각할 것이다. 그러면 192192는 200000이 될 것이다.

어떤 도시의 인구수와 같은 많은 맥락에서는 192192를 200000으로 반올림하는 것이 적절할 것이다. 그러나 어떤 주택의 순 판매 가격이라면, 190000란드로 반올림하는 것이 더 좋다. 즉, 수의 크기와 맥락을 모두 고려할 필요가 있다. 서로 다른 상황에서 어떻게 반올림할 것인지를 생각하면서 학생들은 스스로 다양한 수준의 정확성을 발견할 수 있다.

어림 계산 유도

교사들은 어림 계산 형식이 명백하고 의미 있는 문제들을 제기함으로써 어림 계산을 적용하도록 학생들을 격려할 수 있다. 다음 유형의 질문들을 포함하는 문제들이 어림 계산을 적용하도록 하는 데 특히 적합하다.

문제 유형	문제의 예
A. 충분한가요?	여러분은 지갑에 40란드를 갖고 있습니다. 각 문제에 대해 여러분이 가진 돈은 충분한가요? a. 여러분은 8.50란드인 모자와 14.95란드인 티셔츠를 사려고 합니다. b. 25란드인 CD와 14.95란드인 티셔츠를 사려고 합니다. c. 29란드인 책과 12.50란드인 펜을 사려고 합니다.

<table>
<tr><th>문제 유형</th><th colspan="2">문제의 예</th></tr>
<tr><td rowspan="2">B. …보다 많은가요 혹은 적은가요?</td><td colspan="2">다음 계산 중 답이 1000보다 크면 엄지를 위로 올리고, 1000보다 적으면 엄지를 아래로 내립니다.
a. 3486 − 2500
b. 765 + 267
c. 907 + 110 − 50</td></tr>
<tr><td colspan="2">1월부터 4월까지 놀이동산 Ratanga Junction의 방문자수는 백만의 사분의 일보다 많은가요?
1월 47312
2월 13561
3월 26897
4월 107348</td></tr>
<tr><td>C. 이 답이 옳은가요?</td><td colspan="2">416 × 15를 계산기에 입력하면 답 624가 나타납니다. 이 답은 옳은가요?</td></tr>
<tr><td rowspan="3">D. 다음 중 정답은 어느 것인가요?</td><td colspan="2">정답을 빨리 선택하세요.
6793 + 3937 =
a. 9910
b. 10910
c. 11910</td></tr>
<tr><td colspan="2">a, b, c 중 정답은 어느 것일까요?</td></tr>
<tr><td>2●5
+ 3●●</td><td>a. 8●●
b. 49●
c. 613</td></tr>
<tr><td>E. 대략 얼마인가요?</td><td colspan="2">세 상점에서 챔피언 게임 티켓을 판매합니다. 그 상점들은 티켓 3587, 2574, 3928개를 팔았습니다. 팔린 티켓은 대략 몇 개인가요?</td></tr>
</table>

모든 유형의 다양한 형식을 취할 수 있는 이런 질문들은 어림 계산 이면에 있는 추진력이다. 이런 질문들은 실생활에서 일어나는 어림에 근원이 있다. 이런 질문들은 어림 계산의 모든 단계에서 할 수 있지만, 처음 네 개의 질문들(A − D)은 다섯째 질문보다 다루기가 더 쉽다. 이 마지막 유형의 질문들은 직접 어림한 답을 요구하고, 학생들은 스스로 답을 어림해야 한다. 이것은 가능한 답을 선택할 수 있고 학생들은 단지 어떤 답을 선택할지 점검만 하면

되는 다른 유형들의 질문과는 다르다.

다지선다형(D)은 어림 계산에 대한 질문들에 적합한 형태이다.

덧셈과 뺄셈

어림 계산을 하는 것은 단지 독립된 수들을 반올림하는 것보다 훨씬 더 어렵다. 여러 수들이 계산에 포함되기 때문에, 학생들은 이 수들을 결합한 효과를 고려해야 한다. 예를 들면, '세 상점에서 챔피언 게임 티켓을 판매합니다. 그 상점들은 티켓 3587, 2574, 3928개를 팔았습니다. 팔린 티켓은 대략 몇 개인가요?'와 같은 문제를 생각해 보자.

이 수들을 표준 규칙에 따라 반올림하면, 3587은 4000, 2574는 3000, 3928은 4000이 된다. 그러면 전체 계산은 11000이 된다. 그러나 올림을 세 번 한 효과 때문에, 이것은 좋은 어림이 아니다. 대신 10000으로 어림한 답이 더 좋을 수 있다.

어림 계산에서의 덧셈은 다음과 같이 하는 것이 의미가 있다. 두 수가 표준 반올림 규칙의 전환점에 가까우면 한 수는 올림을 하고, 나머지 수는 내림을 한다. 이런 방법으로 양쪽의 편차를 서로 보상한다. 예를 들면, $787 + 543 \approx 800 + 500 \approx 1300$을 생각해 볼 수 있다.

뺄셈의 경우 차이를 일정하게 유지해서 두 수들을 같은 방향으로 반올림하는 것이 중요하다. 예를 들면, '자전거 가격이 638란드에서 389란드로 인하되었습니다. 대략 얼마나 할인한 것인가요?'와 같은 문제를 생각해 볼 수 있다. 여기서 대략적인 할인액은 650-400을 계산하면 구할 수 있다. 이는 638란드와 389란드 모두 올림을 했다는 것을 의미한다.

어림 계산은 모든 사칙 연산에 가능하지만, 기초 단계에서는 덧셈과 뺄셈에 초점을 맞춘다. 곱셈과 나눗셈에서 반올림한 수로 연산을 할 때, 특히 두 개 이상의 수를 포함할 때 그 연산 결과를 이해하는 것이 어려울 때가 많다.

예를 들면 다음 문제를 생각해 볼 수 있다.

메인 홀에는 의자가 32개씩 18줄 놓여 있습니다. 의자는 모두 대략 몇 개인가요?

처음 보기에 이 문제는 간단한 어림 문제 같다. 학생들은 30 × 20으로 계산할 수 있다. 그러나 이 문제는 학생들에게 이 어림이 32 × 18의 정확한 계산보다 더 큰지 작은지를 질문하면 더 어려워진다. 다음 그림은 어림한 값이 정확한 답보다 더 크다는 것을 보여준다. 이런 설명은 배경 지식을 의미한다는 것에 주목해야 한다. 대부분의 학생들은 아직은 이런 방식의 추론을 이해하리라고 기대하기 어렵다.

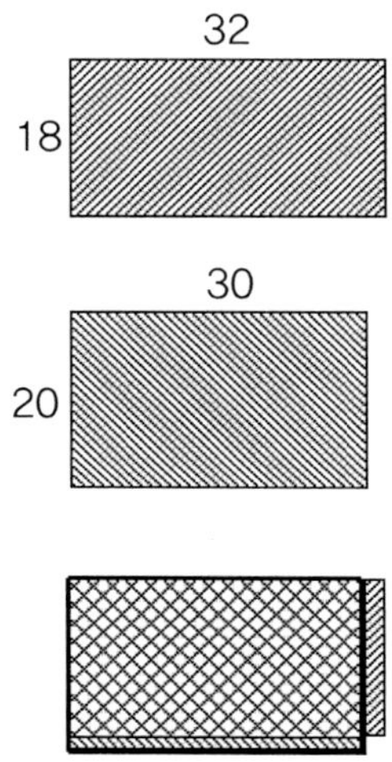

32는 30으로 반올림하고 18을 20으로 반올림하면, 32 × 18을 나타내는 직사각형의 오른쪽에서 의자가 두 개씩 있는 띠가 '제거'되는 반면, 직사각형 아래쪽에 두 개씩 있는 띠가 '첨가'된다. 직사각형 오른쪽에서 제거되는 띠는 아래쪽에 첨가되는 띠보다 조금 더 짧다. 이 그림들을 좀 더 깊이 생각한 후에 곱셈 문제가 더 '정사각형에 가까울 때' 정확한 답과의 편차가 더 작아진다는 것을 발견할 수 있다. 이 발달 단계에서 학생들이 이것을 발견할 수 있으리라고 기대할 수는 없다. 이 문제는 교사들이 어림 곱셈의 어려움을 더 잘 이해할 수 있도록 여기에 포함한 것이다. 어림 나눗셈도 마찬가지이다.

위의 예들은 어림 계산이 때로는 매력적인 간단한 문제처럼 보이는 반면, 실제로는 아주 어렵다는 것을 명백히 보여준다.

두 수 이상을 반올림해야 하는 곱셈 문제와 나눗셈 문제는 기초 수준을 넘어선다. 따라서 저학년에서는 어림 계산을 덧셈 문제와 뺄셈 문제 또는 오직 한 수만 반올림하는 곱셈 문제와 나눗셈 문제로 제한하는 것이 더 좋다.

계산기를 이용한 계산

오랜 세월 동안 사람들은 도구들을 사용해서 계산을 수행해 왔다. 다양한 문화권의 사람들이 수 세기 도구(주판), 계산 도표, 계산자, 자동 계산기와 같은 많은 다양한 계산 장치를 발명해 왔다. 오늘날 우리는 포켓용 계산기, 컴퓨터, 휴대폰을 사용해서 계산한다.

전자계산기는 모든 유형의 계산에 대한 답을 구하는 데 사용할 수 있다. 12 × 10과 같은 간단한 문제들조차 계산기를 사용해서 해결할 수 있다. 그러나 교사들은 학생들이 암산으로 쉽게 해결할 수 있는 이와 같은 문제들에는 계산기를 사용하지 않도록 격려하는 것이 좋다. 학생들이 계산기를 사용하는 것이 의미가 있을 때만 계산기를 사용하는 것이 매우 중요하다.

현행 수학교육에서는 여전히 계산기를 사용하는 것에 대한 혼란이 있다. 기초 단계에서는 계산기가 허용되어서는 안 된다고 믿는 사람들도 있다. 계산기는 학생들의 계산 능력에 부정적인 영향을 미친다고 생각하는 사람들도 있다. 이런 사람들은 계산기를 학생들이 모든 문제들을 쉽게 해결할 수 있는 만병통치약으로 생각한다. 그러나 계산 문제가 단지 수들을 입력하고 = 키를 누르면 쉽게 처리될 수 있는가?

침대차와 레스토랑차가 있는 Shosholoza Meyl 관광 기차	기차 시간
출발 케이프타운(Cape Town)	1일 12:30
도착 요하네스버그(Johannesburg)	2일 15:23

이 기차 여행은 얼마나 걸리는가?

5743을 9로 나누면 나머지는 얼마인가?

이 문제들은 계산기가 기적의 도구가 아님을 보여준다. 많은 경우 계산기 자체가 정답을 산출할 수 없다. 추론도 필요하고 다른 수에 대한 지식을 아는 것도 필요하다.

계산기의 세 가지 기능

수의 학습 경로에서는 수학교육에서 계산기 사용의 세 가지 방법을 구분한다. 첫째, 계산기는 아주 시간이 많이 걸리고, 많은 계산이 필요하고, 크고 복잡한 수들이나 계산을 포함하는 문제들을 위한 *계산 보조 도구(calculation aid)*로 사용할 수 있다. 계산 보조 도구로 계산기를 사용하는 것은 또한 문제들의 정답이 아닌 문제들을 해결하는 데 필요한 사고 과정에 초점을 맞출 수 있다는 것을 의미한다. 둘째, 계산기는 수 체계 구조, 수 관계와 산술 연산에 대한 학생들의 이해를 향상시키는 데 사용할 수 있다. 계산기는 학생들이 자신들의 답을 점검하도록 격려하는 데 사용할 수 있다. 이런 상황에서 계산기는 *교수학적 도구(didactical tool)*로 사용하는 것이다. 계산기의 셋째 기능은 계산기를 학생들을 위한 *탐구 대상(research object)*으로 사용하는 것이다. 이는 둘째 기능과 밀접한 관련이 있다. 학생들은 계산기로 그것이 어떻게 작동하고 그 키들을 어떻게 사용할 수 있는지 탐구할 수 있다.

다음 도식은 계산기의 각 기능에 대한 문제들의 예를 보여준다.

계산기의 기능	문제의 예
계산 보조 도구	1. 체육관에 바닥을 새로 깔아야 합니다. 바닥을 까는 데 필요한 비용은 1제곱미터 당 111.48란드입니다. 체육관은 길이가 16m, 폭이 7m입니다. 바닥을 새로 까는 데 필요한 비용은 얼마인가요?
	2. 탄산음료 캔 하나에 6.95란드입니다. 탄산음료 24개 한 상자는 139.95란드입니다. 탄산음료 캔 24개를 하나씩 사는 대신 한 상자를 사면 절약할 수 있는 돈은 얼마인가요?
교수학적 도구	3. 14253을 입력하세요. 다른 숫자들은 그대로 두고 다음 숫자들을 바꾸세요. 5는 6 4는 3 1은 2 2는 6 여러분이 만든 새로운 수는 무엇인가요?
	4. + 키를 누르고, 3의 키를 누르고 = 키를 반복하세요. 알 수 있는 규칙은 무엇인가요?

계산기의 기능	문제의 예
	5. 여러분의 계산기에서 4의 키가 작동하지 않는다고 가정해 보세요. 여전히 이 계산기를 사용해서 다음 문제들을 어떻게 해결할 수 있나요? 676 × 34 444 × 44
탐구 대상	6. 25 + 26 CE 27 = 을 입력하세요. 23 − 11 CE 10 = 을 입력하세요. 5 × 9 CE 6 = 을 입력하세요. 36 ÷ 9 CE 6 = 을 입력하세요.
	7. 우선 5 × 4 − 4 × 5의 답을 구하세요. 계산기에 5 × 4 − 4 × 5 = 을 입력하세요. 다른 계산기에 5 × 4 − 4 × 5 = 을 입력하세요. 무엇을 발견할 수 있나요?
	8. 7, =, +, −, ×, ÷ 키만을 사용해서 화면에 22가 나타나도록 해 보세요.
	9. 37단의 곱셈구구표에서 어떤 흥미로운 규칙을 알 수 있나요?
	10. 곱해서 1406이 되는 이웃하는 두 자연수는 무엇인가요?

체육관에 새 바닥을 까는 문제 1에서, 계산기는 계산 보조 도구로 사용할 수 있다. 학생들은 211148 × 7 × 16을 입력하고 이어서 = 를 누르면 답이 나타난다. 그러나 일단 학생들이 계산을 어떻게 하는지 그리고 특히 그 계산을 어떻게 조직해야 하는지를 이해한 후에 계산기를 이런 방식으로 사용할 수 있다. 문제 2에 대해서도 마찬가지이다. '6.95 × 24 = 166.80 − 139.95 = '을 입력하면 답은 구할 수 있다. 그러면 화면에 28.85가 나타난다. 그러나 이러한 표기 방법은 수학적으로 옳지 않다. 실제 학생들은 두 부분으로 또는 화살표 언어로 완전한 계산을 적어야 한다.

$$6.95 \times 24 = 166.80\text{과 } 166.80 - 139.95 = 28.85$$

또는

$$6.95 \times 24 \rightarrow 166.80 - 139.95 \rightarrow 28.85$$

계산띠를 사용하는 것은 다른 표기 방법을 제공한다. 이 띠는 계산기에 무엇을 입력했는지 그리고 화면에 연산의 결과로 무엇이 나타나는지 보여준다.

ON/C	6.95	×	24	=	-	139.95	=
				↓ 166.80			↓ 28.85

문제 3은 교사가 계산기를 교수학적 도구로 사용하는 방법을 보여준다. 이 문제는 학생들이 수 체계에 대한 학생들의 이해를 향상시키는 데 도움이 된다. 학생들은 10을 더해야 14253을 14263으로 바꿀 수 있다는 것을 알아야 한다. 학생들은 마찬가지로 10000을 더해서 14253을 24253으로 바꿀 수 있다. 이 문제를 해결하는 것은 간단해 보이나 일부 학생들에게는 눈을 뜨게 해 주는 경이로운 일이 될 것이다.

계산기의 사용은 또한 학생들에게 높은 수준의 통찰력을 가져다줄 수 있는 새로운 방법으로 수의 규칙들을 가르치는 기회를 제공할 수 있다. 문제 4에서 = 키는 3단 곱셈구구표를 만드는 데 사용된다. 이와 같은 간단한 활동은 곱셈을 이해하기 위한 다른 활동들로 확장되고 결합될 수 있다. 예를 들면, 다른 학생이 3의 키 대신 4의 키를 입력해서 같은 활동을 하는 것을 생각할 수 있다. 학생들은 자신들의 계산기 화면에서 같은 수들을 볼 수 있는가? 어떤 수들이 같을까?

문제 5는 학생들이 4의 키를 사용하지 않고 계산 방법을 찾는 데 도전하게 한다. 이 문제는 학생들에게 자신들이 연산의 성질들에 대해 이해하고 있는 것을 적용하도록 하는 의미 있는 상황을 제공한다. 676 × 34를 해결하기 위해 학생들은 분배법칙을 사용해서 원래의 식 대신 (676 × 33) + (676 × 1)을 해결할 수 있다.

학생들은 444 × 44를 해결하기 위해 44를 이등분하고, 444를 두 배해서 888 × 22를 계산할 수 있다. 이는 학생들이 실제로는 결합법칙에 기초한 이등분과 두 배 전략을 적용한다는 것을 의미한다(444 × 44 = 444 × 22 × 2 = 888 × 2).

마지막으로, 학생들에게는 계산기 자체가 탐구 대상이 될 수 있다. 예를 들면, 문제 6에서 CE 키가 어떻게 작동하는지를 파악할 수 있다. 모든 계산들이 같은 키를 사용하지는 않기 때문에, 교사들은 이 문제를 조정해야 할지도 모른다. 여러 종류의 계산기들은 키들 사이의 차이점 외에도 작동하는 방법이 다를 수도 있다. 이것이 문제 7의 탐구 주제이다. 학생들이 두 개의 서로 다른 계산기에 5 × 4 − 4 × 5를 입력하면, 하나는 0을 답으로 제시하는 반면 다른 하나는 화면에

80을 보여줄 수 있다. 계산기의 '사고'를 재구성함으로써 학생들은 연산의 순서에 대한 상식적으로 인정된 규칙들을 더 잘 이해한다.

나머지 문제 8에서 문제 10까지의 문제들은 모두 학생들에게 수의 영역에서 1단계부터 3단계에서 성취한 지식과 기능을 심화할 도전적인 기회들을 제공한다.

학생들은 테크놀로지에 대한 자연스러운 호기심을 가지고 있고, 학생들에게 수학을 가르칠 때 이런 태도를 활용할 수 있어야 한다.

3 결론

초기의 수 발달 단계에서 학생들은 수 세기 기능을 개발한다. 결과적으로 수 세기는 계산으로 발달한다. 4단계에서 학생들은 다양한 계산 형식, 즉 암산, 필산, 어림 계산과 계산기를 이용한 계산에 자신감을 갖게 되고 능숙해진다. 학생들은 또한 수의 범위를 확장해서 10000까지(그 이상)의 수를 다루게 된다.

4단계에서는 계열화와 개수 세기가 학습 성취 기준 2의 목표와 통합되어 간단한 자연수열과 규칙성을 이해하고, 이는 학생들이 자연수열과 규칙성을 관찰하고, 탐구하고, 논의하고, 일반화하고, 정당화할 수 있게 한다. 또한 이런 수열과 규칙성을 나타내는 수에 관한 문제들을 만든다.

4단계에서는 위치화 또는 수를 나타내는 것과 관련된 활동이 좀 더 추상적인 특성을 가진다. 학생들은 몇 십, 몇 백, 몇 천의 위치를 수직선 위에 시각화할 수 있어야 한다. 또한 큰 수의 위치를 기술하는 수학적 언어를 이해하고 사용할 수 있어야 한다. 수 카드 전개는 학생들이 수의 표현과 기호화에 대한 지식뿐만 아니라 더 큰 수 범위에서 자리값의 이해를 향상시키는 데 도움이 되는 유용한 도구이다. 그러나 학생들은 이러한 자료에 의존해서는 안 된다.

4단계에서 학생들의 계산 전략은 더 깊이 있고 더 추상적인 추론이 그 특징이다. 학생들은 암산할 때 연속 전략, 분할 전략, 변화 전략과 같은 기본 전략들을 적용한다. 계산을 좀 더 빨리 하기 위해 수의 성질과 수 관계에 대한 지식을 사용한다. 필산에서는 자릿값을 다루는 전체수에 기초한 계산에서 각 자리 숫자에 기초한 계산으로 진행한다. 전체수에 기초한 필산이 알고리즘 계산보다 앞선다. 이 두 방법 사이의 이행 과정은 매우 중요하다. 일부 학생들에게는 전체수에 기초한 계산이 가장 높은 성취 수준이지만, 다른 학생들에게는 전체수에 기초한 계산이 알고리즘을 더 잘 이해하기 위한 기초가 된다. 이런 알고리즘을 학습하는 것이 이후의 수학 학습에 중요하다.

4단계에서는 네 가지 기본 연산, 즉 덧셈, 뺄셈, 곱셈과 나눗셈은 이전 단계들에서 발달된 계산 테크닉과 전략들을 적용하는 것을 포함한다. 학생들은 암산과 필산에서 수의 결합이나 구구표와 같은 암기된 수 지식을 사용하고, 합성과 분해, 두 배 전략, 연속 전략, 분할 전략, 변화 전략과 상보 전략과 같은 다양한 전략들을 적용한다. 수 관계와 교환법칙, 결합법칙, 분배법칙과 같은 연산의 성질에 대한 지식이 발달되고 적용되며, 이는 학생들이 강력한 수 감각을 개발하는 데 도움이 된다.

수학 게임을 사용해서 학생들이 재미있고 의미 있는 방법으로 수 지식을 연습하고 암기하는 데 도움이 되도록 해야 한다. 이 단계에서는 계산기의 효과적인 사용을 도입하고 장려해야 한다. 이를 통해 수학 수업에 흥미를 가져올 뿐만 아니라 자릿값, 수의 규칙성과 관계 그리고 연산에 대한 지식을 포함해서 수 체계의 구조에 대한 이해를 발달시키고 향상시켜야 한다. 학생들은 또한 서로 다른 키의 기능들을 탐구하고 계산기를 사용해서 자신들의 답을 점검할 기회를 가져야 한다.

4단계의 핵심 목표는 학생들이 이전 단계에서 획득한 모든 지식을 사용해서 형식적이고 추상적인 계산을 발달시키고 적용하는 것이다.

용어 사전

용어 사전(Glossary)

수
Number
수는 학생들이 여러 가지 맥락에서 기수*(numerosity)*를 포함한 수의 여러 가지 의미, 수 세기 계열, 수 체계, 수 감각과 수의 다양한 연산을 포함하여 수 개념과 기능을 배우는 수학 영역을 말한다.

수 개념
Number concept
수 개념은 수를 이해하는 데 필요한 모든 측면을 포함하는 포괄적인 용어이다.

수 감각
Number sense
수 감각은 일상생활에서 접하는 수의 이해와 관련된다. 넓은 의미로 해석하면 수 감각은 수에 대한 지식과 수의 성질과 관계에 대한 감각뿐만 아니라 수의 연산을 포함한다. 수리적 사고 능력*(numeracy)*이라는 용어를 사용하기도 한다.

기수
Numerosity
기수는 대상들의 집합에 있는 원소들의 '얼마나 많음' 또는 크기를 말한다. 기수는 대상들을 세었을 때 얻게 되는 수이다. 수의 이러한 측면을 기수 또는 농도수*(cardinality)*라고 한다.

기수
Cardinal numbers
기수는 13, 25, 2689 등과 같이 집합에 있는 원소들의 개수를 나타낸다.

서수
Ordinal numbers
서수는 첫째, 둘째, 셋째, 넷째 등과 같이 원소들의 순서를 나타낸다. 수의 이러한 측면을 서수 또는 순서수*(ordinality)*라고 한다.

유리수와 비
Rational numbers and ratios
유리수는 두 정수의 몫이다. 이러한 몫은 분수(1/4), 소수(0.25), 백분율(25%)로 표현될 수 있다. 이것들은 모두 유리수이다. 1:3과 같은 비는 수가 아니라 두 수의 상대적인 크기를 나타낸다.

즉각적인 파악
subitising
즉각적인 파악은 집합에 포함된 대상들의 개수를 즉각적으로 인식하는 것을 의미한다. 이 용어는 '갑작스러운'을 의미하는 라틴어의 형용사인 *subitus*에서 유래된 것이다. 즉각적인 파악의 순수한 형태는 수 세기나 친숙한 수 이미지를 사용하지 않고 작은 수의 대상들(5까지)의 개수를 한 번에 인식하는 능력이다. 이를 *지각에 의한 즉각적인 파악(perceptual subitising)*이라 할 수 있다. 이 능력을 확장한 것이 *개념에 의한 즉각적인 파악(conceptual subitising)*이다. 이는 더 큰 양은 배열과 주사위나 도미노 위의 수의 배열과 같은 수 이미지를 사용해서 알 수 있다는 것을 의미한다. 개념에 의한 즉각적인 파악에서는 구조화를 사용함으로써 수의 인식이 확장된다. 구조화는 정보의 '묶음(chunking)'을 의미하며 5보다 큰 수의 즉각적인 파악을 가능하게 한다. 부분-전체에 대한 지식도 개념에 의한 즉각적인 파악에 중요한 역할을 한다.

즉각적인 파악의 예는 다음과 같다.

- 학생들은 두 부분의 즉각적인 파악과 7에 관한 부분-전체 지식을 사용하여 전체 집합의 원소의 개수가 7임을 즉각적으로 파악할 수 있다.

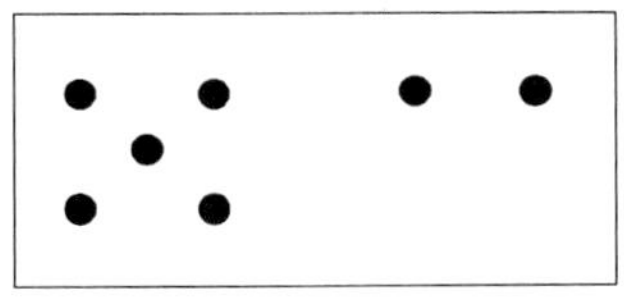

- 전체 집합의 원소의 개수가 10일 때, 학생들은 3의 즉각적인 파악과 10에 관한 부분-전체 지식을 사용하여 왼쪽 집합의 원소의 개수가 7임을 즉각적으로 파악할 수 있다.

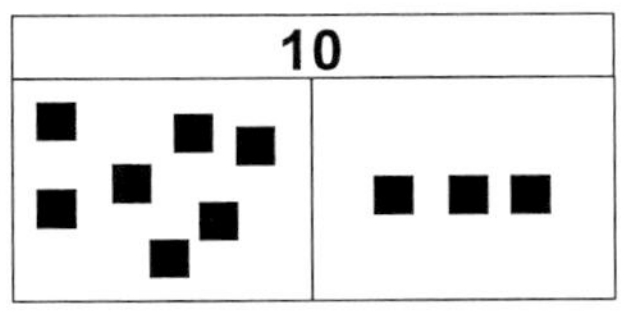

- 학생들은 5의 구조(5와 2)를 사용하거나 10의 구조(10 빼기 3)을 사용하기 때문에 왼쪽 집합의 원소의 개수를 즉각적으로 파악할 수 있다.

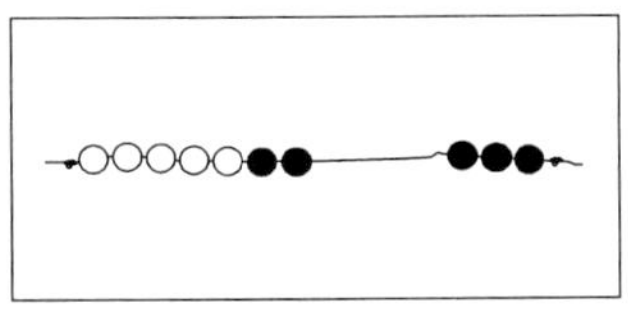

- 학생들은 맨 윗줄에 있는 대상들의 수가 5임을 즉각적으로 파악하고 3줄이 있음을 즉각적으로 파악하거나 그들이 알고 있는 15에 대한 자연수열에 대한 지식(5, 10, 15)을 사용하여 전체 집합의 원소의 개수가 15임을 즉각적으로 파악할 수 있다.

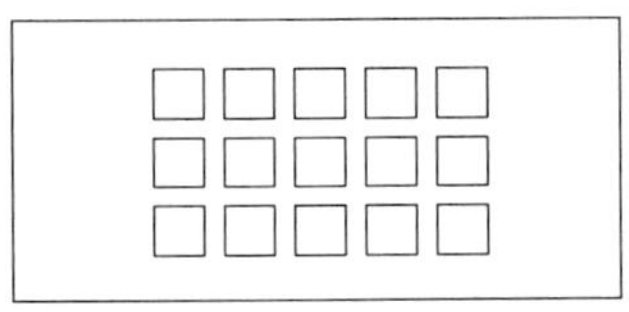

위에 제시한 것과 같이 수들을 표현하는 방법을 배열(*array*)이라고 한다.

자연수열
Counting sequence

자연수열은 자연수들의 열을 말한다. 이것은 1, 2, 3, 4 등의 수이다.

수열
Number sequence
수열은 순서화된 수들의 집합을 나타내는 일반적인 용어이다. 수열의 예는 2, 4, 6, 8, 10, 12, 14, 16 또는 10, 25, 100, 250, 1000 등이다. 수열의 수들은 특정한 규칙을 따를 수도 있고, 2, 13, 44, 67과 같이 임의적일 수도 있다.

계열화
Sequencing
계열화라는 용어는 자연수열이나 다른 수열에 관련된 활동을 말한다. 계열화 활동은 *암송에 의한 수 세기(acoustic counting)* 과제와 지필 수열 과제를 포함한다. 예를 들면, 지필 수열 과제는 수열을 완성하기, 순서에 맞게 수들을 쓰기, 빈 칸에 수를 채우기 등이다. 학생들은 종이 위에 또는 수 카드를 사용하여 이 과제들을 해결할 수 있다.

수 세기
Counting
수 세기는 순서대로 수를 말하는 것이다. 대부분 수 세기는 1, 2, 3 등으로 시작한다. 수 세기에는 여러 가지 방법이 있으며, 이 방법들은 서로 관계가 있으나 각각은 고유한 특성과 목적이 있다.

암송에 의한 수 세기
Accoustic counting
암송에 의한 수 세기는 (자연)수의 이름들, 즉 수사(number words 數詞)들을 순서대로 암송하는 것을 의미한다. 이는 다음과 같은 것들을 포함한다.

- 자연수열을 1 또는 다른 수로 시작하기
- 앞으로 세기와 거꾸로 세기
- 2씩, 5씩, 10씩 등으로 뛰어 세기(예를 들면 2, 4, 6, 8, 10, …)
  암송에 의한 수 세기는 1의 단위들로 이루어진 작은 자연수열뿐만 아니라 10의 단위나 100의 단위들로 이루어진 큰 자연수열을 말한다. 암송에 의한 수 세기는 학생들의 수 체계 이해에 도움이 된다. 학생들이 단순히 수사를 큰 소리로 말하는 대신, 필요하면 율동과 더불어 노래나 압운을 배울 수도 있다. 암송에 의한 수 세기는 개수 세기의 전제 조건이다.

번호 붙이기
Counting off
번호 붙이기는 자연수열의 순서에 따라 각 대상이나 사람에게 유일한 '번호표'를 부여하는 수 세기 활동이다.

개수 세기
Resultative counting
개수 세기는 대상들(구체물, 그림, 손가락 등)의 집합에서 대상들의 개수가 몇 개인지를 알아보기 위한 집합의 원소들의 수 세기와 관련된다. 이는 *맥락에 기초한 개수 세기*(케이크 위에 있는 초를 보고 어린 아이가 몇 살인지를 아는 것), *대상에 기초한 개수 세기*(단순히 구조가 없는 구체물들의 수를 세는 것), *수에 기초한 개수 세기*(수사와 수에 대한 지식을 사용하여 아는 것)로 구분할 수 있다.
개수 세기 과정의 결과는 집합의 개수(기수)를 아는 것이다. 개수는 집합의 대상들을 하나씩 세기, 묶어 세기 또는 이 방법들을 결합해서 구할 수 있다. 즉각적인 파악 또한 개수 세기의 한 형태이다. 대상들을 하나씩 세는 것은 자연수열을 암송하면서 대상들을 가리키는 것을 포함한다. 여기서 중요한 것은 학생들은 동시에 세어야 한다는 점이다. 이는 가리키는 것과 수 이름을 암송하는 것 사이에 일대일대응이 이루어져야 한다는 것을 의미한다. 묶어 세기는 학생들이 집합에 있는 대상들이 몇 개인지를 구하기 위해 구조를 사용한다는 것을 의미한다. 예를 들면, 학생들은 5씩 또는 10씩 묶음을 사용할 수 있고, 그런 다음 뛰어 세기를 사용해서 대상들의 수를 구할 수 있다.

어림
Estimating

어림은 측정할 때나 계산 결과에 대한 합리적인 추측을 할 때 근삿값을 구하는 능력이다. 학생들에게 어림을 하도록 하는 것은 어림한 답이 이해하기 쉬울 수 있고, 수학이라고 해서 항상 정확한 답만을 구하는 것이 아니라는 점을 이해하는 데 도움을 줄 수 있다. 어린 학생들은 저학년에 양적 비교 과제(어느 모둠의 학생 수가 더 많은가요, 더 적은가요?)와 계산의 어림값을 구하는 것(전체가 20을 넘나요, 넘지 않나요?)을 통해 어림을 경험해 왔다. 저학년에서는 어림을 비형식적으로 다룬다. 고학년이 되어야 학생들은 반올림 규칙(어떤 수를 십의 자리에서 반올림한 결과가 700입니다. 이 수는 무엇인가요?)을 배운다.

수 지식
Number facts

수 지식은 기억하고 있는 수의 기본 연산 결과와 수의 부분-전체 구조와 성질들이다. 예를 들면, 10의 합성과 분해에 대한 지식(8와 2, 7과 3 등)은 10이상의 덧셈을 하는 데 도움이 될 수 있다. 두 배나 다른 배수에 대한 지식은 두 배 전략이나 이등분 전략을 사용해서 문제를 해결하는 데 도움이 될 수 있다. 25와 같은 '멋진' 수들은 반올림하는 데 사용할 수 있다. 학생들은 점차 기억하고 있는 수 지식의 연결망을 형성하고, 이미 알고 있는 수 지식에서 파생되는 새로운 수 지식의 집합을 형성한다.

계산 단계
Stages in calculating

계산 학습 과정은 몇 단계로 구분할 수 있는데, *수 세기와 계산*(*counting-and-calculating*) 단계로 시작해서, *계산*(*calculating*) 단계를 거쳐, 마지막으로 *고차적 계산*(*advanced calculating*) 단계에 이른다. 이 단계들은 한 단계에서 다음 단계로의 전이가 아주 명확하게 구분되지는 않으며 유연하게 해석되어야 한다.

수 세기와 계산
counting-and-calculating

수 세기는 계산을 배우는 데 매우 중요한 기능이다. 수 세기는 계산 과정을 탐구하고 계산 단계의 발달을 촉진한다. 처음에는 수 세기와 계산이 매우 밀접하게 관련되어 있다. 이러한 이유로 학생들이 10까지의 수의 범위에서의 연산을 다루는 2단계의 수의 연산 방식을 '수 세기와 계산'이라고 부른다. 학생들이 수의 구조를 사용하고 수에 대한 그들의 지식을 적용하는 빠른 수 세기는 실제로는 계산이다. 이러한 예는 개념에 의한 즉각적인 파악에서 살펴볼 수 있다.

구조가 없는 구체물을 사용하고, 5의 구조를 가진 구슬 줄과 같은 구조화된 교구 위에 수들을 표현하는 학습 활동들은 학생들이 수에 대한 지식을 형성하는 데 도움이 되며, 수에 관련된 문제에 대한 답을 구해야 할 때 그 지식을 적용할 수 있게 한다. 일반적으로 학생들은 연산을 할 때 구조화된 교구들을 지속적으로 사용해서는 안 된다. 그 이유는 수에 관련된 문제들을 다룰 때 학생들이 지나치게 교구에 의존하도록 하기 때문이다.

계산
Calculating

계산은 3단계에서 이루어지는 수의 연산을 말한다. 이 단계에서는 학생들이 수 세기와 계산을 넘어서게 되고, 20까지의 수의 범위와 100까지의 수의 범위에서의 연산을 한다. 이 단계는 명백하게 사칙연산, 즉 덧셈, 뺄셈, 곱셈, 나눗셈 그리고 혼합계산에 초점을 맞춘다. 이 연산들은 다양한 방법으로 이루어질 수 있다. 예를 들면, 학생들은 뺄셈을 '제거하기(taking away)' 연산으로 수행하는 대신 '계속 더하기(adding on)' 연산을 수행할 수 있다. 같은 방식으로, 나눗셈은 여러 개의 빵을 여러 명의 학생들에게 똑같이 나누어 주는 것으로 시작할 수 있다.

계산 단계의 특징은 암산과 필산과 같은 다양한 계산 형식이 통합되는 것이다. $36-18$과 같은 문제를 계산하고, $36-10=26$이고 $26-6-2=18$이라고 적는 것은 암산과 필산의 요소들을 모두 포함한다.

그러나 이는 *암산(mental calculation), 필산(written calculation), 어림 계산(approximate calculation), 계산기를 사용한 계산(calculator calculation)*을 포함하여 특정한 계산 형식들을 선택할 수 있는 4단계의 계산과는 다르다.

고차적 계산
advanced calculating

고차적 계산은 1000과 그 이상의 수의 범위까지의 연산을 말한다. 그러면 학생들은 4단계에 도달한 것이다. 고차적 계산의 주요 특징은 다양한 계산 형식이 사용된다는 점이다. 계산 형식은 학생들이 계산을 하기 위해 실제로 사용하는 방법을 말한다. 암산, 필산, 어림 계산, 계산기를 사용한 계산을 포함하여 몇 가지 형식이 가능하다. 각각 자신만의 특성을 가진 이런 계산 형식들은 기초 단계의 마지막을 향해 발달한다.

수에 관련된 문제를 해결하기 위해 선택된 형식은 구하는 것이 무엇인지뿐만 아니라 관련된 수들의 크기와 특성에 의존한다. 예를 들면, 46 × 34와 같은 문제는 종이 위에 알고리즘 절차를 적용하여 해결하는 것이 더 좋은 반면, 4.95 × 5는 암산으로 해결하는 것이 더 쉽고, 60 × 24 × 365는 계산기를 사용해서 해결하는 것이 더 효율적이다. 학생의 능력 또한 계산 형식을 선택하는 데 영향을 준다. 저학년에서는 계산 형식들이 여전히 통합되어 있지만, 3학년쯤 되면 이미 서로 다른 형식들을 사용하기 시작한다. 결국 학생들은 가장 적절한 계산 형식을 선택할 수 있어야 한다.

암산
Mental calculation

암산은 학생들이 기억하고 있는 수 지식과 수와 연산의 성질을 사용하는 계산이다. 암산에서는 각 자리의 숫자 대신 전체수의 자릿값들을 처리한다. 암산은 단순히 '머릿속에서' 계산하는 것이 아니다. 암산은 오히려 계산을 하고 수에 관한 지식을 사용하기 위해 '머리를 써서' 계산하는 문제이다. 암산할 때 기억이 필요한 중간 결과들을 간단히 적는 것은 사고 과정에 도움이 된다. 예를 들면, 96 × 4의 계산에서 학생들은 400과 16을 적을 수 있다. 비록 이는 계산할 때 무엇인가를 적기는 하지만, 학생들은 암산 형식을 적용하고 있는 것이다. 암산은 작은 수들 그리고 크지만 간단한 수들에 사용할 수 있다. 예를 들면, 125000 × 8은 125 × 8이 1000이라는 것을 알고 있다면 암산으로 쉽게 해결할 수 있다.

필산
Written calculation

필산은 수의 기호 표현에 기초한 계산이다. 고학년에서는 두 가지 형식의 필산이 있다. 이는 전체수에 기초한 계산과 각 자리의 숫자에 기초한 계산 또는 알고리즘 계산이다.

알고리즘 계산의 특성은 전체수의 자릿값들 대신에 각 자리의 수가 계산된다. 계산 과정은 가장 오른쪽에 있는 일의 자리의 수들부터 시작한다. 학생들은 '6과 8은 14, 4는 적고 1은 받아 올림을 한다.'와 같이 수를 계산한 값이 10을 넘으면, 받아 올림을 한다.

	1
각 자리의 숫자에 기초한 계산	463
또는	+ 382
알고리즘 계산	845

알고리즘의 각 자리의 숫자에 기초한 계산에 선행되는 전체수에 기초한 필산은 암산과 알고리즘 계산 사이에 존재하는 필산 형식이다. 전체수에 기초한 계산은 수들을 분해(수들을 백의 자리, 십의 자리, 일의 자리로 분해(splitting))하여 왼쪽에서 오른쪽으로 수직 방향으로 처리하는 특별한 방식에 의한 것이다. 중간의 값들을 암산으로 구해서 적는다. 알고리즘을 사용하는 것과는 대조적으로 전체수에 기초한 필산에서는 각 자리의 숫자들을 사용하여 계산하는 것이 아니라 전체수의 자릿값들을 사용하여 계산하는 것이다.

463	463	
+ 382	+ 382	
700	400 + 300 =	700
140	60 + 80 =	140
5	2 + 3 =	5
845		845

전체수에 기초한 필산

전략
Strategy

전략은 문제를 해결하기 위해 사용하는 방법이나 기술을 말한다. 전략들은 학생들의 이해 과정의 중요한 지표가 될 수 있다.

계산 단계와 계산 형식에 따라 고유한 전략들이 있지만, 전략들은 서로 강력하게 연결되어 있고, 서로를 기반으로 한다. 10과 20까지의 수의 범위에서의 연산을 하기 위한 전략들(수 세기, 구조화와 수 지식의 사용)은 100과 1000까지의 수의 범위에서의 연산을 하기 위한 전략들(연속 전략, 분해 전략, 변화 전략)의 기초가 된다. 전략들은 서로 연결되어 있는데, 연속 전략은 수 세기, 분해 전략은 구조화, 변화 전략은 수 지식과 연산의 성질들의 사용과 연결되어 있다.

연속 전략
Stringing

연속 전략은 수의 서수적 측면과 연결되어 있다. 이 전략은 20까지의 수의 범위에서의 연산을 해결하는 수 세기에 근거를 두고 있다. 100까지의 수의 범위와 그 이상의 수를 포함하는 암산에서, 연속 전략은 기본 전략들 중의 하나이다.

덧셈과 뺄셈 문제에서 연속 전략을 사용하는 것은 첫째 수는 그대로 두고 둘째 수를 십의 자리와 일의 자리로 분해(splitting)('분해(decomposing)'에 대한 설명 참조)하는 것과 관련이 있다. 둘째 수의 구성 요소들을 부분적으로 첫째 수에 더하거나 첫째 수로부터 뺀다. 빈 수직선이 이 전략에 도움이 되는 적절한 모델이다.

34 + 27과 같은 문제는 다음과 같이 연속 전략으로 해결할 수 있다. 34 + 10 → 44 + 10 → 54 + 6 → 60 + 1 → 61 또는 좀 더 빠르게 34 + 20 → 54 + 7 → 61

분해 전략
Decomposing

분해 전략은 수의 기수적 측면과 연결되어 있다. 이 전략은 수의 분해와 합성에 관련된다.

특별한 형식의 분해는 십진법을 이용한 분해이다. 이는 수들을 십의 자리와 일의 자리로 분해하여 100까지의 수의 범위와 그 이상의 연산을 수행할 때 그 수들을 각각 처리한다. 수 카드 전개와 화폐와 같은 구조화된 교구들이 분해 전략에 도움이 되는 구체물로 권장된다. 학생들은 수를 이 교구들로 나타내고 십의 자리와 일의 자리의 수들로 분해한다.

비록 분해는 암산할 때도 사용할 수 있지만, 필산과 더 강하게 연결된다.

34 + 27과 같은 문제는 다음과 같이 분해 전략으로 해결할 수 있다. 30 + 20 = 50이고 4 + 7 = 11 그리고 50 + 11 = 61.

변화 전략
Varying

변화 전략은 수 관계와 연산의 성질에 대한 학생들의 지식을 사용하는 것이다. 예를 들면, 6 + 6을 이용해서 6 + 7을 해결하는 것과 관련된다. 이 전략은 학생들이 하나의 방법이나 여러 방법으로 100까지의 수의 범위와 그 이상에서의 계산을 해결하기 위해 수들을 살펴보면서 찾아내는 여러 가지 전략을 포함한다. 변화 전략의 예는 *보상하기(compensating : 74-38을 76-40으로 바꾸기), '멋진' 수들을 이용한 묶음 바꾸기(regrouping :* 결합 법칙을 사용하여 26 + 27을 25 + 25 + 3으로 바꾸기), *순서 바꾸기 또는 위치 바꾸기(reordernig or changing places* : 교환법칙을 사용하여 3 + 69를 69 + 3으로 바꾸기) 그리고 *역 관계(inverse relationships* : 52-49의 답을 49에서 계속 더하기로 구하기) 사용하기 등이다.

문제해결
Problem solving

학생들은 수학에서 몇 가지 유형의 문제들에 접하게 된다. 문제들에 대한 답을 구하는 것을 '문제해결'이라 부를 수 있다. 그러나 이는 이 용어를 아주 광범위하게 해석한 것이다. 문제해결은 해결해야 할 현실적인(real) 문제가 있음을 의미한다. 이는 학생들이 어떻게 답을 구해야 할지에 대해 사고하고 추론하며 도전하게 되는 문제가 되는 상황이나 질문에 직면하게 되는 것을 의미한다. 이런 의미의 문제해결에는 즉시 계산 절차를 수행하고 문제를 해결하는 것은 제외된다.

계산 문제 유형
Types of calculation problems

계산 문제 유형은 *비 맥락 문제(number problems)*와 *맥락 문제(context problems)*로 구분할 수 있다. 첫째 유형은 맥락이 없이 수만을 가지고 하는 계산(300 ÷ 40)을 포함하는 반면, 둘째 유형은 맥락 속에서 수들을 계산하는 것(300명의 사람들이 있습니다. 버스 한 대에는 40명이 앉을 수 있습니다. 이 사람들을 모두 태우려면 몇 대의 버스가 필요한가요?)을 포함한다. 그러나 이런 구분이 항상 명확한 것은 아니다. '맥락'이라는 용어는 우선 실생활을 말하지만, 이는 또한 상상의 상황을 포함할 수 있다. 더욱이 수의 세계도 수를 위한 맥락이 될 수 있다.

중요한 것은 학생들이 그 맥락을 상상해서 그들 자신의 경험과 지식을 사용할 수 있어야 한다는 점이다. 이는 순수한 비맥락 문제들에서도 똑같이 사실일 수 있고, 이는 어떤 실생활 맥락 밖에서도 의미가 있을 수 있다.

혼동될 수 있는 또 다른 부분은 *맥락 문제(context problems)*와 *문장제(word problems)*이다. 둘 사이에는 아주 큰 차이가 있다. 많은 문장제의 경우 맥락이 필수적이지 않다. 이는 문제는 달라지지 않게 하면서 문제에 제시된 맥락을 다른 맥락으로 바꿀 수 있는 경우가 자주 있기 때문이다. 예를 들면, 누군가 구슬 16개를 가지고 있었는데 구슬 10개를 더 얻는 구슬을 포함하는 문제는 시멘트 봉투를 포함하는 문제로 쉽게 바꿀 수 있다. 현실적 맥락 문제의 경우, 맥락은 좀 더 실질적이다. 더욱이 현실적 맥락 문제에서는 맥락을 설명하는 데 언어를 사용하는 대신 그림을 자주 사용한다.

찾아보기

ㄱ

ㄷ

ㅁ

ㅂ

ㅅ

■ 역자 약력 ■

정 영 옥

· 서울대 사범대학 수학교육과 이학사
· 서울대 대학원 수학교육과 교육학 석사·박사
· 서울여중, 성서중 교사
· 진주교육대 수학교육과 교수
(현) 경인교육대 수학교육과 교수

유치원과 초등학교 저학년을 위한
수의 학습 경로

초판발행 2019년 1월 10일

옮긴이 정영옥
펴낸이 오판근
펴낸곳 (주) 교우
주 소 서울시 동대문구 약령시로 8 교우빌딩 2층 (주)교우
전 화 02-925-2861 / **팩 스** 02-925-2860, **편집부** 02-925-2825
홈페이지&북스토어 www.kyowoo.co.kr / 이메일 kyowoo@kyowoo.co.kr

등 록 1994년 3월 24일 제1994-000013호
ISBN 979-11-251-0266-3(93410)

Published by Kyowoo Co., Ltd. Printed in Korea

(주) 교우는 보다 혁신적이고 참신한 도서를 다양하게 기획하고 있습니다.
책으로 펴내고자 하는 아이디어나 원고는 메일로 보내주세요.
(주) 교우는 전과정을 책임지고 최선을 다하겠습니다.

값 17,000원

교우미디어는 (주) 교우의 Imprint 사입니다.
수학정원·과학정원은 (주) 교우의 새로운 브랜드명입니다.

잘못된 책은 구입하신 서점에서 교환해 드립니다.